JN416662

번역을 이해하고 배우기

La traduction. La comprendre, l'apprendre

Written by Daniel Gile
Copyright © 2005 by PUH/Humensis, and th French title of the book

이 책의 한국어 판권은 PUH/Humensis와의 독점계약으로 한국문화사에 있습니다.

Korean Translation Copyright © 2017 by HankookMunhwa-Sa Publishing Co.

번역을 이해하고 배우기

La traduction. La comprendre, l'apprendre

다니엘 질(Daniel Gile) 지음
김 대 영 옮김

한국문화사

번역을 이해하고 배우기

1판1쇄 발행 2017년 10월 30일

원 제 La traduction. La comprendre, l'apprendre
지은이 다니엘 질(Daniel Gile)
옮긴이 김 대 영
펴낸이 김 진 수
펴낸곳 **한국문화사**
등 록 1991년 11월 9일 제2-1276호
주 소 서울특별시 성동구 광나루로 130 서울숲IT캐슬 1310호
전 화 02-464-7708
팩 스 02-499-0846
이메일 hkm7708@hanmail.net
홈페이지 www.hankookmunhwasa.co.kr

책값은 뒤표지에 있습니다.

잘못된 책은 구매처에서 바꾸어 드립니다.
이 책의 내용은 저작권법에 따라 보호받고 있습니다.

ISBN 978-89-6817-552-7 93700

이 도서의 국립중앙도서관 출판예정도서목록(CIP)은 서지정보유통지원시스템 홈페이지(http://seoji.nl.go.kr)와 국가자료공동목록시스템(http://www.nl.go.kr/kolisnet)에서 이용하실 수 있습니다.(CIP제어번호: CIP2017027506)

|역자 서문|

현 ESIT(파리 통번역 대학원) 명예 교수인 Daniel Gile의 『La traduction. La comprendre, l'apprendre』는 프랑스어권의 번역 교수자들이나 번역학자들에게 이미 널리 알려진 책이다. 나아가 저자인 Daniel Gile 교수님은 한국뿐만 아니라 세계적으로도 저명한 번역학자이며, 한국에 여러 번 초청되어 강연한 적이 있다. 현재, 그는 한국의 번역학자들과 여러 학술적인 교류를 맺고 있다.

특히, 이 책은 대학의 번역 학습자와 교수자에게 적절한 방식과 모델을 기반으로 방법론을 제안하는 교과서이자 지침서로, 저자는 통·번역사로 40년 가까이 활동한 자신의 경험과 지식을 바탕으로 전문 번역과 번역학의 다양한 측면을 언급하고 있다. 따라서 저자가 서론에서 언급하듯이, 역자 또한 이 책이 번역 학습자뿐만 아니라, 교수자, 나아가 번역학자에게 크게 유용할 것으로 판단하여, 본 책의 제목 그대로, 번역서의 제목을 『번역을 이해하고 배우기』로 정했다.

Daniel Gile 교수님으로부터 시사받은 제자이자 번역 교육을 연구하는 역자는 본 책을 수없이 읽었다. 읽으면서 항상 느꼈던 점은 저자의 여느 글처럼, 본고의 내용들, 특히 저자가 제안한 모델과 방식이 매우 실제적이고, 명확하다는 것이다. 따라서 역자는 이 책을 읽는 독자들이 이 책에서 논하고 제안한 내용을 그들의 상황에 쉽게 적용할 수 있을 것이라고 생각하며, 이는 저자가 바라는 바이기도 하다.

또한 번역학의 다양한 측면이 부각되고, 학부의 번역 교육이 꾸준히

확대되고 있는 현 시점에서 『번역을 이해하고 배우기』가 한국의 번역학자, 나아가 번역 학습자와 교수자에게 실질적인 길잡이가 되기를 바란다.

이 책이 출판되기까지는 많은 분의 도움과 배려가 있었다. 특히 초교를 읽고 조언해 준 나의 절친이자 작가인 김지윤 선생님, 바쁘신 와중에도 시간 내어 교정본을 충고해 주신 한국외국어대학교의 김진숙 선생님, 본인의 일처럼 꼼꼼하게 감수해 주시고, 선배로서 늘 아낌없는 조언을 베풀어 주신 공주교육대학교의 김혜영 교수님, 번역의 기획 단계부터 마지막 과정까지 꼼꼼히 챙겨주신 김태균 편집장님과 김형원 과장님, 항상 친절하게 역자의 질문과 요청에 아낌없는 도움 주신 정지영 선생님께 심심한 감사의 마음을 전한다. 그리고 마지막으로 부족한 역자를 항상 믿고 이끌어 주시는 역자의 박사 논문 지도교수님이자 본 책의 저자인 다니엘 질 교수님께 무한한 감사 인사를 전한다.

|한국어판 서문|

변화가 빠른 번역 분야에서 2005년에 발간된 본 학술서가 2017년에 번역될 가치가 있을까? 저자에게 이러한 문제를 제기해서는 안 될 것이다. 특히, 출간되는 책마다 항상 오류를 발견하는 나와 같은 저자에게는 더욱 그러하다. 사실, 나는 새로운 독자를 위해 최근의 참조 문헌과 예문들을 첨가하고, 더 심도 있는 분석과 더불어, 입장을 더 분명히 표명하면서 텍스트를 새롭게 보완하고 싶었다. 하지만 25년간의 번역 교육 경험과 관련된 본 책의 내용적인 측면에서는, 10년이나 더 앞서 출간된 통번역 교수법에 관한 또 다른 내 저서(Gile, 1995)와 비교해 볼 때, 모델과 방법은 이전과 거의 달라진 것이 없다. 그 이유는 별도의 학습을 요구하는 고급 학습자를 대상으로 하는 기술과 테크닉 활용이 아닌 기초적인 능력과 방식의 습득에 관한 것이기 때문이다.

따라서 나는 기탄없이 한국문화사의 번역 제의를 받아들였고, 특히 한국 대학의 번역 학습과 실제에 관해 문화적인 차이 및 여러 문제점을 알게 해주었던, 그리고 박사 논문을 지도하면서 내게 큰 기쁨을 주었던 제자 김대영 번역가가 이 책을 번역한다기에 기꺼이 수락했다. 김대영 번역가는 박사 논문(2013)*에서 번역 교육에 관해 여러 구체적인 제안을 제시하였다. 따라서 나는 이 책을 번역해 준 그녀에게 감사하며, 이 책이

* Kim, Daeyoung. 2013. *Pratiques et difficultés de l'enseignement de la traduction en Corée – comparaison avec sa pratique en France*. Thèse de doctorat, Ecole Supérieure d'Interprètes et de Traducteurs, Université Paris 3 Sorbonne Nouvelle.

적절한 번역 방식을 습득할 수 있도록 한 그녀의 비평적인 제안들이 한 걸음 더 나아갈 수 있기를 바란다.

이 책이 모든 한국 번역 학습자에게 좋은 길잡이가 되기를 바라면서 늘 성실하고 신중한 내 한국 동료들에게도 인사를 전하고 싶다.

2017년 10월 파리에서

다니엘 질

프랑스어판 서문

대학과 전문학교에서 번역을 가르친다는 것은 누구나 일반적으로 알고 있는 사실이다. "번안과 작문이라는 두 방식의 번역 교육은 프랑스 대학 제도의 오랜 전통이다(Pergnier, 1998: 10)." 다른 여러 활동과 목표를 통칭하는 용어인 '번안과 작문' 교육의 목표 중 하나는 외국어 학습이다. 초등학교나 중학교 때부터 시작되는 번안과 작문 훈련은 단어들과 문장 구조들을 기억하며 훈련하고, 외국어를 습득하고 지식을 확인하는 등을 목적으로 시행되고 있다. 학교 교육 번역 혹은 대학 번역에서 더욱 더 발전된 단계에서는 특히, "정확하고 명확한 표현 교육, 저자의 생각 분석 훈련, 모국어 작성 훈련, 문화와 지식 테스트, 미적 감각 향상 (…) (Pernier, 1998: 11)"과 동시에, "지적 교육의 틀 안에서 오래전부터 번역 실전 능력(Pernier, 1998: 11)"을 목표로 하는 언어적이고 지적인 교육 과정이 수행되고 있다. 번역 교육은 번안과 작문이라는 두 유형 이외에도 메시지 전달을 목표로 하는 전문 번역을 거론할 수 있는데, 이 책이 중점을 두고 있는 것도 바로 그것이다.

이 책은 1979년부터 지금까지 필자가 수행한 번역 교육의 경험과 실험의 결실이다. 필자는 1979년 파리의 동양어문화대학인 INALCO(Institut national de langues et civilisation orientales)에서 10년간 번역가로서의 경험과 ESIT(École supérieure d'Interprète et de Traducteurs, 파리 통번역대학원)의 회의 통역 교육에 기반하여 일본어-프랑스어 기술과학 번역 수업을 개설하였으며, D. Seleskovitch와 M. Lederer가 주창한 '해석적'

접근(Seleskovitch and Lederer, 1989)을 회의 통역 교육에 활용하는 데에 관심을 가졌다. 당시 ESIT는 통역 교육과는 달리 번역 교육을 하면서 어떤 특별한 방식을 가지고 가르치지 않았다. 필자는 그들이 주장하는 통역에서의 해석 이론이 실제 번역 과정에서 학생들이 겪는 문제를 해결할 수 있도록 돕고, 학생들의 의문점을 답하기 위해서는 좀 더 보완이 이루어져야 한다고 생각했다. 사실, 이 시기에 활용되었던 교재들에서는 어떠한 해결책도 찾지 못했다. 많은 사람들이 참조하는, 번역 활동의 "결과들"을 범주화한 흥미로운 저서인 J-P. Vinay and J. Darbelnet(1958)의 『Stylistique comparée du français et de l'anglais(영어와 프랑스어의 비교문체론)』 또한 번역에 제기되는 문제들을 이해하고 적절한 결정을 내리는 데 도움이 될 만한 토대가 되지는 못했던 것 같다.

이런 문제의식을 바탕으로, 이를 보충하기 위한 이론과 방법의 토대를 마련하는 작업을 시작했다. 일본어-프랑스어의 통역과 번역 교육에 대한 일련의 논문들과 박사논문(Gile, 1984a)에서 출발하여, 교과서와 여러 새로운 논문들(Gile, 1995a)의 작성에 힘썼다. 1995년 Lyon(리옹) 2대학에 온 후부터는 응용외국어학과와 영어, 독일어, 스페인어, 이탈리어 학과 내의 학생들, 그리고 평생 교육 과정에서 전문 번역 자격증을 준비하는 학생들을 대상으로 연구와 실험 범위를 넓혔다. 20년 이상 여러 나라를 방문하여, 전 세계에 있는 수많은 동료이자 번역 교수자들과 생각과 정보를 교환하고, 단기간의 수업과 세미나를 통해 통번역을 가르치기도 하였다. 결과적으로 이 책은 이러한 경험의 산물이기도 하다.

필자는 대학 번역 교육을 위한 방법론적인 교과서로서 이 책을 작성하였다. 예를 들어, 비교적 단순한 개념 및 모델들을 참조하여 전문 번역가의 방식과 원칙을 점진적이고 체계적으로 소개했다. 어떤 모델은 구체적인 상황이나 활동을 서술하는 식으로 언급하였고, 나머지 모델은 비교적 개념적인 방식으로 설명하면서 대개 비유적인 이미지를 통해 독자의 이해를 돕도록 하였다. 전반적으로는 번역의 환경, 목표, 선택, 제약점에 관해 성찰할 수 있도록 설명적인 방식으로 작성하였다. 연구 작업 초기에, 학생들을 위해 고안하고 발전시킨 모델들을 다른 나라에서 열린 교육 세미나에서 여러 형태로 소개하였고, 그때마다 참석자들에게 평가를 요청했다. 대부분의 번역 전문가들은 이러한 모델들이 그들이 직관적으로 알고 표현하는 부분들, 번역 과정에서 내리는 결정들을 설명하고 정당화하기 위한 논거들을 명확하게 소개하고 조직하였다는 점을 높이 평가했다. 이러한 반응은 필자가 제안하고 있는 모델의 내용이 어느 정도 타당하며, 번역 학습자들도 실무 번역가만큼의 관심을 가질 수 있는 가능성을 보여주는 것이라고 생각한다.

번역의 기반이 되는 전반적인 요소들에 관한 설명적이고 체계적인 설명과 논증은 프랑스나 기타 국가에서 출간된 수많은 번역 교육 저서들과 차별화되는 이 책의 가장 근본적인 특징이다. 본고는 학생들과 교수자들을 대상으로 서술하였기에, 실제적인 번역 연습 문제와 지시 사항을 담은 번역 교재는 아니다. 본고에서는 프랑스어와 영어 쌍을 통해 예시들을 소개하고 있지만, 사실 이 자체로 번역 수업을 구성할 수는 없다. 하지만 본 책은 비문학 텍스트를 다루는 번역 수업에서 참조 자료로 활용해 볼 수 있을 것이다.

이와 관련하여 본고가 문학 텍스트가 아닌 Jean Delisle(1980: 22~24)이 "실용적인"으로 규정한, 그리고 "정보적"이라고 불리는 텍스트의 번역만을 그 대상으로 한다는 점을 분명히 밝히고 싶다. 엄격한 방식으로 두 범주를 정의하고 싶지는 않지만(정의할 수도 없지만), 다음과 같은 번역의 두 가지 전형을 제안하고자 한다. 은유, 어휘와 문장, 설정된 인물 혹은 상황 등을 통해 주요한 미적 요소를 드러내는 문학 텍스트는 정보의 습득을 통한 독자의 이성적인 반응보다는 독자의 감정을 불러일으키는 것이 그 목표이다. 정보적 텍스트의 주요 토대는 주로 메시지를 전달하는 정보들이며, 미적 요인이나 감정적인 측면은 부차적인 요소일 뿐이다. 사실, 이러한 유형 간의 경계는 애매하다. 예를 들어, 회계 서류와 시를 구분하는 것은 쉽지만, 역사 소설이나 광고 텍스트를 분류하는 것은 어렵다.

하지만 이 책에서 이와 같은 구분은 중요하므로, 다음과 같이 분류해 보고자 한다. 먼저, 정보 텍스트 번역은 학습자에게 비교적 효과적인 개념적 도구들을 제안하며, 대학 교육에서 수행되는 번역 연습 문제와 번역 교과목에서 이를 더 잘 활용할 수 있도록 하는 심도 있는 방법으로 분석될 수 있다. 또한 문학 번역은 대개 직관과 미적 감각에 중점을 두며, 문학 번역 내에서 분석을 통해 형태와 의미를 구분하는 방식이 어렵고, 그다지 유익하지 않을지라도 이를 정보 번역과 동일한 방식으로 가르칠 수 없다.

본고에서는 정보 텍스트 번역만을 다루겠지만, 문학 번역가들 또한 본 책을 통해 흥미로운 부문을 찾을 수 있길 바란다.

이 책에서는 번역을 직업, 방식, 대학이라는 의미 내에서 하나의 학문으로 소개하고 있으며, 교육적인 특성, 그리고 번역 교수자와 학습자로 구성된 독자층을 고려하여 번역 방식에 중점을 두고 있다. 직업적인 측면(직업 훈련의 조건, 교재, 시장, 상업적 거래 등)은 다양한 정보 출처들의 참조 방식을 설명하면서 짤막하게만 언급했다. 1장에서 그 연유를 설명하겠지만, 어떤 이론화 작업은 번역 모델이나 설명을 통해 학생들에게 소개해 볼 수도 있을 것이다. 그러나 이는 학습자가 번역 방식을 이해하고 소화하는 데 도움을 줄 수는 있지만 그 이상은 아니며, 본고의 핵심 부문인 번역 방식을 일관되게 설명하고 입증하는 전반적인 교수법을 제안할 뿐이다. 대학 내의 학문으로서 번역학에 관해서는 본고의 마지막 장에서 대략적 검토와 분석을 통해 소개할 텐데, 본고에서는 프랑스에는 거의 알려져 있지 않지만 외국 저서에는 중요하게 다뤄지는 몇몇 주요한 요인들만을 언급하도록 하겠다. 본 책이 번역 학습자, 교수자, 그리고 번역에 흥미가 있는 독자들에게 유익한 해석과 방향, 그리고 문헌들을 더 깊이 있게 연구하기 위한 실마리를 제시해 줄 수 있기를 바란다.

|차례|

제6장 **전문 번역가의 언어 __ 197**

제7장 **번역 교수법의 실제적 요소들 __ 237**

제8장 **번역학의 개념 __ 277**

제1장

번역 교육 - 방식

1. 서론

본 장에서는 앞으로 소개할 교육 방법론과 이론의 토대인 기본적인 교육 방식에 관해 설명하고자 한다. 먼저 대학 번역과 전문 번역(본 책에서는 이렇게 명명하도록 하겠다), 그리고 이에 준하는 교육 기관들 간의 차이점에 관해 살펴보고 나서, 번역가에게 필수적인 번역 능력 요소들을 분석해 보겠다. 또한 학부 번역 초기에, 그리고 재교육을 위한 전문 교육 연수나 평생 교육에서 교수자가 겪을 수 있는 다양한 상황과 환경에 최적화할 수 있는 교육 프로그램을 조명해 보겠다. 그런 다음, 이론 교육에 기반한 실제 번역 교육에 이러한 프로그램을 대입해 보고 다음 장들에서 소개할 이론-방법론적인 부문들을 소개하도록 하겠다.

2. 대학 번역과 전문 번역

프랑스의 대학 번역 교육은 일반적으로 학부에서의 작문, 번안 교육과 비문학 번역 전문가 교육 혹은 전문화된 번역 교육이라는 두 축으로 분류해 볼 수 있다. 이러한 두 부문의 교육 방식과 원칙은 서로 다르며, 심지어는 정반대인 경우도 있다.

첫 번째, 높은 수준의 전문 번역 교육 프로그램으로는 파리 3대학 산하의 ESIT(에지트, 파리 통번역대학원, Ecole supérieure d'Interprètes et de traducteurs), ISIT(이지트, 통번역 전문 교육원, Institut supérieur de traduction d'interprétation), DESS의 전문 번역 과정(예를 들어 그르노블(Grenoble) 3대학, 리옹(Lyon) 2대학, 파리(Paris) 7대학, 렌느(Rennes) 2대학 등) 등을 언급해볼 수 있다. 학생들은 선발 시험을 통해 발탁되므로 이미 충분한 언어 실력을 갖추고 있으며(항상 그런 것은 아니다. 이에 관해서는 6장 참조), 전문 교육 프로그램(작문 테크닉이나 전문 언어에 친숙할 수 있도록 부수적으로 개설된) 내에 언어 숙달 수업이 존재하기는 하나 언어 학습이 교육의 주된 목표는 아니다. 전문 번역 학교의 교수자들은 주로 활동 중인 전문 번역가이며, 소수만이 대학교수나 전임강사직을 맡고 있다. 때로는 전문학교를 졸업하지 않은 프리랜서 번역가이거나 단순히 DESS 자격증을 갖춘 사람일 수도 있다. 대학교수나 전문 번역가의 교수자 비율은 각 기관마다 상이하다.

대학 번역 교육의 두 번째 부문으로는 LEA(응용 외국어, Langues étrangères appliquées) 과정 프로그램을 들 수 있다. LEA 과정은 별도의 선발 시험이 없으며, 외국어 숙달과 학습이 프로그램의 주된 목표 중 하나이다. 번역이나 통역 수업(이따금씩 몇몇 과목만이 개설되는)은 언어 학습의 부수적인 역할로 간주되며 주로 선택 수업으로만 개설되어 있다. 대부분의 교수자들은 번역 경험이 있는 언어문화 전문가로 전문 번역가는 아니다.

전문화된 프로그램의 목표는 번역 시장에 적합한 높은 수준의 전문 번역가를 양성하는 데 있다. 외국어 학부의 경우 LEA 과정에서 전문 번역 수업을 제안하고 있기는 하지만, 일반적으로 4학년에 개설되어 있는 수업이 전부이다. 번안과 작문 수업은 전문 번역 교육의 역할을 수행하지 못한다. 언어 중심이 아닌 전문성을 목표로 하는 교육 프로그램은 대학의 박사 과정 내에서만 찾아볼 수 있다. 물론 이 경우에도 대부분의 교수자는 대학 교수이며 전문 번역가는 아니다. 게다가 대학의 교육 프로그램 안에서 번역은 주로 교육적인 실습 형태를 띠는데, 이러한 폐쇄된 시스템 내의 번역 교육에서 핵심 주체는 학생과 교수자이다. 즉, 대학 번역 교육은 시장 상황에서의 경제적인 목표나 번역 실제 상황에서의 여러 주체들 간의 커뮤니케이션 요소들과 무관하다. 주로 학생 중심으로 수행되며, 주요 목표는 대개 언어 능력 습득이지만 경우에 따라서는 번역 방법론 능력 향상에 주안점을 두기도 한다.

대학이라는 상황을 벗어나면, 번역은 언어 능력 습득이나 이를 확인하는 기능을 수행하지 않는다. 거의 대부분의 경우, 번역의 기능이란 고객의 요구 사항과 보수를 조건으로 수신인이 이해하지 못하는 텍스트 내용을 이해시키는 것이며, 이때 번역은 하나의 전문적인 서비스로 간주된다. 즉, 대학에서의 번역이 학생 개개인에 중점을 두고 이루어지고 있다면 전문 번역은 번역가 중심이 아닌 독자 지향적인 번역(일반적으로 번역가와 상호소통하지 않는)으로 수행되고 있다. 뿐만 아니라 전문 번역은 대학 밖의 사회 경제적인 삶을 구성하는 산업, 경제, 과학, 정치 혹은 다른 전문 영역에서 중점적으로 이루어지고 있는 반면, 대학 번역은 단지 학습 환경에만 국한되어 있다. 물론, 실무 번역을 수행하기 위해 기업 연수에 참여하는 몇몇 학생들의 경우에는 이러한 전문 번역 환경에 노출될 수도 있겠지만, 대부분의 대학 커리큘럼은 이러한 환경에 매우 닫혀 있는 구조이다(물론, Elisabeth Lavault 교수의 그르노블에 있는 스탕달(Stendhal) 대학 프로그램처럼 일부 예외적인 경우도 있다).

전통적인 대학 번역 교육과 전문 번역 교육의 격차는 크다. 사실 폄하하고 싶지 않지만, 굳이 확인할 필요도 없이, 번안이나 작문 수업의 교수자들은 좋은 번역을 수행하지 않는다. 이와 관련하여 대학 교육 내에 만연해 있는 경향을 살펴보면 다음과 같다(Lavault, 1985, 1993).

대학 번역 교육은 전문 번역 교육에서 중시하는 도착 텍스트의 정보나 목표를 주요 대상으로 보지 않으며, 주로 출발 텍스트와 도착 텍스트, 즉, 원문과 학생이 번역한 텍스트 간의 언어적인 일치에 중점을 둔다.

전문 번역에서는 전체적인 텍스트 차원을 고려하는 반면, 대학 번역 교육에서 교수자와 학습자는 단어나 구절과 같은 미시적이고 지엽적인 부문을 번역 대상으로 본다.

전통적인 대학 번역 교육은 과정보다는 결과 중심적인 교육으로 수행되어 왔기에, 교수자는 결과물에 도달하기 위한 학습자의 번역 과정보다는 번역된 결과물의 오류나 장점만을 평가하였다. 오랫동안 전문 번역 교육도 같은 길을 걸어왔고 여전히 이러한 경향은 남아 있지만, 1990년대 초반 이래로 번역 과정 중심 교육의 중요성은 점차 커져가고 있다(본고 7장 참조).

대학 번역 교육의 일부에서는, 더 정확히 언급하자면, 외국어 학부의 경우에는 번역할 텍스트의 주제나 분야와 관련된 지식보다는 주로 용어적 차원에서 언어 지식을 습득하는 데에 주안점을 두고 있다. 이와는 달리, LEA 과정에서는 전문 용어나 관련 분야를 가르치고 있으며, 전문 번역 교육의 경우에는 번역가 테크닉과 방법론적인 능력에 가장 중점을 두고 있다.

또한 대학 번역에서는 전문 번역의 주요 부문을 차지하는 적절한 자료 조사 방법을 별로 중요시하지 않고 있다(4장, 5장 참조). 즉, 전문 번역을 가르치는 교수자는 이러한 측면에 주안점을 두고 있지만, 대학 번역의 교수자는 이와 관련하여 언어 사전, 어휘와 관련된 출처만을 제시하고 있는 실정이다.

전문 번역 교육을 담당하는 교수자는 이러한 근본적인 차이점을 두고, 대학 번역 교육이 미래의 전문 번역가에게 적합한 교육이 아니며 (Larose, 1989: 152 참조), 더 극단적으로는 “전문 번역 교육은 작문과 번안 수업과 전혀 관련이 없다(Gouadec, 2002: 2).” 이야기할 수도 있다. K. Bouderradji(2004)의 설문 조사 결과에 따르면 전문 번역가들도 이러한 견해를 표명했다.

교수자에 따른 차이점에 관해 말하자면, 동일한 교육 프로그램 내에서 전문 번역가 교수자와 전통적인 대학의 교수자가 제안하는 교육 방식과 요구 사항, 평가 방식 등은 매우 상이할 수 있으므로 학생들은 이러지도 저러지도 못하는 혼란스러운 느낌을 받을 수 있다.

프랑스를 제외한 다른 나라들의 상황은 이와는 정반대일 수 있다. 물론, 프랑스와 동일한 특성을 지니는 몇몇 국가도 있지만 이와는 다른 국가에서는 번역학 연구의 길을 걷고 있는 다수의 전통적인 대학 번역 교수자들이 전문 번역에 많은 관심을 지니고 있으며(역설적으로 들릴 수도 있겠으나 번역 연구나 활동은 전문 번역가의 주요 관심사이기도 하다), 이 경우 교수자들은 전문화된 교육에서 착안된 방법론을 채택하기도 한다. 또한 독일, 오스트리아, 덴마크, 스페인 핀란드와 같은 몇몇 국가들은 프랑스의 LEA나 LCE 과정과는 달리, 대학 내부적으로 독일어, 영어, 스페인어, 프랑스어 등의 각 언어별로 전문 번역 교육에 중점을 둔 통번역학부나 통번역 대학이 존재한다(Harris, 1997; Caminade & Pym, 1995 참조).

대학 번역 교육에서의 이러한 최근 양상들은 앞으로도 계속해서 유지될 것이라 생각한다. 사실, 전문 번역 교육을 받지 못한 외국어 학부 출신인 대다수의 사람들도 그들에게 부족한 지식과 노하우를 점차적으로 보충하고, 그들이 습득한 언어적 지식 역량을 충분히 발휘하면서 번역가로 활동해 왔다. 하지만 전통적인 대학 번역 학습에 길들여진 학생들을 가르치는 전문 번역 교수자들 모두가 공통적으로 깨닫는 점은 전문 번역 과정에서 새로운 사고방식을 습득하기에 앞서 기존에 그들이 지니고 있는 몇 가지 생각들을 떨쳐버릴 필요가 있다는 것이다. 번역 교수자들은 학부 과정의 언어 수업을 통해 익숙해진 학습자의 번역 학습 습관을 버리고자 "이미 배운 것을 잊자"에 관해 이야기한다. 사실 처음 전문 번역에 입문하는 학생들은 "단어나 등가 차원에서의 번역 학습에 익숙해져 있기에 그들의 사고는 이미 경직되어 있는 상태이다(Lavault, 1998b: 81; Ammour, 2002: 79)." 그렇다면 "이미 배운 것을 잊는" 단계를 건너뛸 수는 없는가? 언어 숙달이라는 학부 교육의 학습 목표는 그대로 놔둔 채 학부 2학년 정도부터 대학 교육에 전문 번역을 도입해 볼 수는 없는 것일까? 이러한 관점을 견지하며, 이 장에서, 그리고 앞으로 언급할 장들에서 논증과 설명을 통해 납득할 만한 근거들을 제시해보고자 한다.

3. 번역가의 노하우

전문가가 기본적으로 갖춰야 할 번역 능력 요소는 무엇인가? 본고에서는 번역 교육의 관점에서 이러한 능력을 다섯 가지 요소로 분류해 보고자 한다. 물론 다른 학자들(Roberts, 1984; Nord, 1991: 235; Hansen, 1997; Neubert, 2000)은 이를 각기 다르게 명명하고 있지만, 언어 지식과 주제 지식, 일반적인 지식과 노하우를 구분하고 있다는 점은 동일하다.

3.1. 출발어에 대한 충분한 이해

일반적으로, 외국어 지식이 번역가가 되기 위한 첫 번째 자격 요건이라고 생각한다. 전문 번역가들은 이러한 사실을 한탄하기도 하지만, 몇몇 번역가들은 전문 번역 텍스트가 아닌 번역의 경우에도 이러한 지식은 번역을 하기 위한 필요충분조건이라고 생각한다.

사실, 단순히 몇몇 예시들과 설명(물론 이 책에서도 언급되겠지만)만을 통해서도 우리는 이러한 잘못된 인식을 충분히 전환할 수 있으며 번역 수업의 학생들도 번역 연습 문제들을 수행하면서 이러한 인식에서 벗어날 수 있다. 본고에서는 이를 다음과 같은 네 관점으로 한정하여 언급해 보도록 하겠다(자세한 사항은 본고의 6장 참조).

1) 번역을 하기 위해 필요한 출발어의 숙달은 능동적이 아닌 수동적 지식이며, 지자기 작성한 글을 이해할 수 있는 능력과 관련되지만 출발어의 글쓰기 능력과는 무관하다.
2) 말하기가 아닌 글을 쓰기 위해 필요한 수동적인 지식

3) 필요로 하는 출발어의 이해 수준은 텍스트에 따라 다르다. 이는 외국어를 전혀 모르는 수준에 해당될 수도 있고 모국어 화자와 동일한 수준(혹은 별반 다르지 않은)에 해당될 수도 있다. 하지만 기본적인 부분들을 충분히 이해하지 못한다 할지라도 사전과 같은 적합한 참조 자료를 통해 충분히 부족한 점을 매울 수 있다.
4) 언어를 안다는 것은 하나 혹은 여러 문화를 두루 안다는 것이다. 몇몇 용어와 표현들, 특히 문화어는 역사적 사실, 사회 환경, 언어 공동체(의미와 용법에서 뉘앙스에 따라 텍스트에 영향력을 미치는)에 고유한 사회적, 정서적 환경과 따로 분리해서 생각할 수 없다.

번역가가 갖춰야 할 필수 요건들은 다양할 수밖에 없다. 예를 들어, 문학 작품 번역가나 광고 번역가에게는 이러한 요건이 매우 광범위하며, 신문 기사나 정치 법률 텍스트를 다루는 번역가들에게는 번역 자격 요건이 가장 중요한 요인일 수 있다. 또한, 지역적인 차원에서의 언어문화적 중요성이 거의 부각되지 않는 국제적인 수준의 전문 과학 기술의 분야(물리, 수학, 전기, 인지 과학, 정보, 기술 등)의 전문 번역가에게는 이러한 요건들이 한정적일 수 있다.

3.2. 일반적인(일반적인 문화의) 혹은 전문적인 언어 외적지식

번역에서 일반적인 문화의 중요성은 그동안 과소평가되어 왔다. 실제로 몇몇 학생들과 몇몇 전문 번역가들의 번역만을 읽어봐도 알 수 있듯이 충분히 언어 지식을 갖추었다 할지라도, 일반적인 언어 외적 지식을 겸비하지 못하였다면 원문 텍스트의 분석에서 심각한 해석 오류를 범하거나, 잘못된 도착어 표현을 선택할 수 있다.

전문 지식의 측면에서는, 과학 기술 번역일 경우 당연히 전문 지식을 고려해야 하지만, 이러한 지식의 중요성이 과대평가되기도 한다. 사실, 일부 고객들은 의학 텍스트 번역에 의사만을, 법률 텍스트 번역에는 법조인만을, 수학 텍스트에는 수학가만을 고집한다. 하지만 번역할 텍스트의 전문성 수준은 번역에 필요한 전문적인 지식의 수준과 꼭 깊은 상관성이 있는 것은 아니다. 물론, 예를 들어 카탈로그, 도로 교통 분야에서 위험도에 따라 선별된 화학 물질 리스트 등의 번역은 매우 전문적인 지식을 필요로 할 수 있으며, 원문 텍스트 자체가 원문을 이해하거나 재표현을 할 때 적절한 정보 자료의 도움으로 쉽게 해결할 수 없는 어려운 전문 용어만을 포함하고 있을 수도 있다. 그러나 별로 전문적이지 않은 일부 법률 문서 텍스트 번역은 전문적인 지식이 없어도 참조할 만한 개념들이 텍스트에 드러나 있으므로 별 문제 없이 이를 이해하고 도착어로 재표현할 수 있다.

결과적으로 번역 작업을 하든, 전문 지식을 보충하기 위한 교육의 일환이든, 제기되는 번역 문제를 해결하기 위한 정보 자료를 찾아가면서 일반적인 문화와 관련하여 최소한의 지식 이상의 것을 습득해야 함은 분명하다.

3.3. 좋은 집필 능력

번역가는 집필자이기도 하므로, 번역한다는 것은 도착어에서 적절한 단어들을 선택할 수 있는 방식으로 출발 텍스트를 이해하는 것뿐만 아니라 자신에게 부여된 의무를 수행하면서(즉, 정보적인 텍스트의 경우, 가장 나은 조건에서 독자에게 정보를 제공하고 설명하거나 설득시키는 의무) 원본 텍스트를 도착어로 작성하는 것이다.

좋은 품질의 텍스트를 작성한다는 것은, 출판사나 신문 잡지 텍스트에도 고유한 문체가 있듯, 관련되는 글의 표현과 문체를 살려야 한다는 것이다. 또한 최적의 번역문을 이끌어내기 위해 원문의 저자가 선택한 작성 표현을 토대로 번역해 볼 수 있다.

미시적인 문장 차원의(번역의 재표현에서 일반적으로 번역가가 정보의 논리적인 전개를 파악하기 위해 고려하는 전체 텍스트, 즉 거시적인 측면이 아니라) 번역을 하는 것은 글을 집필하는 작업보다 더 어려울 수 있다. 따라서 번역은 보다 더 높은 수준의 어떠한 작성 능력을 요구하는 작업일 수도 있다. 보다 구체적으로 언급하자면, 각 분야마다 이에 부합하는 요구 사항이 다를 수 있는데, 예를 들어, 문학 번역은 문학적인 재능을, 신문 기사 번역은 이에 고유한 문체적 특성을, 과학 분야의 번역은 그에 상응하는 작성 스타일을, 카탈로그 번역은 가장 최소한의 작성 능력을 번역가에게 요구할 수 있는 것이다.

3.4. 번역가의 기본적인 방식 및 원칙 숙달

이러한 번역 요소를 Neubert(2000)는 '전이 능력'으로 명명하였는데, 일반적으로 대중에게는 무시되어 왔다. 이유인즉, 번역은 노하우(물론 담화를 한 번 듣고, 전체적인 담화를 재구성할 수 있는 노트테이킹 기술을 익혀야 하는 순차통역가나 동시에 듣고 말하는 동시통역가의 경우, 이는 중요한 능력으로 잘 알려져 있다)가 아닌 지식을 기반으로 하기 때문이다. 언어적인 등가 표현이 부재하거나 모호한 텍스트에 직면했을 때, 이해나 재표현에서 어려움에 부딪힌 경우, 번역가는 이에 관한 해결책을 찾기 위해 최적의 선택을 끌어낼 수 있는 능력, 즉, 적절한 전략과 테크닉이 필요하다. 그리고 이러한 번역 능력은 지식과 노하우를 필요로 한다. 여기서 지식이란 고객 및 동료와 관련된 행동이나 충실성 원칙, 약속, 시간 등의 엄수, 번역 시장 지식, 적절한 정보 자료, 도구 등과 관련된 적절한 직업적인 규범에 관한 것이며, 노하우란 적절한 정보 자료를 찾는 테크닉, 도착어로 작성할 때 언어적 정보적인 측면에서의 번역 결정 과정, 정보 자료 평가, 다양한 도구의 사용 등을 가리킨다.

지금까지 언급한 번역가 능력의 전반적인 네 요소들 중에서 번역에 고유한 방식과 규칙을 숙달하는 것은 무엇보다도 중요하다고 생각한다. 하나 혹은 여러 언어의 숙달, 일반적인 문화 지식과 전문 지식, 집필 등의 번역 능력은 꼭 번역가가 아니더라도 다른 직업군이나 전문 번역의 부문이 아닌 환경에서도 필요할 수 있다. 예를 들어, 외국에 거주하는 다수의 기자들은 해당 국가의 언어와 일반적인 문화를 잘 이해하며, 자신의 모국어로 텍스트를 잘 작성하는 노하우도 갖추고 있을 수 있다. 유럽연합(EU), 유네스코(Unesco), 경제협력 개발기구(OECD)나 유럽 위원회와 같은 조직에서 일하는 수많은 국제공무원들도 이와 같은 능력을 지니고 있을 수 있으며, 국제적인 법학자들도 그들의 전문 분야에 더 깊이 있는 언어 지식과 주제 지식을 겸비했을 수도 있다.

하지만 이러한 번역 능력의 세 가지 요소들을 갖추었다고 해서 번역을 할 수 있는 자격이 주어지는 것은 아니다. 물론 그렇다고 해서 좋은 번역물을 생산할 수 없다는 것도 아니다. 사실, 전문 번역가가 아니며 번역과 관련된 전공을 공부하지 않고도 대학 교수들이 본인의 전공과 관련된 분야에서 번역한 좋은 품질의 번역들도 많다. 하지만 번역에 재능이 있는 혹은 단순한 아마추어 번역가와 전문 번역가를 구분하는 몇몇 차이점은 존재한다. 물론 아마추어가 수행한 번역물과 전문 번역가가 작성한 특수한 번역물을 비교해 본다고 해서, 꼭 그 차이가 드러나는 것도 아니다. 아마추어 음악가가 전문 음악가보다 더욱 영민하게 작품을 해석하며 아마추어 가구 세공사가 전문 세공사보다 더 나은 조건의 가격으로 가구를 만들 수도 있다. 하지만 전문가와 아마추어는 번역 품질, 정확성, 과정에서의 효율성, 그리고 더 광범위한 능력 등에 차이가 있을 수 있다. 물론 수많은 노력과 상당한 시간을 투자하는 자기 전문 분야의 특별한 작품에 대해 재능 있는 아마추어 번역가가 행한 번역만큼 뛰어난 번역을 전문번역가가 항시 수행할 수는 없을 것이다.

하지만 중요한 것은 능력 있는 전문 번역가는 더 다양한 전문 분야에서 일할 수 있고, 최소한의 번역 품질을 보증해 줄 수 있으며, 더 빠르게 일을 처리하고, 더 적은 비용으로도 번역을 하면서 부딪힐 수 있는 어려움들을 더 쉽게 해결할 수 있다는 점이다. 이러한 능력은 사실 시간이 지남에 따라, 전문 분야의 번역들을 실제로 수행함으로써 갖춰질 수도 있겠지만, 대부분은 이와 관련된 교육을 통하여 그 능력을 습득할 수 있다.

3.5. 번역가라는 직업에 대한 상업적이고 실제적인 지식

다니엘 구아덱(Daniel Gouadec)처럼 번역 능력에 전문성을 강조하는 교수자가 자주 언급하는 번역가의 전문적인 능력은 경제적인 측면에서 번역의 실제와 관련된 테크닉 요소들과 번역 시장 지식이다. 특히, 이러한 지식은 잠재적인 고객의 지식, 전문 분야 지식, 번역가로서의 활동 규범, 프로젝트 관리 기술 및 방식, 정보 자료 도구 등과 관련되어 있다.

예를 들어, 번역가와 번역 관련 회사들을 대상으로 설문 조사를 수행한 K. Bouderradji(2004)의 설문 결과에 따르면, 번역 교육 평가에서 자주 언급되는 불만 사항은 번역 교수자가 시장 지식이 부족하고, 더불어 이에 관한 교육이 부족하다는 점이다.

본고는 번역 실제에 관한 질문을 다루기보다는 번역의 기본적인 측면에 관심을 두고 있으므로, 번역에서 실제적인 측면을 다루지는 않을 것이다. 하지만 완벽을 기해야 하는 전문 번역 교육에서는 이러한 측면이 간과되어서는 안 될 것이다.

4. 전문 번역가 교육의 형태

본고는 정보 텍스트 번역에서 번역가 방식에 중점을 두는 번역 교육을 위한 테크닉과 여러 교육 도구 및 주요 원칙들을 제시할 것이며, 문학 번역의 특수한 측면은 다루지 않을 것이다.

외국 언어문화 학부와 번역 전문학교, DESS, 전문가 재교육 연수나 번역 전문가의 평생 교육에서 학습자가 필요로 하는 사항들과 관련해서는 각 기관의 다양한 측면을 수용하여 고려해 볼 것이다.

4.1. 다양한 필요 사항

사실, 동일 영역의 하위 부문들은 상호 조화를 이루기도 하고 표준화된 방식이 존재하기도 한다. 하지만 전문 번역 교육에서는 학습자의 개인적인 환경과 전문 지식에 따라 출발점과 보충해야 할 사항들이 제각기 다르다. 따라서 이러한 점을 무시한 채 교육 프로그램을 지나치게 표준화하는 것은 피해야 한다. 이에 관해, 아래의 세 부문의 교육으로 분류해 볼 수 있다.

4.1.1. 초급자의 번역 교육

고등 교육을 마치고 갓 대학에 입학한 초급 번역 학습자의 경우, 먼저 번역에 필요한 능력(일반적인 문화 지식, 출발어의 이해, 도착어로의 작성 능력, 앞에서 언급한 그 밖의 번역 능력 요소들)을 전반적으로 갖춰야 한다. 무엇보다도 번역 지식과 노하우를 익히기 위해 상당한 노력과 시간을 투자해야 하며, 여러 해에 걸쳐 깊이 있는 관련 언어 공부가 필요하다.

4.1.2. 중상급자의 번역 교육

2, 3년 혹은 4년간 중·고등학교에서 이미 기본적인 언어 지식과 어느 정도의 일반 지식을 갖춘 학생을 중·상급자로 고려해 볼 수 있겠다. 전문 번역 학교든 전문 번역의 DESS 과정이든 간에 이러한 과정에 진학한 학습자는 일반적인 문화 지식과 좋은 언어 지식을 갖추었다고 가정해 볼 수 있다. 그들은 대학에서 1년 혹은 2년 동안 번역 능력, 그중에서도 전문 언어, 전문 주제 지식의 측면에서 그에게 부족한 지식과 노하우를 갖추기 위해 준비할 수 있다. 물론, 두 교육 기관의 제반 조건은 다르다. 한편으로는 시간이 별로 없을 수 있기에(DESS 과정은 주로 일 년 과정이다) 번안과 작문의 습관에서 벗어나기 위해서 학습자의 많은 노력을 요구할 수 있다. 다른 한편으로는, 전문 번역 학교처럼 선발 과정을 거쳐 발탁된 학생들일 경우, 일반적 지식을 갖추고 있어 처음 번역에 임하는

학습자 보다 더 잘 준비되어 있을 수 있고, 더 균등한 수준의 그룹 내에서 자신들만의 번역 방법을 모색할 수도 있다.

4.1.3. 재교육

세 번째로 가장 자주 언급되는 교육 대상은 재교육을 받기를 바라거나 번역 능력을 향상시키고 싶어 하는 현재 활동 중인 현직자이다. 만약 그들이 우연한 기회에 번역을 배웠거나, 독학으로 번역을 터득했다면 더 탄탄한 기본기를 익히고자 할 수도 있다.

하지만 이러한 재교육에서는 다음과 같은 두 가지 문제가 발생할 수 있다. 첫 번째는 그들의 출발선상이 너무도 상이하다는 것이다. 언어적, 언어 외적 지식과 더불어 그들의 번역 능력은 대학 과정이든 전문 과정을 마쳤든 간에, 개개인의 과거에 따라 다르다. 실제 교육 현장에서도 각기 다른 입장들을 볼 수 있는데, 예를 들어 외국에 거주하면서 관련 언어를 습득한 엔지니어는 번역 집필 테크닉이나 번역 경험 없이도 번역가가 되길 희망할 수도 있으며, 종종 번역을 수행하는 기자는 전문 번역가 활동을 통해서 수입을 늘리고 싶어 할지도 모른다. 의사의 경우에는 의학 전문 번역을 통해 보충적인 수입을 얻기를 원하거나 자신의 직업 활동을 더욱 다각적으로 수행하기를 희망할 수도 있다. 또한 본인의 직장 상사와 관련된 번역을 다루는 비서는 승진을 위해 번역을 공부할 수도 있다. 나아가 이러한 재교육 희망자들은 나이, 결혼, 가족 유무, 교육에 투자할 수 있는 시간 여부, 재정 여부(교육 기간 동안 별다른 수입 없이도 생계를 유지할 수 있는 재정 여부) 등 여러 요인이 제각기 다른 상황에 놓여 있을 수도 있다.

분명한 것은 교육 대상자마다 필요로 하는 요구 사항이 다르다는 것이다. 초급자든 중상급자든 간에 학생이라면 자신의 모든 시간을 투자하여 교육에 열중할 수 있겠지만, 사실, 이미 직업이 있는 현직자는 이러한 여건을 조성하기가 어려울 수 있다. 기초가 부족한 초급 학생은 이를 메우기 위해 여러 해 동안 공들여 공부하는 것이 필요하며, 부족한 일부분의 번역 능력을 습득하고자 하는 성인의 경우에도 시간을 충분히 투자하는 것이 합당하다. 물론 각기 융통성 있게 이를 수행해 나가야 할 것이다.

4.2. 선택 사항

전문 번역을 배우기 위해서는 다음과 같은 세 가지 방식을 선택해 볼 수 있는데, 이는 바로 자가 학습, 기업 연수, 대학 교육이다(기업 연수를 받는 학생에 한해서는 기업 연수와 대학 교육이 함께 병행될 수 있다).

4.2.1. 자가 학습

언어적, 언어 외적 능력을 갖추었지만 별도의 교육을 받지 않고 전문적인 번역 활동을 시작하는 번역가들이 있다. 이들이 모두 전문 번역가 협회에 등록되어 있는 것은 아니므로, 그 인원수를 가늠하기는 어렵다. 하지만 이는 절대 드문 현상이 아니며, 모든 직업에 독학자는 많다.

자가 학습의 장점은 굳이 보수를 받지 않는 교육에 시간을 들여 의무적으로 교육받을 필요가 없다는 점이다. 사실, 별도의 준비 없이 번역을 시작한다 할지라도 작업을 하면서 자신에게 부족한 지식과 노하우를 습득할 수 있다.

하지만 자가 학습의 주요 단점은 다음과 같다.

- 먼저, 학습자가 번역을 수행하면서 부딪히는 문제에 관한 해결책을 찾기 위한 학습 기간, 고객이나 독자들의 잠재적인 반응 등을 들 수 있는데, 경험 있는 동료의 충고나 교육을 통한 방법론적인 모색 없이는 오랫동안 시행착오를 겪을 위험이 있다.
- 이러한 충고나 교육 없이는 번역 능력의 상한선에 이르기 어렵다. 따라서 대부분의 젊은 번역가들이 교육 과정에서 이미 습득한 번역 능력이나 테크닉을 몇몇 번역가들은 제대로 갖추지 못한 경우도 있다.
- 관련 대학 과정을 수행하지 못했거나 더 높은 수준의 전문 자격을 갖추지 못한 경우, 번역 시장에서 일하기에 제약이 뒤따른다. 물론 잘 알고 있는 분야에서의 전문 번역 활동만을 수행한다면 별다른 어려움이 없을 수도 있다. Bouderradji(2004)에 따르면 현재 프랑스의 여러 번역 회사들이 번역가에게 박사학위 과정을 요구하는 경향이 있다.

4.2.2. 기업 연수 교육

두 번째 교육 방식으로는 번역 기업이나 서비스 회사 내의 숙련된 번역가의 감독 아래 수행되는 직업 교육을 들 수 있다. 주요 장점은 다음과 같다.

- 자가 학습처럼 보수를 받지 못하는 기간이 없다. 학습자는 일하면서도 돈을 벌 수 있다.
- 최대한의 시간과 노력을 투자하면서 실제 전문 번역 상황에서 학습이 이루어진다.

이러한 장점은 학업 기간이 연장되어 수입이 없을 수도 있는 번역 학습자에게는 좋은 조건이다. 하지만 주요 단점은 다음과 같다.

- 기업 연수는 최소한의 번역 수행 능력을 갖춘 지원자에게만 열려있기에 채용이 제한될 수밖에 없다. 일반적으로 기업에서 전문 번역의 경험이 있거나 이미 번역 교육을 받은 혹은 대학 학위가 없는 지원자는 채용하지 않기 때문이다.
- 초급자를 교육하는 직책을 맡은 상급자가 그만큼의 능력을 갖추지 못했을 수도 있다. 그들은 번역 활동과 자신이 맡은 학습자 교육에 시간을 할애해야 하는데, 교육자적인 소명을 지니고 있지 않거나 교육자로서의 교육을 받은 적이 없을 수도 있으며 새로운 연수생이 채용된다 할지라도 그들이 맡은 일이 꼭 경감되는 것은 아닐 것이기 때문이다. 나아가 이러한 단점들로 인해 연수생 스스로가 자가 학습을 해야 할 수도 있다.

4.2.2. 대학에서의 교육

마지막 선택 사항으로는 대학 번역 교육을 들 수 있는데 이러한 교육 방식은 아마도 번역가라는 직업을 준비하기 위한 확실한 방도가 아닐까 생각된다(Bouderradji, 2004). 장점은 다음과 같다.

- 외부 세계의 어떠한 관여 없이, 학습자 중심의 환경이 조성되어 있다. 번역 학습을 위해 마련된 교육 프로그램 및 교육에 할애할 수 있는 교수자 집단이 존재한다. 경제적으로 도움이 될 수 있는, 그리

고 제도상의 대학 학위를 소지할 수 있다. 인정된 학위 덕분에, 그리고 교수자의 도움으로 직업 시장에 더 쉽게 진입할 수 있다.

이러한 대학 번역 교육의 일부 단점들은 위의 장점들과 정반대일 수 있다.

- 대학의 전통, 제도적인 부분에서의 저해 요인 및 관련 사회적 요인들로 인해 대학에서 습득한 지식과 노하우가 시장의 변화보다 늦을 수 있으며, 관련 프로그램이 미래의 번역가의 수요와 맞지 않을 수도 있다(일반 문화 수업, 경제 수업 등. 예를 들어, 기술 번역을 수행하고자 하는 학생은 기술 번역이 필요할 수도 있고, 문학 번역을 하고 싶은 학생들은 번역 이론 수업이 필요할 수 있다).
- 교육자는 전문 번역가가 아닐 수도 있으며 학생을 가르칠 수 있는 번역 능력을 갖추고 있지 않을 수도 있다(전문 번역 학교를 제외한 일반 언어 학부의 경우).
- 마지막으로 대학 번역 교육 프로그램 내에서 학습자는 대부분의 시간을 관련 학습에 할애해야 하므로 파트타임으로 일하기도 힘들 수 있다.

4.3. 대학 교육의 최적화

앞에서 언급한 대학 교육의 단점들이 어떤 중대한 문제점을 지니고 있는 것은 아니다. 부유한 나라든 가난한 나라든 간에, 대학 졸업생은 지식과 능력을 습득하는 데 수 년을 보내며, 실제 취업 전선에 들어서기에 앞서 필요한 실질적인 준비를 할 수 있다. 물론, 대학에서 터득한 지식과 능력이 실전 시장에 임하는 데 충분치 않을 수도 있겠지만 첫 경험은 될 수 있다.

하지만 대학 교육 환경은 최적화될 필요가 있다. 특히 다음과 같은 경우에는 더욱 그러하다.

– 학위를 받자마자 실제 전문 번역 수행이 가능하도록 학생들을 양성할 수 있는 프로그램은 전문 번역 학교와 전문 번역의 DESS 과정에서만 개설되어 있다. 기업 입장에서 볼 때, 이러한 프로그램 교육을 이수한 학생들을 채용하는 것은 그만한 가치가 있다. 채용을 하는 것이 거의 수익성이 없을 지라도, 혹은 1년 이상의 급여를 제공해야 하거나 여러 달 동안 재정을 삭감해야 할지라도 말이다. 이러한 교육 기간은 주로 1년 혹은 2년 정도만이 주어지므로 만약 학습자가 본인의 주요 약점을 보완하고자 한다면 낭비할 시간이 없게끔 줄곧 이에 매진해야 할 것이다.
– 일반적인 혹은 전문적인 지식이나 언어 숙달과 같은 일부 번역 능력을 이미 갖추고 있는 학생들에게는 대학 교육이 무용지물이다. 오히려 그들에게는 기업 연수 교육이 더 적합하다.
– 마지막으로 학습자는 각자 처한 개인적, 직업적, 경제적인 입장이 천차만별이므로 여러 해 동안 뚜렷한 수입 없이 교육에 매진하기 어려울 수도 있다. 그러므로 이러한 측면에서 볼 때, 기업 연수 교육이 학습자에게 더욱 적합할 수 있다.

결론적으로, 대학의 번역 교육 환경을 최적화하는 것은 바람직할 뿐만 아니라 필수불가결하다.

4.3.1. 대학 환경에서 번역 교육의 최적화를 위한 일반 원칙들

대학 번역 교육의 모든 과정을 전문 번역 과정으로 최적화하기 위해서는 전문 번역과 대학 번역이라는 두 전략이 일치하지 않는 경우도 물론 있겠지만, 가장 바람직한 균형을 이끌어내기 위해 장점을 최대화하고 단점을 최소화해야 한다. 먼저 이러한 최적화는 다음의 사항들과 관련된다.

- 번역능력과 교육능력을 함께 겸비한 교수자 선택 혹은 이러한 두 능력을 발전시킬 수 있도록 교수자 교육 수행(이러한 주요 논제에 관해서는 7장에서 다루도록 하겠다).
- 학생들이 이미 습득했거나 적절하지 않다고 판단되는 교육 과정을 제외함으로써 시간을 단축하기. 즉, 교육 과정을 조정하기.
- 정확히 말해 교육 방식을 최적화하기.

이 장에 이어, 7장에서도 이에 관한 구체적인 사항들을 제안하도록 하겠다.

4.3.2. 통합과 모듈화

위계 구조, 규제(예를 들어, 여러 해 동안 교수자 불변)와 인적 자원 관리(전임 강사 여부, 전문가 여부, 재직 연수, 영역, 권력의 문제) 차원에서 대학의 언어 교육 과정 내의 전문 교육 프로그램을 변화시키는 것은 종종 어려운 일이다. 새로운 프로그램은 더 많은 가능성을 제공할 수 있다. 물론, 주된 제약은 동일하겠지만 이미 존재하는 구조 내에서 생성된 불확실성은 피할 수 있다.

조직적인 측면에서, 언뜻 보기에는 언어 수업, 주제 수업, 테크닉 수업 등의 통합 개설이 시너지 효과를 창출하고, 중복도 피하면서 전체적인 구조의 효율성 증대를 가능케 할 것이라고 생각할 수도 있다. 다른 요소들에 영향을 미치지 않으면서 하나의 요소를 변경할 수는 없기에 이러한 통합 과정이 어떠한 견고함을 살릴 수는 있을 것이다. 하지만 수요의 다양성, 수요와 시장 및 번역 도구들의 빠른 변화를 고려해 볼 때, 모듈[1] 차원의 접근을 장려해 보는 것도 흥미로운 방법이라 생각한다. 조건이 동일하고 시장 수요의 안정성이 확보된다면 모듈을 다시 통합해도 될 테니까 말이다. 수요, 원천, 환경에 따른 모듈화는 수준, 주제 분야, 번역 노하우, 이론 요소, 언어를 통해 고안해 볼 수 있다. 본고에서는 번역

---

1 [역주] 건축 재료 혹은 공법의 기준 치수나 단위로 쓰이던 개념으로, 교육영역에 차용되어 개별화 수업에서 사용되는 수업자료의 한 유형, 하나의 통합된 주제를 가진 자력학습용 수업단위를 가리키며, 학습자에게 목표로 제시한 특정 지식과 기능을 습득하는 데 필요한 정보를 제공하고, 전체 교육 과정의 한 구성요소의 역할을 하는 단위이다. 각 모듈의 학습에 소요되는 시간은 한 시간으로부터 15시간에 이르는 것까지 있을 수 있다. 교육에서 말하는 모듈의 의미는 교수체제(instructional system)에 있어서 하나의 독립된 요소를 가리킨다. 즉, 최종적인 '단위 교육 목적'을 달성할 수 있도록 필요한 내용구성과 평가활동이 모두 겸비된 학습 패키지를 말하는 것이다. 모듈은 여러 가지 형태로 구성되며, 모듈 자체만으로 모듈이 추구하는 학습목표를 달성할 수 있고, 여러 개의 모듈이 묶여 한 과정이 될 수도 있다. 대졸입문과정의 예를 들면 입문 과정 중에 예절교육이 8시간이면 '예절교육의 목표', '교육내용', '실습', '평가지침'이 모두 갖추어져 있는 것으로 이것이 하나의 모듈이 된다고 할 수 있다. 모듈을 설계할 때에는 학습자가 이해할 수 있는 용어로 명백한 학습목표를 제시해야 하고, 학습목표 달성 여부를 확인하기 위해 적절한 평가방법이 필요하며, 학습활동에 필요한 학습 자료와 학습의욕, 기억을 자극할 수 있는 자료를 포함하도록 설계해야 한다(HRD 용어 사전: http://terms.naver.com/entry.nhn?docId=2178213&cid=51072&categoryId=51072).

원리와 교육에 중점을 두고 있으므로 교육 프로그램의 행정 처리에 관한 주제는 논제에 부합되지 않는다고 생각되며, 모듈화에 관해서는 상세히 다루지 않겠다. 하지만 다음 장들에서 소개할 내용이기도 한, 교육적인 측면에서 내용의 모듈을 구성하는 이론적, 방법론적인 요소들은 본 연구의 주요 논제이다.

4.3.3. 과정 중심 교육 & 결과 중심 교육

기업 연수 교육이든 대학 교육이든, 전문 번역 학교든 언어학부이든 간에 전통적인 번역 교육 내에서 근본적인 교육 방식은 일반적으로 번역 결과물 중심으로 이루어져 왔다. 이 경우 번역 교육은 주로 학생들이 수행한 번역 연습 문제를 교수자가 수정하는 형태이다. 교수자는 언어 오류와 실수 및 의미 오류의 개수나 중대성, 용어와 문체적인 수준에서의 번역 품질을 기준으로 학생들의 번역물을 판단한다. 교수자가 작성한 긍정적이거나 부정적인 논평과 점수에 따라 학습자는 번역을 수정하고 향상시킨다.

이러한 방식은 다음과 같은 세 가지 단점을 지닌다.

- 첫째, 번역에서 가장 나은 선택과 전략을 결정하는 규칙을 일반화하는 것은 대부분 학습자의 몫인데, 이러한 규칙들은 주로 학습자가 축적한 교수자의 수정이나 코멘트를 기반으로 구성된다. 이러한 학습은 시간이 다소 오래 걸리며, 불확실하다. 학습자가 자신의 경험으로부터 이를 일반화하고자 하는 의지와 능력은 각자 다를 수 있으며, 학습자마다 해결책이 다르기에 각자 받은 교수자의 논평도

상이하므로 결과적으로 이러한 방식이 효과적일지는 불확실하다.

- 둘째, 학습자가 맞닥뜨리는 문제와 학습자 수준에 비추어 볼 때, 교수자가 수정한 사항들이 항상 최적은 아닐 수도 있다. 사실, 학습자는 품질이 낮은 출발 텍스트의 문제를 고려할 새도 없이 더 단순한 문제를 처리한다든지, 전략적인 부분에서의 결정이나, 전문 용어, 작성과 관련된 더 복잡한 문제에 직면할 수 있다.
- 셋째, 결과 중심 교육에서는 종종 언어 규범 간의 다양성에 관한 문제가 제기된다. 교수자는 학생의 작성 방식을 본인의 방식대로 수정하려 할 것이고, 학습자는 이를 거부할 수도 있다. 철자나 문법 오류의 경우에는 서로 합의하에 혹은 모두가 통용하는 참조 자료(사전, 문법 교재 등)를 기준으로 이러한 문제를 해결할 수 있을 것이다. 하지만 이와는 반대로 문체적인 측면에서 어휘와 통사적인 선택은 모국어 화자마다 다를 수 있다. 학생은 본인의 견해가 옳다고 판단할 경우 교수자의 수정을 거부할 수 있으며, 이 경우 교수자는 학생들에게 신용을 잃을 수도 있다.

대학 초년생의 경우 교수자의 권위를 받아들이는 경향이 있기에 이러한 문제는 더욱 신중히 숙고해 보아야 한다. 하지만 석사, 박사 과정에서 자신의 고유한 언어적 판단에 확신이 서게 되면 이러한 경향은 약화될 수밖에 없다. 실제 전문적인 번역을 수행할 때도 감수자의 언어 규범(개인적인 선호도)과 번역가가 수행한 규범이 다를 경우 문제가 제기될 수 있다. 하지만 전문적인 번역의 목표는 교육이 아니라 고객에게 전달될 번역 결과물이다. 번역가는 그의 번역을 감수하는 동료의 견해에 반대할 수도 있고 감수한 부분에 대해 번역가 또한 이의 제기를 할 수 있다. 이러한 모든 작업이 전문적인 완성도를 저해하는 것은 아니다.

과정 중심의 교육에서는 도착 텍스트보다는 번역 방식, 테크닉, 학습자가 수행한 절차에 더 중점을 둔다. 이러한 교육을 통해 결과 중심의 교육에서 나타날 수 있는 다음과 같은 몇몇 장애요인들을 파악해 볼 수 있다.

- 번역에서 중점을 두는 것은 교수자가 설명하고, 명시하고자 하는 번역 수행 규칙이다. 번역 연습 문제는 언어 규범 아래 어떠한 유형을 지닌 텍스트를 산출해내는 것이 목표가 아니라 이미 배운 방법론적인 규칙들을 적용하는 예문들로 이루어져 있다. 그러므로 언어 규범 혹은 또 다른 규범에 벗어나는 경우에는 토론을 통해 해결해야 할 것이다. 예를 들어, 사회방언이나 개인어 사용에 교수자와 학생 간의 차이가 있다고 해서 늘 대립에 이르는 것은 아니다.
- 교수자가 번역 결과물이 아니라 과정에 중점을 두는 경우, 과정의 각 단계에서 학습자 번역물의 수정에 개입할 수 있다. 첫 번째 단계에서 교수자는 출발 텍스트의 이해에 중점을 두어 학습자의 용어 선택이나 재표현의 실수 등은 수정하지 않을 수 있으며, 뒤이은 두 번째 단계에서는 모든 언어적 간섭에서 자유로운 재표현에 중점을 두면서 출발 텍스트의 이해측면에 관해서는 관여하지 않을 수도 있다. 즉, 과정 중심 교육의 주요 핵심은 교수자가 점차적으로 학생들의 번역이 진전될 수 있도록 도와주는 것이다.

사실, 번역 과정 중심의 교육은 결과물에 중점을 두지 않으므로 결과 중심의 교육과 동일한 효과를 산출할 수는 없다. 만약 교수자가 학습자의 오류나 실수를 수정하지 않고 학습자의 번역 방식만을 판단하는 것에만 만족한다면 어떻게 학습자가 자신의 결점들(특히, 언어적 오류), 도착어로 적절한 글쓰기, 출발 텍스트 이해와 관련된 부족한 점들을 깨달을 수 있을까? 번역 과정 중심 교육이, 최상의 조건에서 번역 시장에 적합한 수행 능력에 이를 수 있는 완벽한 교육을 보장할 수는 없다. 따라서 교육 초기에는 번역 과정에 중점을 두고 학습자의 번역 방식과 테크닉의 습득 정도에 따라 점차적으로 결과물 중심의 번역 교육으로 나아가길 권장한다.

4.4. 과정 중심 교육에서의 이론

4.4.1. 현 상황

프랑스어 학과에서 번역 이론 학습은 오랫동안 교육에서 중요한 입지를 차지하지 못했다. 번역에서 직면하는 문제점의 해결책을 찾기 위해, 기껏해야 Vinay와 Darbelnet(1958)가 제안한 번역 전략의 일반적인 분류만을 참조해 왔다고 해도 과언이 아니다. 전문 번역 학교의 상황도 별반 다르지 않다. 교수자는 주로 전문 번역가로서 자신의 경험에 기반하여 학습자를 가르치며 종종 이론에 적대적(이론은 아무런 구체적인 도움이 될 수 없다는 것이다)이기도 하다. 몇몇 번역학자이자 교수자들은 "번역 교육에 있어 이론 연구들을 통해 도출된 결과들을 여전히 완벽하게 활용하지 못하는 것 같다(Dancette, 1992: 163).", 혹은 "자신의 번역 방식을 명백하게 진술하여 이를 전제사항으로 간주하는 저자는 드물다(Delisle, 1992: 22 −7장 참조)."라고 이야기한다.

현재 상황도 거의 바뀌지 않았다. 약 20년 전부터 몇몇 대학들, 특히 영국, 덴마크, 스페인, 여러 독일어권 나라에서 번역학자들은 번역 교과 과정 내에서 번역 이론 관련 부문들을 가르쳐 왔다. 이러한 교육은 대개 번역 역사와 현대 번역학 이론, 언어적 요소들을 그 기반으로 한다. 번역 교육에서 두 이론(개념적으로는 거의 발전이 없었고, 규범적인 성격으로 인해 이의 제기가 되어 왔지만(García Landa, 1995)), D. Seleskovitch의 '의미 이론'과 H. Vermeer와 K. Reiss의 '스코포스[2](skopos, 그리스어로 '목표'를 의미) 이론'(8장 참조)은 매우 각광 받았다. 의미 이론의 근간이 원문의 단어가 아닌 의미를 번역하는 것이라면 '스코포스' 이론은 번역의 '스코포스'나 기능이 대부분 번역 방식을 결정한다는 것이다. 본고에서 앞으로 제안할 이론적, 방법론적 요소들은 이러한 두 이론의 원칙에 부합하는 것으로, 인지적인 측면을 포함하는 더 넓은 범위의 영역에서 이러한 원칙들을 통합하는 것이다.

4.4.2. 번역 교육에서 이론의 유용성

대학 교육에서 일반적인 번역학 이론들은 적법한 위치를 차지하고 있다. 하지만 번역 노하우 학습에서 노력과 시간이라는 비용 측면을 고려한다면, 이론의 실질적인 유용성을 높이 평가하기는 어려울 것이다. 의미 이론에서 '해석적'이라고 불리는 번역 방식은 사실 한 시간 이내로

---

2 [역주] 스코포스 이론의 관점은 교육자, 번역 의뢰자, 비평가 및 독자들에게 미치는 '번역 효과(translation effects)'를 평가하는 것이다. 이 관점은 번역을 할 때 도착 텍스트의 목표(의도하는 바, 즉 '스코포스(skopos)', 그리스어로 '목적(purpose)'을 의미)'가 우선시되어야 한다고 주장한다(Vermeer(1978, 1983, 1986) et Vermeer et Reiss(1984)). 이 관점에서 도착 텍스트의 문화 규범은 번역을 평가하기 위한 주요 척도가 되며, 독자의 기대, 필요, 기존 지식 등은 번역 텍스트의 스코포스를 결정하는 주된 요소가 된다(Christian Nord, 정연일, 주진국 역(2006), 『번역행위의 목적성』, 서울: 한국외국어대학교 출판부, pp.44~52 참조).

설명 가능할 정도로 간단하다. 즉, 최소의 시간과 노력을 들이고도 설명 가능하기에 실제 교육에 별다른 어려움이 제기되지 않는다. 스코포스 이론의 구성은 이보다는 조금 더 정확한 방식으로 구성되어 있는데, 기대한 것 보다 더 많은 도움을 받을 수 있으므로 이 이론을 참조하는 것은 더욱더 유익할 수 있다. 이러한 두 이론은 번역 역사, 언어 이론, 사회 이론, 문화 이론, 심리 이론에서 제기되는 쟁점들과는 전혀 다르며, 단기간의 전문 교육에서는 이러한 이론 학습이 학습자나 번역가에게 적합하지 않을 수도 있다. 게다가 이론적 지식이 번역가가 갖춰야 할 더 넓은 의미에서의 번역에 관한 현상을 이해하는 데에 어떠한 도움도 줄 수 없다고 생각한다면, 문학 작품이 아닌 번역의 초기 학습에서 이론의 유용성에 관해 의문을 제기할 수도 있다(문학 번역의 경우는 또 다를 수 있다). 또한 에지트(ESIT, 파리 통번역 대학원) 번역학 석사 2과정 입학에도 전문 번역 경험이 있는 지원자를 선호하는데, 실무적인 경험을 통해 이론을 더 잘 이해하고 활용할 수 있기 때문이다.

전문 교육에서 번역 이론 교육의 문제점은 이론 학습에 시간을 투자한 만큼 이론이 실무 번역에 기여를 할 수 있는지 여부이다. 사실, 의미 이론과 독일의 기능주의 이론은 최소한의 시간을 들이고도 충분히 번역을 할 수 있도록 직접적으로 적용 가능한 개념적인 준거 틀을 제공해 줄 수 있다. 다른 이론들은 대부분 텍스트 분류나 언어에 관한 총체적인 기술로 구성되어 있다. 번역 교육 프로그램 내에서 출발 텍스트의 이해와 재표현의 결정, 해결책의 평가와 관련된 중요한 개념들, 용어 관련 학습 등을 위한 이론 수업이 적어도 몇 시수는 필요하다. 하지만 번역할 텍스트를 이해하기 위해 번역가가 출발 텍스트 혹은 도착 텍스트에서 활용될 수 있는 언어 구조의 문법적인 특성 및 항목들, 텍스트의 일관성을 부여하는 언어적인 요인들을 다 알아야 할 필요가 있을까?

사실, 다수의 번역가나 학자들에게는 전통적으로 대학 프로그램에서 배울 수 있는 이론적인 부문들과 교수자의 개인적인 선호도에 따른 이론 학습이 번역의 실제와는 너무 동떨어져 보일 수도 있다. 교육 프로그램을 최적화할 수 있는 하나의 이상향은 번역 이론이 용어적인 혹은 개념적인 차원의 문제에 직면한 번역가의 방식과 결정에 도움을 주어야 한다는 것이다. 같은 관점에서, Peter Newmark는 “번역학이 학생들에게 해줄 수 있는 일은 그들에게 모든 번역 과정 자체를 보여주는 것이며(일반적으로 인식하는 것보다 더 명확하게), 이를 검증한 후에 규칙과 방향을 제안하는 것이다. 이를 통해 학생들은 선택과 결정을 할 수 있다(Peter Newmark, 1981: 36).”라고 언급했다. 연구에서 더 진전된 단계이기도 한 박사 과정은 연구가 주된 목표이기에 추상적인 이론이 이와는 또 다른 타당성을 지닌다.

가장 극단적인 이론의 실제는 번역 관찰과 자아 성찰에 기반을 둔 규칙으로 한정해 볼 수 있는데, 번역 장르, 전문 환경에 관해 자신의 경험에 기반한 노련한 번역가의 충고는 학습의 기초 토대(초급자를 위한)를 구성할 수 있다. 물론 일반화하기 어려운 개인적인 경험에 기초한 직관적인 규칙을 증명하기 위해서는 이를 더 발전시켜야 할 것이다. 하지만 이러한 주관적인 번역가 규범을 이론에 통합한다면 제안된 번역 방법론에 일관성을 부여할 수도 있고 학습자가 이론을 이해하고, 소화할 수 있도록 도와줄 수 있다.

5. 모델과 개념적 요소

용어의 의미 파악을 위해서는 현실을 가능한 한 구체적으로 설명하고 예견하는 과학적 이론보다는 모델을 활용해 볼 수 있다. 현실을 단순화하는 모델은 이론과 동일한 특성을 지니지 않으며 목표에 따라 상세하고 정확하게 구성될 수 있다.

본고에서는 다음과 같은 번역 초기 교육의 세 가지 목표 아래, 개념들과 모델들을 제안하고자 한다.

1) 학생들은 번역 학습을 하면서 부딪힐 수 있는 번역의 실제들을 설명하고 무엇이 본인에게 필요한 부분인지를 결정해야 하므로 번역 교육 초기에 그들이 잘 알지 못하는 번역 환경에 존재하는 여러 요인들에 관한 관심을 일깨워야 한다.
2) 번역 절차와 번역 학습, 교수자가 제시한 몇몇 규범과 제안책에 영향을 미치는 현상들을 학생들에게 설명해야 한다.
3) 학생들이 번역을 학습하고 문제점에 직면했을 때, 구체적인 결정에 이를 수 있도록 유도해야 한다.

5.1. 전문 번역 중심의 커뮤니케이션 모델(제2장)

이는 번역 커뮤니케이션과 관련된 행위자들 각자의 입장을 보여주는 매우 단순한 모델로, 다른 행위자들과의 관계에서 서비스 수혜자로서 번역가의 지위 및 각 행위자의 상호 이익과 관련되어 있다. 이 모델이 근본적으로 추구하는 바는, 원본과 번역본이 모두 기능과 목표를 지니고 있으며 번역가가 문맥을 고려하지 않는 독자적인 언어 수행이 아닌 기능적인 차원을 고려한다는 사실에 기반을 두고 학습자의 관심을 일깨우는 것이다. 이러한 시각에서는 번역을 단순히 원 텍스트와 도착 텍스트 간의 언어 정보적인 일치로 간주하는 관점보다 더 현실적이고 구체적인 방식으로 번역의 충실성과 품질의 개념을 분석할 수 있다.

5.2. 정보 발화의 정보적 구성 모델(제3장)

출발어와 도착어 간의 서로 다른 특징들로 인해 번역가는 출발 텍스트의 정보를 도착 텍스트에서 생략하거나 출발 텍스트에는 존재하지 않는 내용을 첨가할 수도 있다. 이러한 선택은 종종 도착어 표현에서 이해할 수 없고 애매모호하거나 어색한 문장들을 피할 수 있는 유일한 방법이기도 하다. 사실, 번역가는 원본에 불충실할 수밖에 없는 부득이한 상황에 직면하기도 한다. 단순히 필자의 경험에만 비추어 보아도 쉽게 예를 들 수 있는데, 정보 텍스트를 번역하면서 저자가 생각하는 정보의 출처, 기능, 입지, 나아가 도착 텍스트에서의 정보의 유용성과는 다른 정보 범주들로 구성된 번역에 이를 수도 있다. 하지만 이러한 사실에 기반하여 학습자에게 적절하고 체계적인 번역 충실성 전략을 제안해 볼 수 있다.

5.3. 번역의 연속적인 모델(제4장)

번역 분석을 통해 반복되는 오류와 실수의 다른 여러 유형들을 확인하고, 이를 번역의 단계에 대입해 볼 수 있다. 더불어 번역 모델 안에서 이를 예방하는 최적의 전략 또한 제안해 볼 수 있다. 번역의 연속적인 모델은 번역 절차가 서로 다른 수행 요소(원본 텍스트 분석, 부족한 정보 연구, 재표현, 확인)로 구성되어 있다. 이는 또한 번역가에게 부여되는 책임감, 번역에 필요한 기초적인 지식, 번역의 품질과 효율성을 위해 번역을 하면서 습득해야 할 지식의 중요성을 학생들에게 상기시킬 수 있다. 이 모델은 번역 교육 프로그램 기간 동안 학습자로 하여금 번역 과정을 수행하면서 자신의 약점을 인식하고 보충적인 노력을 할 수 있도록 이끌기 위한 하나의 참조자료로 활용할 수 있다.

5.4. 언어 가용성 모델(제6장)

번역가가 갖추어야 할 필수조건이 이중 언어 화자인 것은 아니다. 다수의 학습자들과 어학 교수자들은 이러한 사실을 인식하지 못하고 있을 수도 있으며, 외국어 학습에서 전통적으로 추천하는 전략과는 다르게 언어를 활용하거나, 자신만의 고유한 언어 전략을 완벽하게 구사할 수도 있다. 언어 생산과 수용이라는 측면에서의 인지적 수용가능성에 기반한 언어 가용성 모델은 언어 전략뿐만 아니라 통·번역에서 요구되는 언어 숙달과 일반적인 언어 숙달의 차이점에 관해 설명하고 정당화하기 위한 하나의 교육 도구가 될 수 있다고 생각한다.

5.5. 정보 자료의 특성

번역가가 적절한 자료를 충분히 찾지 못하는 경우, 불완전한 번역에 이르게 된다. 이러한 번역을 유도할 수 있는 여러 요인들(주제, 용어, 문장)에 적절한 정보 자료를 찾는 것은 중요하므로, 전문 번역에서 적절한 지식 획득은 필수적이며 번역가는 이를 위해 충분한 시간을 들여야 한다. 정보 출처의 장·단점에 관해 학생들에게 명시하면 학생들이 이러한 중요성을 깨닫고(특히, 사전의 경우) 더 신뢰성 있고 효과적인 번역 전략으로 나아갈 수 있도록 도와줄 수 있다.

본고에서 언급할 이론적이고 방법론적인 모델들과 개념들을 실제 번역 교육에 적용한다면, 더욱더 효율적인 교육이 될 것이라고 생각한다. 특히, 몇몇 모델과 개념은 번역 교육에 적합한 형태로 소개할 것이기에 더 용이할 수 있는데, 교수자는 이를 활용하여 학생들이 작성한 번역문에 본인의 코멘트와 제안 사항들을 제시할 수 있다. 번역 문제에 직면한 번역가는 고객이나 저자의 흥미와 의도, 그리고 고객이나 저자에 의한 제약들을 고려해서 이를 해결할 수 있는 여러 대안들을 제시할 수 있다. 또한 교수자는 학습자에게 본인의 번역물을 연속적인 모델에 기반하여 테스트하도록 제안해 볼 수 있는데, 학습자의 원문 이해 부족으로 인한 오류에 대한 코멘트를 테스트에서 언급할 수 있으며, 용어 선택의 번역 오류에 관해서는 신뢰성 있는 정보 자료의 특성들을 다시 상기시킴으로써 피드백을 줄 수 있다.

6. 결론

본 장의 논의는 전문 번역과 대학 번역 간의 차이점을 분석하는 것으로부터 출발하였다. 대학 번역 교육은 몇몇 이유로 인해 전문 번역을 습득하기 위한 최적의 준비 과정이 될 수는 없지만, 대학 번역에서 필요로 하는 언어 숙달 능력은 근본적인 전문 번역가 능력의 토대가 될 수 있다. 게다가 전문 번역가는 실제 번역의 커뮤니케이션 상황에 따라 논증하고 결정을 취해야 하는데, 수업에서도 이러한 상황을 상상해 보거나 모의실험을 해 볼 수 있다. 대학 교육을 통해 학습자는 충분한 노력과 시간을 들임으로써 전문 번역가 활동을 준비하는 데 최저 비용으로 많은 도움을 받을 수 있다. 결과적으로 비전문적인 교육 내에서도 전문적인 번역 방식의 요인들을 도입하고 고려해야 한다고 생각한다.

제2장

전문 번역 품질 - 기초 원칙

1. 번역 기능 -첫 번째 요인들

D. Robinson(1997a: 162)이 주장하듯이 거의 대부분의 번역 담론이 대학 수업이나 문학 작품 내에서 이루어져 왔으며, 특히 언어 문제를 중점적으로 다루어 왔다. 이 경우 번역은 대개 텍스트상에서 실현되는 언어적인 활동으로 간주되며, 번역을 결정하는 주된 규칙은 통사적, 의미적인 차원에서 정의된 추상적인 등가의 구조이다(Robinson, 1997a: 192). 이는 특히, J-P. Vinay와 J. Darbelnet(1958)의 『Stylistique comparée du français et de l'anglais(영어와 프랑스어의 비교 문체론)』(프랑스어권 나라의 언어, 번역 관련 몇몇 교육 프로그램에서는 Roman Jakoson의 저서들과 더불어 이 책을 활용하고 있다)과 Roman Jakoson의 저서들(유명한 그의 저서로는 『On linguistic aspects de la traduction(번역의 언어적인 측면)(1953)』을 들 수 있으며, 이와 동일한 관점의 학술서로 G. Mounin의 『Problème théoriques de la traduction(번역 이론의 문제점)(1963)』, J. C. Catford의 『A linguistic theory of translation(번역의 언어학 이론)(1965)』

등이 있다)의 관점과 같다. 사실, Robinson(1997a: 192~193)이 언급했듯이, 폴리 시스템 이론(Even Zoher, 1978)과 스코포스 이론(Reiss et Vermeer, 1984), 탈식민주의 번역 이론(Jacquemond, 1992 참조)이 등장하기 전인 1970년대 후반까지는 아무도 번역을 사회적 활동으로 간주하지 않았다.

하지만 전문 번역가에게 번역 활동은 대부분 단순한 언어 문제를 넘어 이권 관계와 여러 다양한 목표에 의해 결정된다. 개인, 회사, 그리고 여타 조직에서는 번역가에게 서로 다른 언어 내에서 출발 텍스트로부터 도착 텍스트에 이르는 작업을 수행하도록 요구한다. 작성 규범과 전개 방식에서 원본과 번역문 간의 의미상, 혹은 텍스트상의 합치성에 관한 그들의 기대 혹은 지시 사항은 필요로 하는 사항에 따라 달라진다. 번역 작업은 몇몇 정보 자료와 테크닉을 기반으로 시간, 보수 등의 조건 아래 행해진다. 이러한 모든 요인들은 대조 언어학에서 제시되는 언어적 요인들보다 도착 텍스트의 형태에 더 많은 영향을 끼친다.

도착 텍스트의 '스코포스'(Hans Vermeer와 Katrina Reiss가 처음으로 언급한 이 용어는 80년대부터 많은 번역학자들 사이에서 인정받아 왔다)나 기능을 중시하는 이론들을 제안한 많은 번역학자가 고려하는 이론적 요소에 비추어 다음과 같은 측면을 고려해 볼 수 있다.

- 출간을 목표로 하는 번역은 모든 계층에 적합한 작성 능력을 필요로 하기에 상대적으로 비용이 더 많이 든다. 이는 관련 국가와의 협상 전에 그 국가에서 사용된 제조법의 절차를 이해하고자 하는 기술자를 대상으로 하는 번역과는 다르다. 예산과 신속함의 정도를

고려해야 하는 상황에서는 의미적으로는 정확하지만 완벽한 작성에는 이르지 못하는 번역을 선호할 수도 있다.

- 법률 텍스트 번역에서는 의미의 정확함과 담화의 명확성이 매우 중요한 요소이다. 이는 물건을 팔기 위해 이미지가 중점이 되는 광고 번역과는 대조적이다. 광고 번역은 대개 도착 텍스트 독자의 문화에 적합한 번안의 형태이다.
- 정보나 아이디어를 전달하는 것이 목표인 경제 텍스트 번역은 민족 언어학 연구자를 대상으로 하는 민족학적인 관점(민족마다 다른 표현 방식을 연구하는)의 전래 동화 번역과는 다르다.

Daniel Gouadec(2002)는 여기서 더 나아가, 고객의 필요 사항에 따라 원문의 개요나 목차만을 번역하는 "요약 번역"에서 원문 내용의 전체나 부분을 전달하는 "완전한 번역"에 이르기까지 모든 종류의 번역을 정의하였다. 번역가가 맞닥뜨리는 고객의 명시적인 요구 사항(예를 들어, 고객의 지시 조항이나 암묵적인 지시 사항(실제 번역 선택에 주요한 역할을 하는) 및 번역의 각 행위자 간의 커뮤니케이션 상황은 번역가 준비 교육에서 중요한 입지를 차지하고 있다. 1980년대부터 번역학자들은 이러한 문제에 더욱 관심을 기울여 왔으며 다수의 저서는 이러한 주제에 중심을 두고 서술되었다.

초기 번역 교육에서 학생들에게 번역의 주요 원칙들(번역학계에서 주로 논의되는 개념, 전문 용어, 분류 등)을 상기시키고 관심을 가지게 하는 것은 중요하다. 이 장은 번역 방식과 이에 따른 선택에 대해 독자의 이해와 관심을 유도하고자 한다.

2. 전문 번역의 관계자들, 텍스트 기능

2.1. 관계자들

전문 번역가는 프리랜서일 수도 있고, 일정한 급여를 받는 봉급자일 수도 있다. 프리랜서의 경우에는 번역 에이전시, 직접 의뢰하는 고객, 회사와 같은 중간 매개자가 되는 고객(이나 번역 제공자)의 요구에 응하여 번역한다. 이러한 고객은 약품 실험실, 출판사, 국제 조직, 변호사 사무실, 정부 청사 혹은 다른 정부의 조직, 공장, 보험 회사, 통신 회사 등이 될 수 있고 더 드물게는 특정 개인(예를 들어, 출생증명서, 결혼 증명서, 외국 대학 학위 증명서, 편지글, 과학 기사 등의 번역을 의뢰하는)일 수도 있다.

고객이 직접 번역가에게 의뢰하는 경우에도 번역가는 저자나 수신자와는 거의 접촉하지 않는다. 일반적으로 그 사이에서 매개체 역할을 하는 사람들은 과학 행사 조직자, 서비스 대표, 집행부 보좌관 등이다.

번역 관계자들 간의 커뮤니케이션은 일반적으로 아래의 그림과 같이 이루어진다(그림 2.1).

Daniel Gouadec(1998, 2002)은 자신의 저서에서 회사 내의 여러 파트너와 함께 잘 갖춰진 번역 관계자들 간의 관계를 제안한다. 하지만 이러한 형태는 어느 정도 규모가 있는 기업 내에서 잘 조직된 몇몇 경우에만 완벽히 실행될 수 있다. 게다가 처음 번역 회사와 접촉하는 학생 번역가의 경우에는 이러한 관계가 부담될 수 있다. 번역을 결정하는 데에는 아래의 그림에서 언급한 관계자들이 별로 중요하지 않은 부차적인 역할을 할 수도 있다.

저자 → 수신자 A
번역가 → 수신자 B
고객

그림 2.1. 전문 번역의 주요 관계자들

위의 그림에서처럼 번역가가 부딪치는 직접적인 환경에서 주요 관계자는 번역의 저자, 고객, 그리고 독자이다. 이들 중 고객은 종종 번역가에게 추상적으로 느껴질 수 있다(사실, 고객과 전화나 메일을 통한 연락은 제한적일 수 있다). 다른 관계자들은 본인이 사용하는 정보에 따라 이미지를 취할 수 있다.

1) 저자는 기업이나 다른 조직체가 아닌 주로 특정 개인이다. 물론 전문 번역이 상대적으로 높은 번역 비용을 받을 수 있기에 저자에게 재정적으로 도움이 될지라도 본인의 책 번역을 먼저 요구하는 저자는 거의 없다. 물론 과학 기술 번역에서 프리랜서 번역가가 의뢰한 회사의 번역 관련 재무를 담당하는 책임자와 협상할 수도 있겠지만 일반적으로 저자와는 매우 드물게 연락을 취한다. 하지만 저자와 번역가가 동일한 회사나 국제기관에서 임금을 받는 경우, 번역가는 저자와 쉽게 연락을 취할 수 있고 그에게 원본 텍스트를 더욱 명확하게 작성하도록 요구할 수도 있다.
문학 번역에서는 저자와 더욱 자주 직접적으로 연락을 취한다(작가와 그를 선호하는 번역가들과의 관계는 문학 번역가라는 직업에서 하나의 주된 장점이기도 하다. 이러한 저자와의 관계를 통해 번역가는 단순히 텍스트 차원을 넘어 작품에 관해 더욱더 숙고할 수 있다).

2) 원본 텍스트의 수신인은 번역가가 필요한 것도 아니고 번역가의 결정에 어떠한 영향력도 행사하지 않으며 어떠한 접촉도 없다.
3) 반대로 번역의 수신인은 번역가에게 매우 중요하며 그가 상상하는 혹은 이미 알고 있는 수신인의 정보에 따라 번역을 수행한다.
4) 번역가에게 고객이 될 수도 있는 사람(대개 번역가의 고객이 번역 회사나 산업체인 경우) 역시 번역가가 고객의 지시 조항집을 통해 번역을 결정해야 하는 경우 번역가에게 매우 중대한 역할을 수행할 수도 있다.
5) 마지막으로, 번역에 부차적으로 개입하는 또 다른 관계자들은 다음과 같다. 감수자, 번역가의 작업을 수정하고 검토해 줄 수 있는 경험 많은 번역가, 정보 자료 관련자, 관련 분야의 전문가, 출발어와 도착어의 원어민(용어, 문장, 여타 정보들을 번역가에게 제공해 줄 수 있는) 등. 사실, 번역가 서비스에 용어 검색과 정보 자료에 관한 전문적인 시스템을 갖추고 있는 몇몇 회사들도 존재한다. 더불어 능력 있는 관련 정보 제공자들과의 넓은 인맥은 번역가의 실제 번역 수행에 매우 중요한 자료이기도 하다.

2.2. 관계자들의 이익

번역을 결정하는 사회적이고 전문적인 여러 요인들과 번역가가 겪고 있는 요구 사항, 압력, 제약 등을 더 잘 이해하기 위해 번역가가 속하는 주요 관계자들의 입장을 살펴보는 것이 필요하다.

2.2.1. 저자와 텍스트 기능

원문의 저자는 관련 분야, 사회 시스템, 문화적 특성 등에 관한 지식을 잘 알고 있거나 이를 알 수 있는 수신인의 의도에 적합한 글을 쓴다. 일반적으로 수신인은 저자가 작성한 언어를 잘 알고 있는 사람이다. 물론 본인의 글이 다양한 언어로 번역될 것을 알고, 이를 고려하여 글을 쓰는 저자도 있다(예를 들어, 다국적 기업의 회장, 수출 물품사용 설명서의 작성자, 국제 신문 에이전시에 공문을 작성하는 기자 등).

각 텍스트마다 다른 주요 커뮤니케이션 기능(다소 조정될 수 있는 텍스트의 '스코포스')에 관해 논할 수 있는데, 정보 전달 텍스트의 주요 커뮤니케이션 기능은 주로 정보를 제공하는 데 있으며, 카탈로그, 메뉴, 선거명단 리스트, 집회 요약문, 규칙 관련 텍스트, 행정 기관의 개장 시간을 알리는 전단 포스터 등이 이에 속한다.

정보를 설명하는 것 또한 정보 텍스트 번역의 목표이기도 한데, 관련된 분야의 실제를 더 잘 이해하고자 하는 수신인을 돕기 위해 새로운 정보를 제공하기보다는 존재하는 정보들을 분석하는 것에 더 중점을 둘 수도 있다. 대개 정치, 경제에 관한 분석 및 논평 기사문, 판례, 판사가 왜 주어진 결정에 이르렀는지를 설명하는 판결문, 저자가 여러 실체들(물리, 개념, 조직, 인류 등) 간의 관계적 특성에 보다 더 중점을 두는 수학, 심리학, 사회학, 천문학 이론 등이 이에 해당한다.

또한 정보 텍스트를 통해 단순히 설명하는 차원을 넘어 사실의 중요성, 생각의 합법성 등을 설득할 수 있다. 신문의 사설, 비교 광고, 정당의 공식 성명, 변호사의 변론, 이론이나 경험에 기반을 둔 결과 해석에 관한 과학적 토론 등이 이에 해당한다.

이러한 주요 커뮤니케이션 기능의 세 유형에 대부분의 정보 텍스트가 속하긴 하지만 모든 정보 텍스트가 이에 속하는 것은 아니다. 예를 들어, 독자로 하여금 어떠한 행동을 하도록 유도하는 텍스트들(지원자 투표, 상품 구매, 격식에 맞추어 의복 입기, 인도주의적 모금 행위 등)이 이에 해당한다. 계약서와 같은 일부 텍스트들은 이와 관련된 사람들이 이미 알고 있는 사항들의 정보로 이루어져 있기 때문에 정보를 보증하고 보존하는 기능이 더 중요하다. 고마움을 전하고, 경의를 표하거나, 유머가 중심적인 기능을 하는 텍스트들도 정보 텍스트에 속하며, 대다수의 텍스트는 여러 기능을 동시에 지닌다.

이러한 기능들의 이면에는 더 개인적이고, 떳떳하게 드러내지 못하는 의도와 기능이 숨겨져 있을 수도 잇다. 어떠한 저자는 정보를 전달하기보다는 관련 독자 그룹 내에서 자신의 권위를 굳히기 위해, 논문을 방어하기보다는 경쟁자를 비판하기 위해, 지식에 가치를 두기보다는 공격받을 것을 미리 대비하기 위해 글을 쓸 수도 있다.

번역가는 이론가가 정의한 커뮤니케이션 범주(위에서 언급한 분석은 프라그 학파와 그 계승자들이 정의한 기능주의 언어학의 과학적 분류와 동일한 기능이나 목표가 아니다(Malmkjaer, 1991).)하에 텍스트를 분류해서는 안 된다고 생각한다. 또한 이러한 범주 내에서 저자의 가치, 정보, 설명 등을 결정해서도 안 된다. 번역가는 저자가 텍스트상에서 의도한 다양한 동기와 흥미로운 부문들을 감지할 수 있어야 한다. 번역가가 번역을 하는 데 적합한 결정을 내리기 위해 이를 더 잘 이해하고 활용할 수 있도록 말이다.

2.2.2. 저자의 커뮤니케이션 성공 기준

저자 입장에서는 번역된 텍스트가 다음의 두 조건을 충족한다면 번역가가 맡은 바 임무를 다한 것으로 간주할 수 있다.

1) 저자의 목표에 이르도록 번역문이 수행되는 경우(더 정확하게 말해서, 번역문이 저자의 목표, 적어도 저자의 기대에 맞게 수행되는 경우). 예를 들어, 수신인이 저자가 설명하고자 하는 정보를 이해하고 그의 생각에 설득될 수 있는 경우, 번역본이 저자의 기대에 부응하는 경우 등.
2) 저자의 입장에서는 번역본을 읽는 독자들에게 저자의 이미지가 실추되지 않아야 하는 점 또한 중요하다. 예를 들어, 부정확하고 서투르게 번역된 텍스트는 독자가 원하는 정보는 잘 전달했을지 모르겠지만 저자의 이미지를 교양이 없거나 꼼꼼하지 못한 사람으로 독자에게 심어줄 수도 있다.

마찬가지로 자신이 속한 사회의 지배적인 문화 규범과는 상이한 텍스트를 읽는 독자는 텍스트의 저자를 좋지 않은 이미지로 받아들일 수도 있다. 이 경우, 저자의 첫 번째 의도는 달성될 수도 있겠지만, 이러한 의도에 따른 부차적인 효과로 생기게 될 피해를 저자는 피하고 싶어 할 것이다. 어떠한 특정 목표에 기반을 두지 않고, 저자의 흥미에 초점을 맞춘 문학 작품의 번역 수행에서는 이러한 부차적인 성공 조건을 명확히 설명할 수 있는 경우가 드물다. Gouadec(1998, 2002)은 번역을 수행할 때 본인이 여러 저자들 중 한 사람일지라도 저자(정확히 말해 텍스트의 제공자)가 흥미로워하는 부분들을 보존하는 것이 중요하다고 주장하는 몇 안 되는 번역학자들 중 한 명이다. 이러한 두 번째 조건의 경우에는 번역가의 입장과 결정이 매우 중요하다.

그렇다면 저자가 이미 고인이 된 경우, 혹은 번역본의 존재를 전혀 모르거나, 번역문의 독자가 살고 있는 세계와 단절되어 있는 경우, 이러한 사항들은 어느 정도의 범위까지 허용될 수 있는가? 이는 윤리적이고 도덕적인 차원의 질문이므로 직업적인 측면에서의 충실성 개념을 논할 때 이를 다시 언급하도록 하겠다.

2.2.3. 번역 수신인

어떤 번역 이론가들과 교수자들은 번역가가 저자와 독자를 위해 작업한다고 이야기한다. 이러한 주장은 텍스트에 대한 저자와 독자의 목표와 흥미가 동일하거나 어느 정도 일치한다는 사실(즉, 저자가 정보를 제공하고 싶어 하는 것과 마찬가지로 독자도 정보를 제공받고 싶어 한다는 것, 혹은 저자가 설명하고 싶어 하는 것과 마찬가지로 독자도 이해하고 싶어 한다는 것)을 전제로 한다. 대부분은 그렇지만, 어떤 독자들은 텍스트가 내포하는 정보를 단순히 습득하는 것만이 목적이 아닐 수도 있다. 독자는 저자가 소개한 모든 정보를 확인하거나 그가 어떠한 정보를 선택했는지, 혹은 저자가 정보를 소개하는 방식(예를 들어, 외교관은 본국의 관련자에게 보고하고자 본인이 근무하는 국가의 출판물들을 읽을 수도 있다)을 알고 싶어 할 수도 있다. 또는 저자가 하나의 문제에 상이한 입장을 고수하고 있는, 혹은 저자의 입장을 납득하고 싶어 하지 않는 독자들에게 토론이라는 명목하에 본인의 견해를 설득하고 싶어 하는 경우도 있다. 때로 논쟁적 상황에서는 저자의 입장을 반박하는 것이 독자가 책을 읽는 유일한 동기가 되기도 한다. 따라서 "독자와 저자를 모두 충족시켜야 한다는" 생각은 문제가 될 수도 있다.

2.2.4. 고객

앞서 설명했듯이, 고객이 번역의 저자나 수신인인 경우는 드물다. 그들은 대개 번역 계약에 중개인 역할을 하는 번역 회사이다. 번역은 보수를 조건으로 번역가가 고객에게 제안하는 일종의 서비스다. 저자와 수신인에게 제기된 텍스트의 커뮤니케이션 기능 여하를 막론하고 고객의 근본적인 관심사는 상업성이 있는가 여부이다. 고객은 때로 회사나 단체의 한 부서가 될 수도 있고 번역 수당을 관리하는 사람일 수도 있기에 그의 주요 관심사는 단순한 행정 처리나 조직적인 측면일 수 있다. 예를 들어, 큰 마찰 없이 번역이 수행되는 것이 그에게 가장 중요한 부분일 수도 있다. 물론 번역의 커뮤니케이션 측면에 더 관심을 가지고 있는 고객들도 있을 수 있다. 따라서 외국어로 작성된 텍스트의 번역 출간을 위해 이를 주문하는 잡지사의 경우, 정보를 소통하고, 상황을 설명하며, 주장의 합법성을 독자에게 설득시키거나 종종 저자의 신뢰성을 저해하기 위해 애쓰기도 한다. 하지만 고객이 커뮤니케이션 측면에 관심을 보일 때는 특별한 경우이며 일반적으로는 그렇지 않다.

2.2.5. 번역가

직업 윤리적인 측면에서 번역가는 저자에게 봉사하는 직업이며, 전문가로서 번역가의 근본적인 관심사는 돈을 벌고 번역 일을 지속적으로 하는 것이다. 임금을 받는 급여 생활자라면 승진하는 것에, 프리랜서 번역가라면 고객을 늘리는 것에 관심을 가진다. 전문 번역가에게는 무엇보다도 고객의 기대를 충족시키는 것이 가장 중요하다.

2.3. 텍스트의 주요 기능 -네 가지 경우

번역 관계자들의 개별적인 이익을 넘어, 저자의 특별한 목적으로 작성된 텍스트의 번역은, 이러한 특수 목적이 번역의 선결조건이 될 수는 있지만 번역 전반을 결정하는 요소가 되어서는 안 된다. 고객이 요구한 번역은 원본 저자의 영향력 아래 원본과 동일한 기능(정보적, 설명적, 호소적 기능 등)을 지니든 아니든 간에, 원본과는 다른 이차적인 텍스트 산물이다. '스코포스' 이론가들은 도착 텍스트와 출발 텍스트 간의 기능적 등가가 이루어지는 것은 예외적인 경우라고까지 이야기하기도 한다 (Nord, 1991: 23). 따라서 본고에서는 기능적인 차이가 중요할 수 있는 다음의 네 가지 경우를 소개해 보겠다. 그리고 다음의 분석에서, 고객이 저자가 원하는 바대로 번역이 수행되길 바란다고 상정할 수 있을 정도로 대부분의 경우에는 이러한 기능적 차이가 별로 없다는 사실을 하나의 가정으로 상정해 보도록 하겠다. 아래의 예를 통하여, 텍스트의 기능이 명시적이든 암묵적이든 간에 그것이 번역가의 결정에 중요한 기반이 될 수 있고, 번역가가 단순 언어적 일치 전략에서 벗어나도록 도와줄 수 있다는 사실을 입증하고자 한다.

2.3.1. '법률 소송 번역'의 경우

법률 소송 절차에서 변호사가 의뢰인의 변호 관련 편지나 여타 다른 서류들을 번역하기 위해 번역가를 고용하는 경우 번역의 기능은 상대편에 대항하여 방어 수단을 제공하는 것일 수 있다. 예를 들어, 출발 텍스트의 기능과 상관없이 상대편의 신용을 떨어뜨리거나 비난을 받아야 마땅한 행동으로 상대방을 죄인으로 굴복시키는 것이 번역의 기능일 수 있다.

2.3.2. '민족학 번역'의 경우

'민족학 번역'은 주로 인류학자가 의뢰하는 번역으로, 이 경우 의뢰인은 그가 연구한 민족 언어학의 집단에서 통용되는 이미지, 표현, 논증 방식에 익숙해지길 원하며, 나아가 넓은 의미에서 번역의 기능은 독자에게 원본 텍스트의 형태(필요한 경우 내용 또한 역시)를 가르쳐 주는 것이다.

또한 이러한 번역은 단순히 원본 텍스트 저자의 관심사와 동일한 일차적인 기능에 맞게 수행하는 것이 아니라 제시된 집단의 표현적인 특성에 관한 정보를 제공하는 것이 그 목표이다. 독일의 기능주의에 입각한 번역학자들 또한 '문헌 정보 번역'을 독자에게 출발 텍스트의 정보를 제공하기 위한 번역으로 간주하였다.

2.3.3. '반대되는 입장의 신문 번역'의 경우

이는 정치적이고 이데올로기적인 관점에서 반대편인 사람의 이야기를 번역하는 경우인데, 앞의 두 사례와 비교해 볼 때 분명한 예는 아니라고 생각한다. 이 경우 관련 단체의 장은 관련된 사람의 신용을 떨어뜨리지 않는 범위 내에서 정직하게 번역할 수도 있다. 하지만 본인의 이익을 위해 이러한 점을 이용할 수도 있는데, 중재자가 개입하는 경우 이러한 그의 결정은 불리한 상황에 놓일 위험이 있다.

2.3.4. '예비 번역'인 경우

마지막 경우는 전문가가 원본 텍스트의 내용을 전반적으로 읽고 이해할 수 있도록 예비 번역을 의뢰하는 경우(예비 번역 후에 더 면밀하게 일부분을 재번역해야 할지라도)이다(이는 Gouadec(1989)이 언급하는 첫 번째 번역 텍스트 범주에 속한다). 이 경우 원본과 번역본의 기능 간에 불일치되는 면은 없지만 번역본의 독자가 전문가로 한정되기에 비용적인 측면에서 전문 번역가보다 더 저렴한 학생이나 아마추어 번역가에게 의뢰하는 경우가 대반이다. 그러므로 번역 과정에서 원본의 정보가 삭제되거나 변형될 위험이 있다.

2.4. 번역의 주요 기능의 효과

번역의 주요 기능은 번역과 관련된 사람들의 관심사와는 다르며, 이는 실제 번역에 중요한 역할을 한다. 모든 텍스트가 그러하듯이 번역 또한 번역이 속한 커뮤니케이션 상황에서의 기능에 따라 판단되어야 할 것이다. 수신인이 요구하는 기능을 더 잘 완수하기 위해서는 언어문화적, 정보적 특성이 수신인이 속한 사회의 커뮤니케이션 맥락에 가장 적합해야 한다. 예를 들어, 번역가는 저자가 독자에게 정보를 제공하고 설명하며 독자를 설득할 수 있도록 도와주어야 한다. 또한 여러 기술적인 오류들 또한 수정해야 한다. 거리 관련 텍스트에서 저자의 부주의로 잘못 표기된 'km' 단위를 'kg'으로 수정해야 한다면 번역가는 이를 정정해야 할 것이다. 마찬가지로 수신인인 독자의 이해를 돕기 위해 괄호 안에 그가 이해 할 수 있는 측정 단위와 화폐 단위를 첨가하여 번역해야 할 것이다

(Tricás Preckler, 1995: 167~168 참조).

저자에게 해를 끼치는 것을 목표로 하는 '법률 소송 번역'의 경우에는 여러 오류들이 수정되지 않을 수도 있다. '민족학'을 목표로 하는 번역의 경우에는 측정 단위를 변화시키지 않을 수도 있다(독자는 시간을 달로 측정하거나 걸음걸이로 거리를 측정하는 소설들을 쉽게 떠올릴 수도 있다). 마찬가지로 출발 텍스트의 언어문화적인 몇몇 특성들은 번역의 '스코포스'에 따라 도착 텍스트에서 취해지거나 번안되지 않을 수도 있다. 고객이나 편집자는 만약 번역할 공간이 부족하거나 여러 이유로 적절하지 않다고 판단하는 경우, 텍스트 일부분을 번역하지 않는 결정을 내릴 수도 있다(이러한 텍스트 조작은 사회적, 이데올로기적 규범의 일부를 따른 결정일 수도 있다. 이러한 측면은 사회적, 정치적, 종교적, 페미니스트적인 관점에서 번역학자들에게 분석의 대상이 되어 왔다(8장 참조)).

3. 이권의 다양성과 공조

전문 번역 관계자들의 목표와 이권이 늘 일치하는 것은 아니며, 항상 합의에 이를 수 있는 것도 아니다. 실제 번역에서 그들의 견해 차이는 어떻게 드러나는가? 이를 위해 먼저 각 관계자들과 관련된 번역가의 입장을 명확히 분석하는 것이 필요하다.

3.1. 고객에 대한 충실성

전문 번역가와 고객의 종속 관계는 오랫동안 번역의 이론적인 측면에서 다루기 어려운 사항이었다. 급여를 받는 번역가에게 고객은 고용자에 해당되고 프리랜서 번역가에게는 번역 제공자이다. 고객은 번역가가 수행해야 할 법률적인 측면 및 직업 윤리와 관련된 의무 사항집을 결정하고 제안할 수 있다. 번역의 전문성에 중점을 두고 연구를 수행해 온 Daniel Gouadec(1989, 2002)은 이러한 의무사항이 무엇보다도 번역가가 가장 먼저 고려해야 할 직업 윤리임을 언급하고 있다. 그는 단순히 이러한 의무 사항집을 따르는 것을 넘어 고객에 대한 신뢰성을 옹호하는 의무적인 직업 윤리를 주장하는데, 그에 따르면 번역가는 고객에게 해를 입혀서는 안 된다(Daniel Gouadec, 1989: 98~99, 『번역가의 열 가지 규율(Les dix commandements de traducteur)』 책에서). Robinson(1997a: 32)은 이러한 측면을 더욱 강조하고 있는데, 그는 다수의 번역가들이 번역비를 지불하는 단체나 개인의 이익에 해를 입힐 수 있는 행동을 생각할 수 없을 것이라고 언급하였다. 번역가에게 번역의 주요 기능을 지적하고 번역가의 작업 조건(마감 날짜, 보수, 도착 텍스트에 적합한 규격, 글쓰기 유형, 적합하지 않은 텍스트의 일부 축소, 몇몇 구절 삭제, 출발 텍스트의 문화적 측면에 반하거나 도착 문화로 동화 등)을 결정하는 것은 바로 고객이다(물론 프리랜서 번역가일 경우 고객의 견해를 거절할 수도 있다). 결과적으로 고객의 이권이 수신인이나 저자의 이권에 앞서는 것(저자나 수신인이 고객의 이권과 반대되는 입장일지라도)은 분명하다.

3.2. 저자에 대한 충실성

고객에 대한 번역가의 충실성은 번역이라는 직업 외의 활동에서는 일반적으로 우리가 잘 알지 못하는 사항이다. 이와 더불어 또 다른 충실성으로는 저자에 대한 충실성을 들 수 있다.

'정상적인' 환경에서는 일반적으로 '저자의 텍스트'를 읽는 것이 번역가의 의무이다. 물론 다른 언어로 번역하면서 어쩔 수 없이 언어적 혹은 다른 측면에서 변경이 가해지는 경우, 거짓된 이미지가 드러날 수도 있다. 원본과 번역본의 '스코포스'가 일치하는 경우, 혹은 고객이 정한 제한사항 내에서 저자가 원하는 바와 같은 텍스트에 관한 충실성이 이루어질 경우, 이러한 '정상적인' 번역가의 임무가 수행될 수 있을 것이다.

하지만 이미 언급된 내용에서도 알 수 있듯이 원본과 번역본 간의 '스코포스'가 일치한다 하더라도 이러한 임무를 보장할 수는 없다. '법률 소송 번역'과 '반대되는 입장의 신문 번역'의 경우 번역가가 저자의 관점과는 전혀 반대되는 결정에 이를 수도 있으며, '민족학 번역'의 경우, 번역문의 기능과 원본의 기능이 다르거나 이를 고려하지 않을 수도 있다. '예비 번역'의 경우에는 고객이 요구한 대략적인 번역을 독자가 관심 있어 하는 경우에만 저자가 말하고자 하는 관점이 유지될 수 있다.

저자와 고객의 기본적인 관심사가 합치되는 가장 이상적인 경우에도 고객이 요구하는 조건은 저자의 관심사를 해칠 수도 있다. 예를 들어, 상업성을 목표로 하는 번역 회사는 저렴한 비용의 빠른 서비스를 통해 다른 회사들과의 경쟁에서 사익만을 추구하는 경향이 있다. 하지만 이러한 과도한 빠른 서비스의 요구는 번역가에게 낮은 보수와 더불어 일을 빨리 처리해야 하는 부담을 줄 수 있으므로, 자가 수정이나 번역 관련 자료 조사를 충분히 수행할 수 없게 하고, 결과적으로 부적절한 번역에 이르게 할 수 있다. 또한 수많은 번역 회사들은 번역가가 고객이나 번역의 출자자와 직접 연락하는 것을 거부하기도 하는데, 이 경우 번역가는 관련 주제나 텍스트상에서 그가 취약할 수 있는 여타 정보들, 적절한 관용구나 전문 용어 등의 번역 문제들을 해결하는 데에 어려움을 겪을 수 있다. 더불어 정직한 번역가에게는 고객과 저자의 서로 다른 관심사가 하나의 큰 문제로 다가올 수 있다.

번역의 '스코포스'가 저자의 관심사와 반대되는 경우, 대부분의 번역가는 텍스트에서 암묵적 혹은 명시적으로 드러나는 저자의 의도와 신뢰를 유지하고자 하는 경향이 있다(예를 들어, 오류를 수정하거나 실수를 줄이는 등). 번역의 '스코포스'가 저자의 '스코포스'와 대립되는 경우에는 최소한의 수준(최소한으로 저자에 대한 정직함과 성실성, 신의를 규정하거나 어떠한 변경 없이 원본의 내용을 재구성할 수 있는 수준)으로 저자의 충실성을 상정해 볼 수 있다. 하지만 고객의 압력으로 여러 분쟁이 일어나는 경우, 혹은 정직하지 못한 방식으로 저자의 언어적인 부주의나 오류들을 재검토하도록 번역가에게 여러 지시를 내리는 경우에는 번역가가 저자에 대한 충실성을 최소한의 수준으로 유지하는 것도 어렵다.

3.3. 수신인에 대한 충실성

독자를 위한 번역 서비스는 그 자체로 번역의 목적이 될 수는 없다. 원본과 번역본의 '스코포스'가 일치하지 않더라도 번역가는 정보를 제공하거나 설명하고 저자가 원하는 바를 설득하는 관점에서 독자를 위해 번역을 수행해야 한다. 저자와 수신인 사이에 다양한 관심사가 존재하는 상황에서 저자보다는 수신인을 우선시하는 고객에 의해 번역 기능이 결정될 때, 번역가는 고객에 대한 충실성을 고려하여 수신인을 위한 번역을 수행하게 된다.

충실성에 관해 고려해야 할 위와 같은 사항들이 이론적인 부분은 아니다. 이는 여러 다양한 실제 번역 상황에서 구체적인 결정을 내릴 수 있도록 주요한 역할을 한다. 대학 번역 교육에서도 실제 번역 환경을 도입해 볼 수 있다. 예를 들어, 번역 시장 환경을 고려하여 모호하거나 오류가 있는 구절들이 포함된 몇몇 텍스트의 문제를 저자가 원하는 관심사에 맞추어 해결해 볼 수 있는데, 이러한 실질적인 번역 텍스트를 학생들에게 제시하는 연습 문제에 포함시켜서 그들이 실제 번역 상황에 관심을 기울일 수 있도록 이끄는 것이 중요하다.

3.4. 직업 환경

번역의 이해 관계자들 간에 발생하는 다양한 이권은 언어적이며 지적인 측면의 근본적인 번역활동에 영향을 미치지는 않지만, 실제 사회적, 직업적 환경에서 중요한 역할을 수행하고 있다. D. Robinson이 실제적인 측면의 번역 관련 교재에서 강조했듯이, 번역은 무에서 창출되는 것이 아니라 최대한의 능력과 무한한 자료들을 통해 만들어지는 것이다. 하지만 시간과 자료, 사회적 힘의 측면에서 여러 제약이 따를 수도 있기에 적절한 전략과 전술(이러한 두 개념은 혼동될 수 있다. 전략(stratégie)에 비해 전술(tactique)은 더 지엽적인 문제와 관련된다. 적절한 전략과 전술이 동일한 출발 텍스트라고 해서 다 같은 것은 아니며, 이를 통해, 동일한 도착 텍스트에 이를 수 있는 것도 아니다)을 통해 번역가는 이러한 제약에 대처해야 할 것이다.

직업 윤리상 전문 번역가의 관심사(보수, 고객 유지, 번역가의 체력 비축 등)가 무시된다면 번역가라는 직업에 대한 충실성은 어떠한 방향으로 나아가야 하는가? 번역가는 번역을 하면서 직면하는 여러 결정에서 번역 관련 관계자들 중 누구의 관점을 중시해야 하는가? 앞서 강조했듯이, 직업 환경과 번역 계약이라는 조건에서 번역가는 요청된 번역을 수행하자마자 여러 제약과 의무를 부여받으며 이를 받아들여야 한다(프리랜서 번역가는 필요에 따라 계약을 거부하거나 조건을 협상할 수 있다). 고객이 동의하면 일정 조건과 기한 아래 작업을 마쳐야 한다. 비록 너무 짧은 기한이기에 충분히 수정 작업과 확인 작업을 할 수 없다 할지라도 말이다. 번역 이론과 실제에서도 고객과 고객의 관심사에 대한 충실성은 번역가의 작업 수행과 선택을 결정하는 선결 조건이다.

3.5. 감수자

국제단체와 다양한 나라별 번역 서비스에서 감수 기능의 역할을 명시하는 것은 중요하다. 감수자는 일반적으로 번역을 다시 읽고, 수정하며, 개선하는 숙련된 번역가이다. 그는 엄밀히 말해, 번역의 '최종' 수신인은 아니지만, 번역가에게 중요한 중개 수신인이며, '고객'은 아니지만 어떠한 힘을 지닌다. 그의 요구 사항, 특히 그가 선호하는 용어와 문체를 따라야 한다는 사실은 번역가에게는 피할 수 없는 하나의 제약이며 종종 좌절에 이르게 할 수도 있다(우리가 알지 못하는 고객의 비판을 받을 수도 있으므로 또 다른 번역 전문가가 권고하는 수정 사항을 무시할 수는 없다).

3.6. 충실성의 선택

의무 사항집에서 일반적으로 고려하는 사항은 번역가가 저자나 번역 독자의 흥미를 우선시하는지의 문제이다. 의무 사항집의 '법률 소송 번역'이나 '민족학 관련 번역'의 경우, 우선적으로 중시하는 사항은 독자의 흥미이다. 다른 경우에는 우선시하는 부분이 꼭 명시되어 있지는 않다.

실제로 고객의 흥미와 저자의 흥미가 일치하지 않는다면, 일반적으로 저자의 흥미와 의도에 대한 충실성을 더욱 중시하는 것이 당연하다. 하지만 수십 년 전이나 몇 세기 전에 작고한 저자가 책에서 의도했던 바를 알 수 있는가? 과연 그가 수십 년 후에 자신의 번역 텍스트를 읽을 독자를 생각해 본 적이라도 있었을까? 전문 번역가는 번역의 결정에 이르도록 고객을 통해, 번역 목적, 예상되는 번역의 활용과 목표, 상정된 독자, 저자, 저자의 의도, 텍스트의 성격 등에 관한 정보를 획득해야 한다. 이러한 여러 사항들이 부재하는 경우 전문 번역가는 가능한 이런 정보와 관련된 모든 성격을 상정하여 의사소통의 장을 마련해야 한다.

이는 작문과 번안 형태의 번역을 수행하는 대학의 언어학과 학생들이나 번역학과 학생들에게 해당되는 사항은 아니다. 그러므로 그들에게 번역 연습 문제에서 정확한 번역의 커뮤니케이션 상황을 지적하면서 번역 관계자 간의 잠재적인 의사소통 공간을 구축하는 습관을 들일 수 있도록 도와주는 것은 중요하다(예를 들어 "여러분은 ~를 목표로 ~독자를 위해 ~한 번역을 할 것입니다."(Lavault, 1998a; Hennequin, 1998)).

4. 번역 품질 -기반

지금까지 제기된 번역의 전문적인 요인들의 분석을 통해 다음과 같은 결론을 내리고자 한다. 번역가의 서비스 제공에 관한 품질 평가는 텍스트 적인 변수와 텍스트 외적인 변수에 따라 다르며, 번역 텍스트적 차원의 변수들은 번역 기능과 적절한 커뮤니케이션 내에서 평가자의 입장에 따라 서로 다르게 평가될 수 있다. 따라서 학교에서 행해지는 부분적인 텍스트 번역은 언어적, 의미적, 텍스트적인 차원에서 실제 전문 번역에 이루어지는 평가와는 거리가 멀다.

4.1. 번역 품질의 텍스트적 차원의 변수

텍스트 차원에서 번역 품질은 두 가지 방식으로 평가된다. 첫 번째 방식은 번역을 독립적인 텍스트로 간주하는 것이고, 두 번째 방식은 원본 텍스트에 대한 충실성에 기준을 두는 것이다. 3장은 경험적인 연구 방식과 이러한 개념에 관한 논의의 장이 될 것이다.

4.1.1. 하나의 독립적인 텍스트로서 번역

비문학 텍스트 번역은 이를 받아들이는 도착 언어문화 사회 내에서 하나의 독립적인 텍스트로서의 입지를 지니며 더 빠르게 그 사회의 언어문화 내에 수용된다. 설명서나 과학 기사문의 독자는 그가 읽는 텍스트의 내용과 저자에 대해 관심을 갖고 있지만, 특별한 경우를 제외하고는 그 책이 번역문인지에는 별로 관심을 두지 않는다. 주로 하나의 독립된 텍스트로서 번역문을 간주하고 어떠한 장르의 텍스트인지에 중점을 둔다.

텍스트가 원본이든 번역본이든 간에 독자에게 이를 가장 잘 이해시키고 설명하며 설득시키기 위해서는 무엇보다도 명확해야 한다. 전문 텍스트, 전문 용어, 관련된 언어 사용역, 관련 분야 내에서 독자가 독서를 성공적으로 할 수 있도록 언어 규범을 존중해야 하는 것은 분명하다. 책에 나타나는 언어적 오류가 무엇이든 간에 이러한 오류는 텍스트, 저자,

출판사의 이미지를 독자에게 부정적으로 심어 줄 수 있으며, 독자의 흥미를 잃게 할 수도 있다. 불분명한 문장들과 같은 언어적 실수 또한 독자를 더욱 피곤하게 하고, 책의 설득력을 떨어뜨린다. 모든 용어상의 오류나 부정확한 표현들은 그 자체로 큰 문제이다. 독자로 하여금 이를 이해하기 위한 보충적인 노력을 요하고 저자의 이미지를 해칠 수 있기 때문이다.

좋은 번역은 무엇보다도 좋은 품질의 텍스트가 지니는 모든 특성을 드러내는 하나의 발화이다. 따라서 번역가가 명확하고 논리적으로 의미를 잘 파악하여 도착어로 적절하게 표현하는 것이 중요하다. 이러한 관점에서 볼 때, 번역가는 부자연스럽고 부주의한 텍스트로 보일 수 있는 출발어의 어휘, 문장, 문체적인 흔적을 번역문에 그대로 남겨 두어서는 안 된다. 3장에서 이미 설명하였듯이, 예를 들어, 이는 동사와 명사, 높임법(Puusepp(2003)에서 영어 텍스트 원문과는 다른 러시아어로 번역된 과학 텍스트), 원본보다 더 확실한 어조 강화나 약화(일본의 문화 규범에 따라 어조가 약화된 일본어 원문을 프랑스어로 번역한다면 프랑스어 독자는 이를 불확실하다고 느낄 수도 있으며, 에스토니아어의 직접 화법은 영어로 표현되면 거칠게 보일 수도 있다), 다른 구어체, 긴 문장에서 더 적절한 부사를 사용하는 것과 관련될 수 있으며 정보의 생략과 첨가, 문체적인 번안 등이 꼭 필요한 경우도 있다.

이러한 시각에서 볼 때, 번역은 학습 번안과 작문(이러한 학습 번안과 작문은 언어적으로 불가피한 정보들을 첨가하거나 삭제할 수밖에 없다는 주장에 반대하는 입장이며, 부적절한 외국어 작성 방식으로 인해 산출된 부자연스러운 도착 텍스트 버전을 외국어 교수자가 본인의 모범 답안에서 받아들이거나 제안한다)과는 다르다.

일부 계층은 문학 작품 번역에서 별로 이국적이지 않은 도착 언어를 사용하는 것보다는 하나의 고유한 특성을 지닌 출발어를 모방한 단어와 문장 구조가 드러나는 번역을 기대한다. 특히 일본의 경우에는 더 쉽게 읽혀지는, 자연스러운 일본어 번역을 요구하는 목소리가 높아지기 전에 오랜 기간 동안 이러한 경향이 주를 이루었다(Nohara, 1999). 번역을 수용하는 사회 내에서 '자국화'가 아닌 '이국화'를 중시하는 이러한 문제 제기는 1980년대 이래로 흥미로운 연구의 대상이 되어왔다(8장 참조).

4.1.2. 출발 텍스트와 도착 텍스트 간의 일치 규범

도착어의 문화 내에서 번역문은 독립적인 입지를 지니고 있으나, 근본적으로 출발 텍스트와 관련되어야 번역문이 타당성을 지니며 정당화될 수 있다. 그리고 이러한 중요성은 다음과 같은 또 다른 요인들의 중요성을 잊게 할 수 있다. 수많은 사상가들은 번역의 사회적 기능을 고려하지 않은 채 출발 텍스트와 도착 텍스트 간의 일치라는 번역 가능성 문제에 대해 숙고해 왔다. 그러나 번역의 '스코포스' 개념을 통해 우리는 텍스트의 합치뿐만 아니라 독자에 대한 효과 및 효율성과 관련하여 번역 가능성에 대한 질문을 제기해 볼 수 있다. 도착 텍스트가 출발 텍스트와 동일한 언어적인 특성을 지니지 않아도, 이에 크게 벗어나지 않는 선에서 의미를 전달한다면 이를 번역 불가능성이라 말할 수 있을까? 물론 원본의 형태와 비교하여 번역의 형태에서 원본의 언어적 특성으로부터 벗어난 효과를 정확하게 측정하기란 불가능하다. 또한 수신인에 영향을 미치는 원본의 효과를 정확하게 측정하는 것 또한 어렵다. 하지만 평가자들은 출발 텍스트와 도착 텍스트 간의 몇몇 차이점(예를 들어, 숫자, 명사,

반의어, 중요한 부분 삭제)을 명확히 감지하여 합의에 이를 수 있다. 그러나 원본이나 번역본, 각 텍스트의 형태와 내용의 가변성을 고려하여, 각 개인이 수용 가능한 가변성 내에서 작은 차이가 있을 수도 있다는 것을 감안하는 것이 바람직한 것 같다.

저자가 정보 소개를 통해 자신의 의도를 표현하고자 하는 텍스트를 대상으로 하는 비문학 번역에서 추구되는 합치성은, 대개 정보와 관련된 것(언어나 문체적인 부분보다는)이다. 3장에서 언급하겠지만 단어나 문장 차원에서 모든 정보적인 일치가 이루어지지 않는 것은 당연하다. 게다가 앞서 이미 언급했지만, 이러한 정보와 관련하여 번역가의 결정은 번역의 '스코포스'에 따라 행해진다. 출발 텍스트의 오류나 실수를 수정하는 것도 이러한 방식과 관련된다. 이와 관련하여, 다음과 같은 원칙을 언급해 보고자 한다.

고객은 항상 원문과 번역문을 일치시키는 관점에서 원칙을 제시한다. 출판사는 이데올로기적, 종교적, 도덕적, 정치적인 이유로, 번역이 위태로운 상황에 처할 수 있는 경우, 독자를 위해 번역가에게 참조문헌과 표현을 삭제하기를 요구할 수 있다. 고객이 요구하는 원칙이 없을 경우, 번역가는 스스로 자신의 번역을 검열하기도 한다(이는 문학 번역에서 중요한 요소이며, 이러한 규범 연구를 통해 번역학 연구와 사상에서 하나의 학파가 탄생되었다. −8장 참조). 즉, 사회적 문맥을 고려하지 않고서 번역의 충실성을 논할 수는 없는 것이다.

4.2. 번역 품질의 텍스트 외적 변수

이미 설명하였듯이 고객은 텍스트 외적으로 고려해야 할 사항을 번역 평가에 적용해 볼 수 있다. 전문 번역의 세계에서 텍스트 외적 품질의 주요 변수는 서비스의 신속함이며, 이는 텍스트적인 변수보다 더 중요하다. 따라서 긴급하고 중요한 번역 결정에 앞서, 외국어로 작성된 텍스트에 내포된 정보들을 파악하기 위해서는 문체적인 품질보다는 번역 속도가 중요할 수 있다. 사실, 도착 텍스트를 문체적으로 최적화하고자 한다면 도착 텍스트에서 원하는 정보들이 소실될 위험이 있다.

고객이 번역가에게 번역 비용을 지불할 때, 부분적인 번역이나 비용이 덜 드는 요약문 번역에서도 이러한 비용은 번역에 중요한 외부 텍스트적 요소가 된다. 그러므로 텍스트 외적 변수는 번역문의 형식을 결정할 수도 있다.

번역 주문 절차는 고객과 번역가 간의 접촉을 통해 행해지는데 그들의 관계는 단순하고 신속할 수도, 복잡하거나 중립적일 수도, 나아가 고통스러울 수도 있다. 고객에게 이러한 번역가와의 접촉은 받아들이기 힘든 부정적인 감정을 불러일으킬 수도 있고 즐거움일 수도 있겠지만 이는 중요한 텍스트 외적 품질의 변수이다. 사실 능력 있는 번역가의 경우 접촉이 더 어려울 수 있다. 이에 관해 D. Robinson(1997a: 15)은 번역 에이전시의 대표자들의 말을 다음과 같이 인용하고 있다.

> "일을 누구에게 맡겨야 합니까? 성공률도 높고, 우리를 괴롭히지 않는 적정 비용의 번역가에게? 일하기 편한 착한 사람에게?"

Robinson에 의하면, 번역은 단어로 이루어지는 작업이라기보다는 사람의 작업이다. 번역 작업의 성공은 고객이라는 체제에서 번역가의 개입과 관련되어 있다. 번역가는 고객이 원하는 것이 무엇인지 자문해야 한다(1997a: 42). 특히, 모든 번역 작업에서 번역가의 성공은 그의 성격, 노하우, 지식에 따라 다를 수 있다. 또 다른 텍스트 외적 변수로는 번역가가 텍스트를 다루는 방식(고객은 번역가에게 원하는 형식의 텍스트를 요구하거나 전자 메일을 통해 고객과 연락할 수 있다)이나 커뮤니케이션, 개인적인 참고 자료(사전, 관련 책), 고객과의 지리적인 거리(이러한 기준은 테크놀로지 발전뿐만 아니라 인터넷을 통한 번역 시장의 출현으로 인해 현재는 별로 중요한 부분이 아니다), 전문 지식의 범위 등을 들 수 있다.

5. 전문 번역에서의 품질 평가

5.1. 개별적 요소의 가중되는 총계로서의 번역 품질

본 장에서는 아래의 분석을 통해 번역 품질의 근본적인 변수들에 초점을 맞추도록 하겠다. 번역은 동일한 특성을 지니지 않으며, 텍스트적인 측면과 텍스트 외적인 측면이라는 다방면의 모습을 띠고 있다. 이러한 각 측면은 다음과 같은 요소들로 구분해 볼 수 있다.

– 텍스트적인 요소는 언어적 정확성, 명확성, 전문 용어의 정확성, 원본과 번역본의 일치, 그래픽 형태 등
– 텍스트 외적인 요소는 번역 속도, 번역 비용, 번역가와의 접촉, 번역의 가용성 등

번역 품질은 위에서 언급된 텍스트적인 요소와 텍스트 외적 요소의

평가에 가중되는 총계로서 정의될 수 있다. 번역 평가에서 이러한 각 요소의 비중은 평가자의 개인적인 선호도에 의해 결정된다. 이러한 아이디어는 다음과 같은 수학 공식으로 표현해 볼 수 있다.

(1) $Q(T,c,e) = \sum[P_i(c,e)\ \text{éval}(FT_i) + P'_jP(c,e)\ \text{éval}(FET_j)]$

$Q(T,c,e)$는 평가자 e가 c라는 상황에서 인식하는 T(번역)의 질을 가리킨다.

$FT_ii = 1,2,3...$ 텍스트적 요소

$3FET_jj = 1,2,3...$ 텍스트 외적 요소

p_i와 p_j는 주어진 상황과 환경에서 평가자의 개인적인 선호도에 부합하는 텍스트적, 텍스트 외적인 요소의 각 비중이다.

수학적인 공식에 의한 이러한 요소들의 평가는 긍정적, 부정적, 또는 중립적인 가치를 지닐 수 있다. 더불어, 더 긍정적인 혹은 더 부정적인 평가에 이르게 될 수도 있고, 수학 공식을 대비해도 평가에 별 차이가 없을 수도 있다.

이 공식에서 명확하게 드러나지 않는 요소는 각 텍스트적, 텍스트 외적 요인에 받아들일 수 있는 최소한의 한계점이다. 사실, 어떠한 장점을 지니고 있든 간에 번역은 거부될 수 있다. 예를 들어, 번역문이 정보적인 측면에서는 충실해도 서투른 언어 표현으로 구성되어 있을 수 있으며, 이러한 이유로 거부될 수도 있다. 반대로, 잘 작성된 번역이라 하더라고 중대한 결함이 될 수도 있는 삭제나 의미 오류를 포함하고 있을 수도 있다. 또한 잘 작성된 충실한 번역은 번역 시간이 오래 걸릴 수도 있기에 고객이 이를 거절할 수도 있다. 다시 말해, 번역 품질에 오류가 있다 하더라도 자동 재구매나 보상은 없다는 것이다. 학생들에게 이러한 사실을 납득시키는 것은 중요하다.

번역 평가에서 위와 같은 수학적인 공식으로 받아들일 수 있는 최소한의 한계점은 다음과 같은 '-(마이너스)' 계수의 적용을 통한 양적 평가로 설명될 수 있다. 6등급의 평가표상에서 4점은 '매우 좋음', 3점은 '좋음', 2점은 '평균', 1점은 '보통', 0점은 '가까스로 받아들일 수 있는 수준', -100점은 '받아들일 수 없는 수준', -1000점은 '산술적 계산상 불가능한 수치'이다. 이러한 공식은 개인적인 평가이며, 절대적인 것은 아니다. 단지 한 명의 평가자가 번역을 주의 깊게 읽고 평가할 수도 있다. 물론 대개는 여러 사람들이 이를 평가하므로 수행한 그룹의 산술적인 평균, 즉 '상호 주관적인 번역 품질'에 관해 이야기할 수 있다.

(2) Q 평균 = 1/n ∑ Q(T,c,e)

n은 그룹 내의 평가자 수이며, 이 공식은 평가자들의 '참가' 규칙이다. 평가자들의 나이, 직업, 성, 직업별 범주 등과 같이 그룹의 다른 여러 유형들을 통해 그들의 선호도나 상대적으로 우선시하는 부분들을 파악해 볼 수 있다. 이는 회의 통역에서의 통역 품질에 관한 주요 연구 중 하나이기도 하다.

이러한 이론적인 방정식은 실제 평가 방식(평가표 사용, 점수 시스템과 같은)을 통해 실행될 수도 있으며, 대학이나 기업에서 사용하는 형식적인 번역 평가 시스템도 있다. 예를 들어, 캐나다의 SICAL과 같은 특수한 형태의 평가표(이는 공식적인 외국 파견 업무나 취업에 있어 지원절차를 위해 활용된다)를 들 수 있다(Larose, 1989)

마지막으로 위에서 제안된 평가 공식은 간소화해야 할 필요가 있다는 점을 언급하고 싶다. 사실, 통계적 측면에서 이 공식은 '독립적'이지 않은 각 텍스트적 변수나 텍스트 외적 변수의 평가에 어떠한 상호작용이 없다.

한 예로, Collados Ais는 동시통역가 비용을 상정하는 평가자들이 통역가의 목소리 톤이 단조로운 경우 통역에 불충실하다고 판단하는 경향이 있음을 밝혔다. 물론 이러한 작용을 측정하거나 감지할 수 있는 통계적 도구는 없다. 하지만 중요한 몇몇 텍스트적 변수가 출발 텍스트와 도착 텍스트 간의 관계와 관련된다는 점을 제외한다면, 독자 입장에서는 이 같은 방정식을 꼭 번역 상황이 아니어도 어떠한 텍스트든 간에 평가에 적용해 볼 수 있을 것이다.

또한 요약본이나 자막 번역(Gambier et Gottlieb, 2001), 시각 장애인을 위한 화면 묘사(Simoneau, 2002), 영화나 극으로 작품을 번안하는 것과 같이 언어 간 혹은 상호 기호 간 번역을 판단하는 데에는 원본과 번역본 간의 관계를 원본과 부차적인 텍스트 간의 관계로 정의하는 것이 타당하다.

평가에서 각 요소의 상대적인 비중은 평가자에 따라 변할 수 있다. 저자와 수신인에게 텍스트적 요소의 비중은 중요한 반면 텍스트 외적 요소는 중요하지 않을 수도 있겠지만, 이와 반대로 고객은 텍스트 외적 요소를 중시할 것이다. 번역 품질의 측면들은 객관적인 방식으로 평가될 수도 있고 번역가와의 관계를 거치면서 보다 더 주관적인 방식으로 평가될 수도 있다. 통역의 주요 연구 중 하나는 이러한 다양한 평가자들 간의 상대적인 비중을 결정하는 것이다(Collados Ais et coll., 2003). 번역 평가에 관한 연구에서는 캐나다 학술지 'Meta'의 특별호(Meta, 46(2), 2001)를 제외하고는 현재 번역 평가 관련 연구 활동이 거의 없는 상태이다.

이 책에서 다루지 않고 있는 문학 번역 평가의 경우도 위에서 언급된 텍스트적인 요소와 텍스트 외적 요소로 구성된 방정식을 도입해 볼 수 있다. 문학 번역 평가와 과학기술 번역 평가 간의 차이는 문학 번역 평가자가 원본과 번역본 간의 일치 및 텍스트로서 번역 품질을 보다 더 주관적으로 판단한다는 것이다. 특히, 미적 요소가 덜 중시되는 모험담이나 다른 문학 텍스트들에 비해 미적 요소가 중요한 시와 작품에서는 더욱더 그러하다.

5.2. 평가와 기대

번역은 절대적인 기준으로 평가될 수도 있겠지만 기대하는 바에 따라서 평가될 수도 있다. 이러한 기대 사항은 주로 평가자의 요구와 경험을 통해 결정되므로 잘못된 번역을 자주 접하는 평가자는 번역을 좋게 평가할 수도 있고, 훌륭한 번역에 익숙한 평가자는 번역을 안 좋게 평가할 수도 있다. 그리고 이는 번역 비용과 더불어 텍스트 외적 변수이다. 따라서 동일한 고객이라 할지라도 비용을 절약하기 위해 번역을 아마추어나 학생에게 의뢰했는지 혹은 더 높은 비용으로 전문 번역가에게 의뢰했는지에 따라 반응이 다를 수 있다(독자는 고객이 예산상 고려하는 여러 사항들을 모를 수 있으며, 그와는 다른 시선으로 이를 바라볼 수 있다. 평가자가 번역의 조건들에 관해 더 많이 안다면 아마도 번역에 관해 비평적인 반응을 덜 보일 것이다). 시간이나 예산과 같은 기대 사항에 따라 고객은 적절한 번역가 유형 및 텍스트의 번역 여부를 결정할 수 있다.

기존의 평가와 달리, 실제 번역 평가를 규정지을 수 있는 '기대되는 품질'을 정의하기 위해서는 위에서 언급한 기대 사항과 유사한 형태를 활용해 볼 수 있겠다. 기대되는 번역 품질에서 텍스트적 요소는 예상 가능한 것으로 추상적이면서도 포괄적이다. 실제 번역 평가는 텍스트를 기반으로 하며 평가자는 고객이 중요하게 생각하지 않는 텍스트의 구체적인 측면을 중시할 수도 있다. 기대되는 번역 품질과 실제 번역 평가 사이의 간극은 번역 품질에 관한 연구에 방법론적인 문제를 제기할 수도 있다. 예를 들어, 고객의 기대 사항과 관련하여 동시통역 서비스 고객은 내용을 우선시할 수도 있겠지만, 실제 통역에서는 고객의 기대 사항보다 형식, 목소리, 화자와 통역자 간의 동시성, 언어적인 품질이 더 중요할 수도 있다(Kim, 2004).

번역가는 또한 본인 스스로 또 다른 유형의 기대 평가를 수행하기도 하는데, 번역 작업을 수용하기 전에 그가 들여야 하는 시간과 번역을 실현하기 위해 획득해야 하는 정보의 양, 번역료 등의 조건에 따라 번역 여부를 판단한다.

5.3. 누가 번역을 평가해야 하는가?

번역 품질 평가에 번역 능력, 동기 부여, 자료 등과 관련된 문제가 없는 것은 아니다. 저자는 텍스트의 번역 품질을 확인할 수 있고, 자신의 존재를 인식할 수 있도록 번역에 관여할 수도 있다. 저자가 도착어를 안다면 용어의 정확성, 텍스트의 충실성, 언어적 수정, 드물게는 문체적 특징 등을 평가할 수 있다. 번역 독자는 주로 도착어만을 알고 있기에 대개는 원본과 번역본을 비교하지 않는다. 또한 독자는 일반적으로 하나의 텍스트로서 번역본을 가정하여 번역본의 명료성, 일관성, 언어적 특성(용어적인 정확성을 포함하여) 등을 판단하며, 관련된 사실이나 텍스트에 나타난 논리 전개를 부정확하다고 느끼거나 이러한 오류를 원본의 저자(6장과 7장에서는 학생 번역본에서 의미 오류로 인한 비논리적이고 어색한 문장들을 설명할 것이다) 탓으로 돌리는 것이 옳지 않다고 판단될 때, 번역 오류를 간접적으로 감지할 수 있다. 고객은 번역의 두 언어 중 본인이 알지 못하는 한 언어는 무시하는 편이며, 번역과 관련된 영역의 전문가가 아닌 이상 그 내용을 판단할 능력은 지니고 있지 않다. 그러므로 고객은 주로 언어 외적 기준이나 독자의 잠재적인 반응만을 판단할 수 있다.

따라서 독자, 저자, 고객과 같은 번역 관계자들이(잠재적인 고객이 번역가인 경우를 제외하고) 번역 평가에서 이해하지 못하는 부분도 이러한 문제점 중 하나로 고려될 수 있다. 도착 텍스트의 품질을 판단하는 데 있어 그들은 번역가의 선택을 이해하지 못할 수도 있으며, 정당화할 수 있는 첨가나 삭제를 오류로 간주하는 실수를 범할 수도 있다.

고객이든 독자든 저자든 간에, 두 언어와 영역을 잘 알고 있고 번역가의 작업을 잘 이해하며, 동시에 번역 평가에 필요한 능력을 갖추고 있을 수도 있다.

하지만 이러한 경우를 제외하면, 번역 평가에 가장 적합한 사람은 아마도 관련 분야의 지식이 충분한 감수자일 것이다. 만약 감수자가 이를 수행하지 않는다면 평가의 불확실성은 더 커질 수 있다. 게다가 감수자이자 번역가이기도 한 경우, 그는 고객의 지시 사항보다 텍스트적 기준에 더 중점을 둘 수 있다. 감수자와 고객은 텍스트에 대해 각자만의 선호도를 지닐 수 있기에 절대적인 기준으로 번역 품질을 명확하게 이야기하기는 어렵다. 평가에서 일부는 항상 주관적일 것이기 때문이다.

5.4. 실제 평가 수행

앞서 언급된 잠재적인 번역 평가자들은 평가에 요구되는 모든 능력을 다 갖추고 있지는 않으므로 번역 품질을 판단하는 데 한계가 있다. 이런 한계점에는 전문적인 번역 활동에서 경제적인 측면과 관련된 제약도 포함된다. 저자는 번역본이 존재한다는 것을 모를 수도 있다. 만약 번역가가 저자에게 연락을 취한다면 원본 자체의 문제가 있는 구절에 대해서는 저자의 도움을 받을 수도 있겠지만, 비문학 번역의 도착 텍스트의 품질에 있어서 저자가 본인의 생각을 표현하는 경우는 매우 드물다. 하지만 독자는 저자보다 더 견해를 드러낼 필요성을 느끼므로, 긍정적으로 느끼거나 불만이 있는 경우 더 자주 자신의 의견을 표명한다. 앞에서 언급했듯, 이러한 경우는 주로 도착 텍스트와 관련된 것이기에, 독자는 텍스트의 일관성을 해치는 사실이나 논거와 관련된 의미 오류나 생략 등을 감지할 수는 없다. 번역이 의미 변화, 오류, 생략 등을 포함하고 있더라도 명확하고, 잘 작성되었으며, 용어 면에서 정확한 번역은 독자로부터 매우 긍정적인 평가를 받을 수 있다.

아이러니하게도, 전문적인 측면에서 볼 때 중요한 평가자는 저자, 독자가 아닌 고객(일반적으로는 번역 텍스트 품질을 판단하는 데 가장 중요한 평가자)이다. 절대적인 번역 규칙은 없다. 예를 들어, 텍스트 품질에 중점을 두고 번역가와 협업하여 고객에게 번역을 전달하기에 앞서 번역본을 체계적으로 수정하는 번역 회사나 고객도 존재한다(SFT가 주관한 여름 대학의 금융 번역 고객에 대한 패널 토론 관련 텍스트 참조(La Rochelle, 2002)). 하지만 전반적으로 고객은 텍스트 외적인 측면에 더 중점을 두며, 텍스트적인 측면에서는 대개 독자가 긍정적이거나 부정적인 견해를 언급할 때 이를 고려한다. 대부분의 경우, 독자는 고객과 직접적으로 연락하지 않고 별로 소통할 필요도 느끼지 않기에 의견을 드러내지 않는 편이다.

그 결과, 전문 번역 실제에서 대부분의 경우 고객이 대략적으로 자신의 불확실한 믿음에 의거하여 작업의 품질을 평가한다. 이러한 사실은 고객이나 독자에게 번역이 전달되기 이전에 번역 품질을 확인하고 개선할 수 있는 감수자의 역할이 중요함을 보여준다. 하지만 적합한 감수자가 없는 경우 번역가들은 서로 번역을 감수하기도 한다.

6. 결론

번역 품질의 상대성, 결정 요인, 성격 등의 여러 복잡한 측면을 고려해 볼 때, 어떠한 결론을 이끌어낼 수 있을까? 먼저 번역에서 불변 요소들을 살펴보도록 하겠다. 첫째, 번역은 목표 지향적이며 기능을 고려하지 않고서는 평가될 수 없고 수행될 수 없다. 이러한 사실을 고려한다면 왜 전문 번역 교육의 교수자들이 이러한 요소가 부재하는 번안과 작문이라는 대학 번역 교육을 비판하는지 이해할 수 있다. 사실, 이에 관한 해결책은 간단하다. 바로 학생들에게 실질적인 혹은 가상의 번역 기능을 번역할 텍스트에 부여하고 이를 명시하는 것이다. 예를 들어, 1학년 학생들이 과학 기초 텍스트를 다루는 경우 출발 텍스트의 기능을 고려하여 어떠한 나라의 독자를 대상으로 하는지를 언급하고, 주간지로 출간되는 기사문이라면 이를 명시하여 번역 텍스트의 기능을 제안해 볼 수 있다. 이를 통해 학생들은 출발 텍스트를 잘 이해하고, 좋은 품질의 번역문을 산출할 수 있는 방향으로 나아갈 수 있으며, 대학 번역의 경우에는 주요 목표인 학습자의 언어 능력 또한 향상시킬 수 있다. 하지만 이렇게 번역 기능을 고려한 수업은 대학의 번안, 작문 교육에서 언어 능력 향상을 제외한 다른 목표들과는 부합하지 않는다.

번역에서 두 번째 불변 사항은, 일부가 아닌 전체 텍스트의 번역 품질을 고려해야 한다는 것이다. 독자는 대개 출발 텍스트의 품질에는 별 관심 없이, 도착 텍스트를 중심으로 전반적인 번역을 평가할 것이다. 교수자가 번역 학습에서 이를 고려한다면, 기존의 작문 수업의 목표(사실 이러한 목표는 문제가 될 수 있는데, 그 이유는 학습자가 주로 참조하는 언어 자료들만으로는 외국어로 완벽하게 텍스트를 작성할 수 없기 때문이다. 이는 번안 수업에서도 마찬가지이다)와는 달리 학습자에게 번역 작성에 더 많은 노력을 기울이도록 요구할 수도 있다. 전문 번역가로 활동하고자 하는 학생들이 번역 시장에서의 언어 외적 요소의 중요성을 고려하는 것은 매우 중요하며 필수불가결하다.

제3장

번역의 충실성 - 주요 원칙

1. 서론

이전 장에서 전문 번역은 번역의 각 주체의 이익이 존재하는 사회 경제적인 환경에 처해 있으며, 번역가는 고객뿐만 아니라 번역 상황에서 각 주체들의 이익과 관련된 충실성을 따르고 있음을 언급하였다. 이러한 충실성의 일부분은 고객의 정확한 지시 사항을 수행하는 것이다. 예를 들어, 용어 사용, 출발 텍스트의 수정, 단위 변환 여부, 번역의 일부 구절 삭제 등을 들 수 있다. 다음 장에서 상세히 설명하겠지만 이러한 잠재적인 지시 사항을 넘어 번역가는 계속해서 번역의 여러 문제들을 결정하면서, 출발 텍스트의 충실성을 이행하고 도착 텍스트의 완벽한 품질에 이를 수 있도록 재능을 발휘해야 한다. 몇몇 언어와 몇몇 텍스트에서는 이러한 요구 사항들이 잘 수행되고 있다. 하지만 두 언어문화가 상이한 경우에는 동일한 메시지를 전달하는 동시에 완벽하게 작성하면서 모든 정보와 모든 구절을 도착어로 표현해 내는 것이 불가능하며 매우 어려운 작업이다. 이러한 어려움은 오래전부터 모든 번역학 연구의 근간이기도 하다. 이번 장에서는 이러한 어려움을 해결한다거나 이에 기반을 두고 번역 이론과 논쟁들을 요약 분석하지는 않을 것이다. 반대로 수없이 반론을 제기하고 확인해 온 필자의 경험을 통해 메시지, 발화, 발화자의 관계와 관련된 중요한 현상에 대해 독자의 관심을 이끌고, 이러한 이론과 논쟁을 기반으로 삼아 번역가의 작업을 설명하고 정당화하고자 한다.

2. 텍스트에서 메시지까지 –번역 불가능성에 관한 논증

번역 불가능성에 대한 논쟁에서 번역 불가능한 표현이나 용어의 절대적인 측면에 관해 자주 언급되는 논거는 언어 간 동형성(isomorphism)의 부재에 기반한 것으로, 다음과 같은 논리를 따른다.

– 정보적인 내용이나 용법에서 언어 A의 용어나 표현이 언어 B의 용어나 표현과 정확하게 일치하지 않을 때
– 따라서 이러한 용어나 표현을 포함하는 언어 A의 텍스트가 언어 B의 텍스트에 정확하게 일치될 수 없을 때
– 그러므로 번역이 원본의 근사치에만 이를 수밖에 없을 때

하지만 이러한 논거는 번역을 두 텍스트 간의 관계, 그리고 텍스트적인 측면으로 한정할 때만 타당성을 지닌다. 각 독자에 대한 번역 텍스트의 효과를 고려한다면, 이러한 논증은 미약해진다. 번역 텍스트는 독자에게 읽힐 때만 그 텍스트가 존재하는 것이다. 그러므로 여기서 중요한 점은 출발 텍스트와 도착 텍스트의 등가가 아니라 각 독자들에게 미치는

번역의 효과가 등가를 이루는지의 여부이다. 더 정확히 말해, 출발 텍스트와 도착 텍스트를 읽어 나가면서 독자들이 동일한 방식으로 해석하고 동일한 반응을 보인다면, 과연 동일한 감정을 느끼고 동일한 정보를 이해하거나 지니고 있는지 여부이다. 만약 그렇다면 출발 텍스트와 도착 텍스트가 동일한 텍스트적 성격을 지니지 않고 있다 할지라도, 기능적인 측면에서 번역의 등가는 가능하다고 볼 수 있다.

사실 독자에게 미치는 효과적인 측면에서 등가에 관한 질문에 답하기는 어렵다. 정밀한 분석에서부터 시작하여 독자에게 미치는 텍스트 효과는 독자가 텍스트에서 느끼는 흥미, 속도, 저자에 대한 태도, 언어적 감수성, 유머, 피곤함의 정도, 집중 가능성, 지적 능력, 동일한 주제에 관한 텍스트 독해 여부, 독서량, 독자가 지니고 있는 신념 등에 달려 있다. 다시 말해, 이러한 효과는 언어문화적, 그리고 사회적, 전문적인 분야에 있어 상대적으로 동일한 그룹 내에서조차 다양할 수 있으며, 하물며 언어문화적으로 서로 다른 두 그룹 간에 동일한 텍스트의 효과를 비교할 때도 마찬가지이다.

그렇다면 이러한 가변성을 측정할 수 있을까? 변화의 폭이 클 때, 이러한 가변성은 분명히 드러날 수 있다. 수업에서도 텍스트를 명백히 이해한 학생들의 번역과 그렇지 않은 다른 학생들의 번역은 분명히 구분된다. 텍스트의 수용적인 측면에서도 몇몇 성격을 측정할 수 있는 도구들이 존재하는데, 예를 들어, 독자들에게 텍스트를 잘 이해했는지, 텍스트를 이해한 후 어떠한 결론에 이르렀는지, 어떻게 저자의 견해에 관해 효율적으로 대처했는지, 주어진 주제에 대해 생각의 변화는 없었는지 등을 물어볼 수 있다. 또는 연구실에서 독자의 이해도에 따라 결과가 달라지는 실험을 통해 독자의 반응 속도나 텍스트 내에서 독자의 반응에 따라 달라질 수 있는 일련의 작업들을 실현하면서 나타나는 텍스트의 오류 비율을 측정할 수도 있다.

사실, 이러한 도구들은 사회학자나 심리학자들이 특수한 변수의 주요 효과를 확인하기 위해 사용하는 것이기도 하다. 하지만 독자에 대한 모든 효과들을 측정할 수는 없다. 게다가, 이러한 도구들은 한정적이기에 시그널(독자의 번역 수용을 저해하지만 잘 드러나지 않는 정보들에 부합하는 잡음과는 반대되는 현상)을 통해 작은 차이들을 항시 감지할 수는 없다. 또한 개별적인 독자에 대한 정확한 예측은 할 수 없기에 그룹 통계를 통해서만 이러한 효과들을 감지할 수 있다.

상대적으로 높은 신뢰성을 지닌 독자들을 통해 원본과 번역본의 텍스트적 차이에 관한 그들의 효과를 예측해 볼 수는 있겠지만(예를 들어 명백한 오역과 관련되는 것), 언어문화적 불확실성에 근간한 번역 불가능성에 관한 논쟁 자체는 독자에게 별로 중요치 않으므로 이러한 논쟁이 독자에게 미치는 효과는 그다지 중요하지 않을 수밖에 없다(Gile, 1985b)의 경험적인 소규모 연구에서 언어적 수용성의 규범과 관련된 격차에 있어 평가자들의 성향 참조).

따라서 번역 불가능성을 야기하는 언어문화적 상이성에 따른 출발 텍스트와 도착 텍스트 간의 차이에 관한 논쟁은 독자마다 각자 수용도가 다르다는 점을 고려해 볼 때 비논리적이다.

반대로 도착 텍스트가 독자에게 미치는 효과 범위가 출발 텍스트가 독자에게 미치는 효과 범위와 일치해야 한다는 점은 납득할 만하다.

3. 저자는 자신의 고유한 언어를 선택하는가?

텍스트와 텍스트 수용 간의 관계에서 부분적으로 선결되어야 할 이러한 문제는 하나의 생각으로부터 발화에 이르는 과정을 분석하거나 이를 거꾸로 분석해 봄으로써 보충될 수 있다.

번역 초급자의 경우 원본 발화의 모든 정보와 어휘적 문법적 구조를 그대로 도착어로 재생산하고자 한다. 하지만 이러한 노력은 결과적으로 텍스트를 무겁게 만드는 잉여적인 정보가 가득한 서투른 번역만을 양산할 뿐이다.

예시 3.1. 인간 기억의 기능

(인간 기억에 대한 과학 대중화의 기사문 서론에서 원본을 발췌하였다. 인지신경과학자이기도 한 저자는 인간 기억의 성격을 설명하고자 하였는데, 아래 발화는 이 기사문 서론의 첫 두 구절이다.)

■ **원문**

"How much do we know about the working of human memory? What are its abilities and limits."

(우리는 인간 기억의 작동 방식에 관해 어느 정도로 알고 있는가? 어느 정도의 지식을 지니고 있는가? 그 능력과 한계는 무엇인가?)

■ **학생 번역**

"Combien savons-nous à propos des fonctionnements de la mémoire humaine? Quelles sont ses compétences et ses limites?"

(우리는 인간 기억의 가능들에 관해 얼마나 알고 있는가? 그 능력과 한계는 무엇인가?)

우리는 여기서 “how much(어느 정도)”가 “combien((수량과 관계되는 의문부사) 얼마나/얼마만큼의 양)”으로 “working(작동 방식)”이 “fonctionnements(기능들)”로, “abilities(능력들)”가 “compétences(능력들)”로 번역되었음을 알 수 있다. 수업에서 대부분의 학생들은 “Combien savons-nous(우리는 얼마나 알고 있는가.)”로 서투르게 의미를 판단하여, 대어역식으로 번역하였고, 프랑스어 용법에 부합하지 않게 “fonctionnements(기능들)”이라는 복수로, 사람과 관련되는 부문을 평가하는 것으로 “compétences(능력들)”의 의미를 상정하여 잘못 번역하였다.

작문과 번안 수업만을 이수한 초급 번역 학습자에게 왜 원본의 정보와 구조를 이러한 방식으로 재생산했는지를 질문하면 일반적으로 그들은 “이러한 원본의 정보와 구조는 원본의 문장 일부이며, 원본의 저자가 말하고자 하는 바를 벗어날 권리가 없다고 생각하기 때문입니다.”라고 응답한다. 학생들의 이러한 의도는 올바른 추론인 듯 보인다. 그리고 이는 대부분의 사람들이 전문 번역가들의 부족한 자질로 간주하는 저자에 대한 충실성의 규칙을 따르는 것처럼 보인다. 하지만 다음과 같은 두 반론이 제기될 수 있다

1) 조정을 해야 할 필요가 있는가?

한편으로는 저자의 흥미와 목표(정보 제공, 설명, 설득 등), 다른 한편으로는, 출발어의 문체적인 성격과 모든 정보를 다시 취하는 번역문의 독자들에게 미칠 수 있는 잠재적인 효과를 상호 조정하는 것이 필요하다.

저자가 도착어를 알고, 직접 도착어로 글을 쓸 수 있다면 자신의 메시지를 표명하기 위해 원본과 동일한 구조 및 정보들을 사용할까?

이는 다소 우려스러운 질문이기도 하다. 왜냐하면 이러한 논거는 저자의 의도와 흥미를 보존하는 논리를 따르지만 실제는 그렇게 행하지 않은 채 번역가가 도착어 독자들에게 최대한 영향력을 미칠 수 있도록 번안이라는 전략으로 저자와는 다른 방법과 정보를 택하면서 텍스트를 완전히 다시 쓸 수도 있다는 것이기 때문이다. 그렇다면 실제 번역 상황에서 번역가에게 주어진 임무란 그가 원본에서 더 멀리 나아갈 수 있다는 것인가? 사실, 광고 번역과 로컬리제이션(주어진 언어문화 내에서의 소프트웨어 내용 번안)과 같은 일부 예외적인 번역을 포함하는 비문학 번역에서는 사회적 규범하에 합의가 선결되지 않는다면 이것이 불가능하다.

단순히 한 두 구절 수준에서 이러한 변경을 제어할 수 있다면 원본에서 벗어날 위험은 한정적일 것이다. 짧은 텍스트의 경우, 원문에는 자주 사용되는 몇몇 언어적 작성 방식이 도착어에서 서투르게 표현될 수도 있는 경우, 만약 저자가 도착어에서 직접 글을 써야 한다면 아마 이러한 방식을 택하지 않을 것이다. 예를 들어, 프랑스어는 명사를, 영어는 동사를, 러시아어는 보다 더 과장된 문체를 선호한다고 가정해 보자. 그렇다면 프랑스어 텍스트를 영어로 번역할 때는 명사를 더 적게 사용한다든가 동사를 더 많이 활용해서 번역하고, 러시아어 텍스트를 영어로 번역할 때는 덜 격식에 맞춰 번역하는 것이 더 적절한 번역인 것일까?

2) 저자는 문장을 완벽히 구사하는가?

원본의 어휘적이고 통사적인 요소들을 가능한 한 재생산해야 한다는 '언어적 충실성'에 대한 두 번째 반론은 보다 더 근본적인 문제이다.

원문에서 보이는 언어적 구절들과 단어들은 항상 저자의 선택에 의한 것인가? 불확실하거나 혹은 적절하게 표현되지 않았거나 원문에서 의도하지 않았던 부분은 없는가? 언어적인, 그리고 인지적인 측면에서의 취약점이나 저자가 야기한 여러 문제점들이 두드러지는 부분은 없는가?

이에 관해서는 일상생활에서 부딪히는 몇몇 현상을 고려해 볼 수 있다. 일상적인 구두 표현에서는 보통 어휘적, 문법적으로 출발어에 가장 근접한 표현을 사용하는데, 이 경우 수많은 오류들이 발생될 수 있으며, 말하면서 자신의 발화를 수정하기도 한다. 기술 표현에서, 저자는 한 번 작성한 글을 다시 읽으면서 자신의 생각과 거의 맞지 않거나 부적절하다고 판단되는 단어, 구절을 자주 변경한다. 특히 텍스트가 중요하다고 느끼는 경우 더더욱 그러하다. 번역가는 종종 언어적, 의미적 오류가 포함되어 불분명하고 부주의한 문장이 대부분인, 잘못 작성된 텍스트들을 접하기도 한다(4장 참조). 번역가가 원본 텍스트의 취약점을 인식하는 경우 저자는 번역가가 이러한 부분들을 삭제하기를 바라는가? 아니면 이를 번역본에서 유지하기를 바라는가? 이는 통속적인 질문은 아니다. 왜냐하면 명성 있는 저자이거나 저자가 번역가를 신뢰하지 않는 경우, 종종 이러한 번역가의 변경이나 비평을 저자는 받아들이지 않기 때문이다. 하지만 필자의 수많은 경험에 비추어볼 때, 원본 텍스트의 구절이 분명치 않은 경우 번역가는 저자에게 이를 문의하거나, 더 나은 작성을 요구하기도 하는데, 이때, 저자는 이러한 변경을 받아들이기도 한다.

4. 정보 발화의 구성 –경험에 기반하여

발화문에서 발화자의 통제 정도에 관한 문제는 번역 충실성의 철학에서 중요하다. 이에 관해 개인적인 경험에 비추어 답해 보고자 한다.

필자는 언어적, 정보적 다양성에서 생각과 발화 간의 관계를 더 가까이 검토하기 위해 1970년대 말 INALCO에서 일본어-프랑스어 과학 기술 번역 교육에 필요한 다음과 같은 실험을 고안했고, 아시아어, 아프리카어, 오세아니아어 등의 매우 다양한 언어 그룹의 비문학 번역 교육 내에서 이러한 실험을 수십 번 반복했다.

4.1. 발화문

먼저 다양한 주제 아래 하나의 아이디어를 학생들에게 소개한 다음, 수업에 모인 학생들의 발화문을 통해 검토해 보는 작업을 수행하였다. 1982년(Gile, 1985a), 역대 프랑스 대통령들, Georges Pompidou, Valéry Giscard d'Estaing, François Mitterand의 계보를 아래와 같은 도표로 나열하여 학생들에게 이들의 공통점을 질문한 후 모국어로 표현하게 했다.

도표 3.1. 공화당의 대통령들

Pompidou → Giscard → Mitterrand → ?

수업에 참여한 8명의 프랑스인, 7명의 일본인, 3명의 프랑스어, 일본어 모국어 화자들 중 프랑스 학생들은 아래와 같이 발화를 재생산하였다.

1. Mitterand은 Pompidou를 계승한 Giscard 프랑스 대통령을 계승하였다. 누가 다음 대통령일까?
2. 프랑스 정부에서 Giscard는 Pompidou를, Mitterand은 Giscard를 계승했다. 누가 그의 계보를 이을 것인가?

3. 공화국의 차기 대통령은 누구일까?
4. Giscard, Mitterand 후에 Pompidou에 이어, 우리의 미래는 과연 어떻게 될 것인가?
5. 누가 내일의 프랑스를 위한 사람인가?
6. Pompidou, Giscard, Mitterand은 선출된 역대 대통령들이다. 누가 차기 대통령인가?
7. Pompidou, Giscard, Mitterand의 계보에 따른다면, 차기 대통령은 누가 될지 알 수 있을까?
8. 이는 공화국의 역대 대통령의 계보 아닌가?[1]

8번 발화문의 학생은 주어진 아이디어를 아마도 잘 이해하지 못한 듯 하다. 7번 발화문의 학생 또한 마찬가지로 잘 이해를 못한 것으로 여겨지는데, "d'après(~에 따라/따르면)"의 단어에 "d"를 붙인 것은 단순한 프랑스어 실수로 보인다(문맥상 "après(~후에)"가 적절하기에, 이는 실수인 것 같다). 하지만 전반적인 문장의 의미는 주어진 생각과 부합한다고 생각한다. 마지막으로, 4번 발화문은 공화국의 차기 대통령에 관한 질문인가 혹은 더 일반적으로 프랑스의 미래에 관한 질문인가? 언어적인 측

---

[1] [역주]
(원문)
1. Mitterrand a succédé à Giscard à la présidence, lequel avait succédé à Pompidou. Qui sera le président suivant ?
2. En France, au gouvernement, Giscard a succédé à Pompidou, Mitterrant à Giscard. Qui lui succédera ?
3. Quel sera le prochain président de la République ?
4. Après Pompidou, Giscard, Mitterrand, que nous prépare l'avenir ?
5. Qui pour la France demain ?
6. Les derniers présidents élus furent chronologiquement Pompidou, Giscard, Mitterand. Qui sera le prochain ?
7. Peut-on savoir quel sera le prochain président d'après cette succession Pompidou Giscard Mitterand ?
8. La succession des présidents de la République est-elle celle-ci ?

면이든 정보적인 측면이든, 프랑스 학생이든 일본 학생이든 간에 산출된 발화가 각기 달랐다. 주제, 모국어, 아이디어 도표가 서로 다른 모든 경우를 통해 이러한 발화의 다양성은 확인되었다. 물론 동일 언어 내에서 몇몇 같은 발화들도 있었지만, 이 또한 최대 한 언어당 두세 개 정도로 극소수에 불과하였다.

이러한 일련의 실험을 통해 알 수 있는 첫 번째 사실은, 여러 화자들이 같은 순간, 동일한 조건하에 하나의 단순한 아이디어로부터 각 주제별로 다양한 발화를 산출한다는 것이다. 이로부터 우리는 발화 수행에서 표현해야 할 생각과 산출된 발화 간 일대일 대응 관계가 이루어질 수 없다는 사실을 도출해 볼 수 있다. 발화 과정에서 발화자 특유의 성격과 관련된 주관적인 부분, 발화자에 따른 혹은 시공간에 따른 변수 등이 개입된다.

4.2. 발화 해석

발화 과정에 보충적인 두 단계는 다음과 같이 수행하였다. 발화 단계 전에 학생들의 절반은 교실 밖에 있게 하고, 나머지 학생들에게는 주어진 아이디어, 질문, 정보나 지식을 표현하기 위해 그들 머릿속에서 떠오르는 발화를 모국어로 정확하게 작성하도록 요구했다. 이후 그들이 작성한 몇몇 발화들을 선별하여 칠판에 작성했고, 그 이후, 두 번째 단계로 밖에 있는 학생들에게 작성된 발화들을 모국어로 번역하게 하였다(저자의 프랑스어 번역 수업에서는 주로 영어, 독일어, 스페인어로 발화를 작성하게 하고 대부분의 학생들의 모국어인 프랑스어로 번역하도록 요구했다). 시간이 부족할 때는 산출된 발화와 그것의 의미 차이를 논하는 것에 그쳤다.

이러한 연습 문제에서 학생들은 원본의 언어적 구조나 정보에 근접하도록 칠판에 각자 다르게 번역하였다. 종종 어떤 학생은 칠판에 적힌 발화들이 같은 내용을 언급하는 것이므로 모두 동일하게 번역하기도 하였는데 이는 매우 드문 경우이다(20년 동안 약 총 1,000명의 학생들이 이러한 연습 문제에 참여하였는데 그중 동일하게 번역한 학생은 매우 극소수에 불과했다).

또 다른 학생들(더불어, 평생 교육이나 더 완성도를 높이기 위한 또는 번역 교육자 교육의 수련 과정에 있는 전문 번역가들 또한)은 이러한 상이한 발화들을 다르게 번역해야 한다고 생각했다. 그들은 종종 발화자의 태도나 뉘앙스에서 차이점이 드러나는 언어적 차이(대문자, 소문자 구별에서의 철자 구분, 단어, 문장 구조 내에서)에 대해 자신만의 방식에 기반하여 번역을 수행해 나간다. 그들은 발화를 할 때 저명인사들을 더 존중하는 경향을 보이기도 하는데, 즉, 유명 인사의 이름을 번역하는 경우, "Monsieur(~씨(영어의 "Mr."에 해당))"나 단순히 성만을 쓰지 않고 이름과 성을 모두 작성했다. 예를 들어, 앞서 언급되었던 미래의 대통령에 대한 발화 과정에 있어서도 그들은 단순히 이름을 나열하지 않고 "Messieurs Pompidou, Giscard et Mitterrand(퐁피두, 지스카르, 미테랑 씨)"와 같이 더 격식적인 표현으로 나타내었다.

수업에서 학생들에게 발화 과정에 관하여 위와 같은 질문을 던지면 일반적으로 이러한 의도적인 뉘앙스의 차이들을 부인하였다. 그들은 추후 이를 알아차리기도 하였는데 이러한 현상은 비단 이러한 발화 과정에만 국한된 것은 아니다. David Sankoff(2002)는 다른 연구를 통해 이러한 현상을 언급하였다. 물론 학생들이 차후에 자신의 발화 과정을 검토하면서 이를 확인할 수도 있다. 인지 부조화의 심리학적 이론(Festinger, 1957)에 따르면, 이미 작성된 것을 확인하면서 그들이 쓰고자 했던 점과의 차이를 통해 자신이 처음 생각한 것을 잠정적으로 재해석할 수 있다. 언어적 차이들을 부인하지 않고서 Sankoff는 개별 발화 행위에서 이러한 차이들이 중화될 수 있다고 생각하였다.

저자의 경험에 비추어 앞으로 언급될 다른 결과들을 통해 이러한 중화에 관한 가정을 더욱더 확고하게 증명하도록 하겠다.

4.3. 정보 차이

정보 전달에 중심을 두는 번역(특히, 과학 기술 번역)에서 발화의 언어적 다양성이 확인되면, 발화의 정보적인 다양성(어휘적, 통사적 차이가 없는)의 측면 또한 상세히 검토해 보는 것도 유익하다고 생각한다.

위의 도표 3.1의 예에서 알 수 있듯이, 1, 2, 3, 5, 6, 7 발화문은 정보적인 측면에서 보면 공화국의 차기 대통령에 관한 각기 다른 질문으로 표현되었다(8번 발화문은 표에서 주어진 생각을 반영하지 못했기에 분석에서 제외하였고, 4번 발화문의 의미는 명확하지 않다).

따라서 발화문 3(공화국의 차기 대통령은 누구일까?)은 대통령들의 이름을, 발화문 5(누가 내일의 프랑스를 위한 사람인가?)는 대통령의 이름뿐만 아니라, 대통령이라는 단어조차 언급하지 않았다. 또한 발화문 1, 6, 7은 "대통령들"을 언급했으나, 프랑스 공화국의 대통령인지에 관해 시는 명시하지 않았다. 발화문 2에서는 "정부"를 언급했는데, 이는 더 넓은 범위의 국가행정 부문은 생각하지 못했거나 순간적으로 부정확하게 표현한 것일 수도 있다.

게다가 대부분의 발화는 제시된 도식에 명시되지 않은 정보들로 표현되었는데, 학생들은 대통령, 공화국, 프랑스 등을 언급하지 않았고 본인이 지닌 지식의 보충을 통해 발화를 수행했다. 어떤 학생들은 도표에서 주어진 정보들을 재현하지 못했고(퐁피두, 지스카르, 미테랑 등의 대통령 이름), 다른 학생들은 주어진 정보에 다른 정보를 덧붙여 발화를 수행하였다.

그렇다면 학생들이 선택한 방식들을 어떻게 해석할 수 있을까? 사실, 발화 행위는 모두에게 일상적인 일이며, 주관적인 시각에서 분석을 시작하는 것이 당연하다. 3.1 도식은 세 사람의 이름과 화살표, 물음표로 구성되어 있으므로 언어적 발화를 형성하고 있지는 않다. 프랑스 어법에 적합하게 표현하려면 화살표를 없애고 단어를 추가하여 문법적 구조에 맞게 변형해야 한다. 이러한 도식을 보면, 아마도 새로운 정보를 필연적으로 덧붙여야 주어진 도식을 언어로 표현할 수 있음을 누구든지 바로 알아차릴 수 있을 것이다(물론 감탄문, 간결한 문체 글, 군사적 혹은 기술적 몇몇 메시지 유형을 제외하고). 예를 들어, 거의 격식이 없는 상황이라도 "퐁피두, 지스카르, 미테랑"처럼 단지 이름만을 말하지는 않는다. 적어도 "Monsieur(~분/씨)", "Messieurs(~분들)"이나 "Présidents(대통령들)"을 덧붙여야 할 것이다. 그리고 이러한 언어적인 표현을 통해 출발어에는 표현되지 않은 정보들을 더욱 명시할 수 있다. 더욱이 질문 내용의 기준 시기가 발화 시점보다 이전인지 이후인지 혹은 발화 시점과 동시인지 언급하지 않은 도식의 질문을 표현하는 것은 어려울 수 있다. 따라서 1, 2, 3, 6, 7번 발화문에서는 단순 미래가, 4, 5번 발화문에서는 "미래", "내일"이라는 단어가 사용되었음을 주목해 볼 수 있다. 이러한 정보들은 언어적 제약으로부터 산출된 정보(Information indutes par les contraintes linguistiques(IICL))라 할 수 있다.

3번 발화문(공화당의 차기 대통령은 누구일까?)의 화자는 이전 대통령의 이름들을 언급하지 않았다. 아마도 단어 수를 줄이고 싶었거나, 이러한 단어들 없이도 질문이 이해가능하다고 생각했을지도 모른다. 그는 대신 "공화당의 대통령"을 첨가했다. 왜 6번 발화문의 화자처럼 단순히 "누가 차기 대통령인가?"로 표현하지 않았을까? 아마도 그는 독자가 "차기"의 뜻을 이해하지 못할 것이라고 생각하여 발화 해석에서 독자의 이해를 돕고자 "공화당의 대통령"을 덧붙였을 수도 있다. 즉, 그가 프레이밍 정보(Informations d'orientation/Fraiming information, Gile, 1995a)를 발화문에 첨가했다고 생각해 볼 수 있으며, 의도적이든 아니든 간에 다른 발화자들 또한 독자의 발화 해석을 돕기 위해 다른 정보들을 덧붙였음을 알 수 있다.

따라서 발화 수행에서 적어도 몇몇 화자들은 일차적인 정보에 이와 구별되는 부차적인 정보를 추가했음을 알 수 있다. 이는 한편으로는 어휘적, 문법적, 문체적인 규칙을 통해, 다른 한편으로는 독자(발화의 경우에는 청중)의 이해를 돕기 위해 발화자의 여러 선택 사항에 따라 도출될 수 있다.

게다가 이미 앞에서 언급했지만, 발화문 2(프랑스 정부에서 Giscard는 Pompidou를, Mitterand은 Giscard를 계승했다. 누가 그의 계보를 이을 것인가?)의 문제는 공화국의 대통령직을 정부의 대통령직으로 혼동하여 표현했다는 것이다. 이러한 문제는 발화자가 언급한 정보와 관련된 것으로 매우 부정확하다("누가 그의 계보를 이을 것인가?"라는 문장에서 "그

(lui)"가 누구를 지칭하는지도 확실치 않다). 이러한 정보는 일차적인 정보와는 관련이 없으며, 어떠한 프레이밍 정보도 포함하고 있지 않다. 단지 발화자 개인의 정보일 뿐이다. 그러므로 본고에서는 이를 "개인적인 정보"로 지칭하겠다.

요약하자면, 정보 발화문은 일차적인 정보, 전달하고자 하는 메시지, 다음과 같은 부차적인 정보로 구성되어 있음을 알 수 있다.

- 언어적 제약으로부터 산출된 정보(information indutes par les contraintes linguistiques(IICL))는 발화의 언어 규칙, 화용론적, 문화적 규칙이라 불리는 것으로, 예를 들어, 프랑스 문화에서는 미혼인 여성과 기혼인 여성을 구분하기 위해 "Madame(~부인)"과 "Mademoiselle(~양)"을 사용하며, 영어권이나 북미권 문화의 일부 계층에서는 "Ms.("미즈"로 발음)"로 기존의 "Miss.(~양)"나 "Mrs.(~부인)"로 구분하는 것과는 다르게 활용한다. 이러한 언어적 제약에 따른 정보(information indutes par les contraintes linguistiques(IICL))라는 용어에서 "산출하다(induire)" 동사는 어휘적, 문법적인 의무사항과 관련된 부문들뿐만 아니라 모든 종류의 가능성을 포함하는 뜻으로 사용되었다.
- 프레이밍 정보(Les informations d'orientation(IO))는 일차적인 정보의 이해를 돕기 위해 발화자가 선별한 것으로, 이는 도착 텍스트의 발화문이나 번역문에 의도적으로 표현될 수도 있겠지만, 앞서 언급된 학생-발화자의 발화문에서 보았듯이 항상 그런 것은 아니다.
- 개인적 정보(Les informations personnelle(IP))는 그 자체로 일차적

인 정보와는 관계가 없다. 발화 해석에서도 어떠한 기능을 수행하지 않으며 단순히 발화자 개인의 정보이다.

이러한 정보 발화에서 정보적인 구성 요소는 다음의 도식으로 설명해 볼 수 있다.

(1) 정보 내용 = (일차 정보+부차적인 정보)
(2) 부차적인 정보 = (IICL + IO + IP(위에 언급된 용어들의 약자)

5. 선택과 숙달 부차적인 정보들의 중요도

2장에서 설명했듯이, 고객이 선호하거나 지시하는 사항이 없는 경우에는 저자의 흥미와 의도가 번역에서의 선택 사항들을 결정할 수 있다. 개인적인 경험에 비추어 볼 때(차후 이를 설명하겠지만), 발화를 정확한 언어적인 형태로 번역하는 것이 저자의 의도를 충실히 반영한 것이라고 볼 수는 없다고 생각된다. 이러한 관점에서 볼 때, 정보 발화 유형을 부차적인 정보의 상이한 범주들로 더 상세히 분석하는 것은 흥미로운 작업이 될 것이다.

5.1. 개인적 정보의 중요도

저자는 텍스트를 통해 다음과 같이 본인에 관한 정보를 제공한다. 몇몇 저자들은 신뢰를 쌓거나 자신의 아이디어를 확고히 하거나, 사회적 인정을 받기 위해, 혹은 자신의 좋은 이미지나 공감을 얻기 위해 정보를 선택할 수도 있다. 정치가의 경우에는 인터뷰에서 젊은 층을 공략할 수도 있고, 잠재적인 유권자들의 마음을 사기 위해 담화 연설에 방언을 사용하거나, 더 세련된 프랑스어를 구사하는 사람들에게는 문화적인 가치에 중점을 두면서 연설을 하고, 전문가에게는 그들의 지식을 늘어놓을 수도 있다.

이러한 정보들은 이차적인 메시지로 간주할 수 있는데, 발화에서 내포하고 있는 일련의 정보들을 구성하는 이러한 메시지의 의도는 정보를 전달하고 설명하며 설득하는 발화에서 주로 드러나는 의도보다 더 중요할 수 있다. 따라서 이는 "개인적인 정보"가 아니라 개인에 관한 정보들과 관련되기에 이를 본고에서는 "이차적인 메시지"로 명명하겠다. 언어적 오류나 텍스트의 의미 오류가 드러나는 부분, 본의 아닌 지방 특유의 어법(라틴 아메리카의 스페인어 사용자, 호주 영어 사용자, 캐나다의 프랑스어 사용자) 등의 정보는 저자의 의도와는 무관한 것으로 "개인적인 정보"를 구성하는 요소이다.

예시 3.2. 약력

인터넷상에서 출간된 이슬람 저명인사의 평전(http//www.obm.clara.net/OBM/History/biography.html, 2000년 10월 14일 참조)의 일부 구절을 아래에 제시하였다.

"He is quality of knowledge is a Mujjahid Murakkig Furistic Scholoars able to out-weigh between the four Islamic Schools of thoughts Hanafi, Maliki, Shaffi'ie and Hanbali. (…) He is the founder of Hizb ut-Tahirir Uk branch and the founder of Al-Muhajiroun world-wild."

(Mujjahid Murakkig Furistic(무자히드 무라키드 퓨리스틱) 학자로서 그의

지식은 다른 네 가지 이슬람 학파, Hanafi, Maliki, Shaffi'ie, 그리고 Hanbali의 것을 뛰어넘을 만큼 훌륭했다. 그는 세계의 Hizb ut-Tahirir UK 분파와 Al-Muhajiroun의 창시자이기도 하다.)

이 두 구절에는 발화 이해를 어렵게 하는 중대한 언어 오류와 실수가 있다. 또한 텍스트 저자를 조롱함으로써 그의 신용도를 떨어뜨리고 있어 묘사된 인물에게 간접적으로 해를 끼치고 있다("world-wide(전 세계적인)"는 국제기구와 관련된 단어이다. "wild"라는 단어는 "야생의", "검증되지 않은", "초보적인"의 뜻을 지니고 있는데, 이 단어는 21세기 초 지정학적인 맥락에서의 텍스트 저자의 관점에 비추어 보면 부적절하다). 그러므로 이 경우, 번역가에게 제기되는 질문은 이러한 개인적인 정보로 인한 부정적인 효과를 약화시키거나 삭제하는 전략을 취할 것인가이다.

5.2. 발화의 가변성과 부차적인 정보의 중요도

앞서 언급한 개인적인 정보의 일부는 저자가 이를 인식한다면 삭제할 수도 있다. 그렇다면 개인적인 정보 내에는 다른 이차적인 정보가 없는가? 이를 확인해 보고자 앞서 소개된 실험에서 발화의 가변성에 관해 여러 번 설명하였다. 발화의 가변성은 산출된 초기 발화 번역이 아닌 재발화에서 드러났다.

앞서 언급하였듯이 필자는 수업(강의식 수업이나 학회)에서 도식을 칠판에 소개했고 실험자는 학생들이 산출한 발화를 수집하였다. 그 후 발화에 대한 논평 없이 일상적으로 수업을 진행했고, 수업 마지막에 실험자는 새롭게 같은 도식(같은 질문이나 지시 사항)을 칠판에 작성하면서 학생들에게 두 번째로 발화를 수행하게 했다. 그 후 실험자는 참가자들에게 처음 발화와 두 번째 발화가 동일한지를 물었고 동일하지 않은 경우, 그 이유를 질문하였다.

예시 3.3. 7년 임기에서 5년 임기로

다음은 2000년, 국민 투표 1주일 후에 수업시간에 학생들을 대상으로 수행한 실험이다. 공화국 대통령의 임기가 7년에서 5년으로 변경된 국민 투표에 관한 질문을 소개했고 27명의 학생들이 발화문을 만드는 데 참여하였다.

(질문) 8일 전 국민 투표는 무엇에 관한 것이었습니까?

몇몇 발화는 수업 초반부에 산출되고 후반부에 재산출되었는데(1/1, 1/2, 2/1, 2/2, 3/1, 3/2 등, 첫 번째 번호가 학생 번호이다.) 이는 다음과 같다.

1/1. 지난 일요일의 대선 투표는 5년 임기에 관한 것이었다.
1/2. 9월 24일 일요일 치러진 국민 투표는 5년 임기에 관한 질문에 관한 것이었다.
2/1. 국민 투표는 5년 임기(5년 임기에 찬성 혹은 반대)에 관한 것이다.
2/2. 일주일 전에 5년 임기 찬성 혹은 반대에 투표했었어야 했다.
4/1. 대통령 선거에서 5년 임기 혹은 7년 임기?
4/2. 대통령 선거에서 7년 임기 혹은 5년 임기?
11/1. 5년 임기.
11/2. 5년 임기.
15/1. 공화국 대통력의 임기 축소에 관한 국민 투표(7년에서 5년).
15/2. 대통령 임기 축소에 관한 국민 투표(7년에서 5년).
22/1. 대통령 임기 축소에 관한 국민 투표. 5년을 적용하거나 7년을 유지해야 한다면.
22/2. 대통령 임기 축소에 관한 국민 투표. 5년을 적용하거나 7년을 유지해야 한다면.

25/1. 5년 임기에 대한 국민투표

25/2. 5년 임기를 대상으로 하는 국민 투표[2]

위의 발화에서 개인적인 정보에 관한 구절들을 발견할 수 있으며, 몇몇 구절에는 문법, 철자 오류 및 실수가 있었다(발화 1/1과 1/2에서 "se porter(~을 대상으로 하다. ~에 관한 것이다)", 발화 2/1와 2/2에서 "quinquénat(올바른 철자는 "quinquennat(5개년)"이다.)"). 이를 통해 독자는 이러한 발화를 수행한 학생들의 프랑스어 수준을 알 수 있다.

다음으로 학생 발화문의 변경에 관해 이야기해 보자면, 26개의 두 발화문(수업 초기 발화와 수업 후기 발화) 중 16개(전체의 61.5%)가 서로 달랐다. 16명의 발화자(총 발화자의 44%)는 이러한 차이에 관해 다음과 같은 이유를 들었다. 한 학생은 두 번째 발화에서는 질문을 다르게 표현

---

2 [역주]
(원문)
1/1. Le référendum de dimanche dernier se portait sur le quinquennat.
1/2. Le referendum, qui a eu lieu le dimanche 24 septembre se portait sur la question du quinquennat.
2/1. Le référendum portait sur le quinquénat – pour ou contre le quinquénat.
2/2. Il y a une semaine, il fallait voter pour ou contre le quinquénat.
4/1. Quinquennat ou septennat pour les présidentielles ?
4/2. Septennat ou quinquennat pour les présidentielles.
11/1. Le quinquennat.
11/2. Le quinquennat.
15/1. Le référendum portait sur la réduction du mandat du président de la République (de 7 à 5 ans).
15/2. Le référendum portait sur la réduction du mandat présidentiel (de 7 à 5 ans).
22/1. ~Le référendum portait sur la réduction de la durée du mandat présidentiel. S'il faut adopter le quinquennat ou conserver le septennat.
22/2. Le référendum portait sur la réduction de la durée du mandat présidentiel. S'il faut adopter le quinquennat ou conserver le septennat.
25/1. Référendum sur le quinquennat.
25/2. Référendum portait sur le quinquennat.

해 보았다고 언급하였고, 두 학생은 두 번째 발화에서 더 개선된 발화로 표현해 보았다고 하였다. 다른 두 학생은 첫 번째 발화의 반복을 피하고 싶었다고 언급하였고, 한 학생은 첫 번째 발화를 할 때 시간이 충분치 않았다는 이유를 들었고, 다른 한 학생은 첫 번째 발화를 변경하고 싶었다고 말하였다.

학생들 절반 이상은 주어진 정보를 특별하게 표현하기보다는 두 번째 발화를 변경하길 원했고, 주로 첫 번째 발화와 두 번째 발화의 정보 및 지식은 동일했다. 이러한 결과는 번역의 직역주의(발화는 각 저자의 특별한 문체를 반영하는 것이기에 번역가는 이를 존중해야 한다.)를 지지하는 사람들의 입장을 약화시키는 근거가 될 수 있다. 이 결과는 발화자가 자신만의 문체를 지니고 있더라도 본인의 문체를 꼭 발화에 드러내지 않을 수도 있고, 자신의 문체를 선호하지 않을 수도 있음을 보여주고 있기 때문이다.

놀라웠던 점은 16명의 발화자 중 5명(31%)은 첫 번째 발화가 두 번째 발화와 달랐으나 동일하다고 생각했다는 것이다. 또한 이상하게도 한 학생은 두 번째 발화가 첫 번째 발화를 동일하게 작성했음에도 두 발화가 다르다고 생각했다.

2002년 10월에 수행된 다른 도식(두 목적지로 향하는 트램의 출발 시간 표시판)에 기반한 연습 문제에서 8명의 발화자는 첫 번째와 두 번째 발화가 동일하다는 것을 확인했으며, 4명은 잘못 작성하였다. 또한 8명의 발화자는 첫 번째 발화와 두 번째 발화의 동일 여부를 묻는 질문에 물음표로 응답하였는데 결과적으로 그중 절반은 두 발화를 동일하게, 나머지 절반은 다르게 표현했음을 확인하였다.

이러한 연습 문제 유형에서 학생들은 자신이 사용한 단어와 어법에 별로 관심이 없는 듯 보였고, 발화를 표현한 후 그들이 정확히 사용한 단어가 어떤 것이었는지 알지 못했는데, 이는 아이디어와 언어적인 선택이 일치하지 않음을 보여준다. 이러한 변화는 발화 절차에서 의례적인 언어 분화와 중화에 관한 개념과도 일치한다.

마지막으로 Hans Hönig와 Germersheim(Hönig, 1995: 134)이 학생들에게 동일한 메시지를 번역하게 한 실험을 언급해 보도록 하겠다.

Hönig는 테이블 위에 의자를 놓고 학생들에게 이를 묘사하도록 했다. 어느 정도 시간이 흐르고 나서, 가능한 한 처음에 사용한 단어와 동일한 것을 활용하면서 동일한 연습 문제를 다시 수행하게 했는데, 결과적으로 지금까지 이러한 수행에서 어떤 학생도 성공하지 못했다고 언급했다(즉, 다시 연습 문제를 수행할 때 처음에 사용한 단어와 동일한 것을 활용하지 않은 것이다).

5.3. 발화가 가변적인 이유

위의 실험들을 통해 규칙적인 발화의 가변성을 확인할 수 있었는데, 이는 아마도 좀처럼 해결하기 어려운 다양한 원인들에서 비롯된 것으로 생각된다. 본고에서는 담화의 인지 과정과 관련된 일반적인 몇 가지 이유를 통해 그 원인을 고찰해 보도록 하겠다.

우리는 이러한 인지 과정이 복잡하고 어려움을 안다. 발화로 표현하고자 하는 생각이나 정보를 통해 화자는 자신의 머릿속에서, 필요한 인지적 노력에 따라(6장 참조) 하나 혹은 여러 개의 단어와 언어적 구조를 떠올린다. 그러나 이는 수많은 요소들, 특히 주어진 주제에 대한 화자의 익숙함, 화자가 선호하는 언어적인 측면들, 이미 보고 들은 발화의 신근성 효과[3](발화의 흔적들은 가용성이 증가함에 따라 기억에 남는다.), 이전의 경험과 관련된 단어나 생각의 조합, 감정에 따른 선호도나 거부 등에 따라 달라진다. 첫 번째로 떠오르는 단어와 구조를 하나의 문장 안에서 혹은 언어 규범에 부합하는 구조 내에서 주어진 아이디어나 정보를 정확하게 포함하는 구절로 구체화할 수 있다. 바로 이때, 여러 문제들이 생길 수 있다. 예를 들어, 머릿속에 떠오른 타동사를 통해 표현하고자 하는 정보 안에 존재하지 않는 목적어를, 그리고 자동사의 경우에는 화자가 생각하지 못한 주어를 떠올려야 하는 경우, 또한 초기 발화가 언어적 규범에는 부합하지만 전달해야 할 정보의 일부인 보충적인 요소들을 포함할 수 없는 경우가 바로 그러하다. 이러한 어려움의 원인은 발화자가 잠시 시간을 두고 과정을 멈추었거나(물론, 잠시 멈추는 동안 발화자는 문제 해결을 위해 어휘적 통사론적인 해결책을 찾을 수도 있다.) 시작이 잘못되었기 때문이다.

이러한 여러 요소들의 다양성과 복잡성은 발화 가변성의 주요 원인이기도 하다. 앞서 언급되었던 실험을 통해 알 수 있듯이, 자발적이고 빠르게 발화를 표현하는 경우, 혹은 일반적으로 정보 텍스트(법률 텍스트나 혹은 외교 관련 텍스트 제외) 발화에서 화자가 원하는 정보나 의도와 관련된 의미들과 발화 내의 정확한 언어적 구조 및 단어들 간에 상호작용이 이루어질 수 없는 경우, 발화의 가변성은 커지게 된다.

---

3 [역주] 계열 위치 효과에서 목록의 끝 부분에 위치한 단어들을 더 잘 재생하는 현상(http//terms.naver.com/entry.nhn?docId=273104&cid=50294&categoryId=50294).

6. 정보의 충실성

앞서 소개된 실험과 이에 관한 분석을 통해, 일반적으로 발화는 저자가 전달하길 원하는 일차적인 정보와 이에 따르는 부차적인 정보들을 포함하고 있음을 가정해 볼 수 있다. 그렇다면 번역가의 직업적인 충실성의 견지에서 각 정보들의 중요도에 관해 알아보도록 하자.

6.1. 일차적인 정보

일차적인 정보의 정의에 따르면, 이러한 정보는 무엇보다도 정보 전달을 위해 구축된 것이므로 그 자체로 발화의 근거이다. 그러므로 이러한 관점에서 볼 때, 즉, 일차적인 정보를 있는 그대로 번역해야 한다는 조건에서는 번역의 기능이 원본 텍스트의 기능에 부합해야 함이 당연하다. 하지만 실제 번역에서는 더 복잡한데, 2장에서 강조했듯이, 저자에 대한 충실성의 측면, 즉 텍스트 내에서 저자의 의도와 흥미를 표현해야 한다는 점을 고려한다면 더욱더 그러하다. 또한 이미 강조했듯이, 이러한 생각에 기반하여 번역가는 일차적인 정보의 몇몇 오류들을 확인하고 수정하기도 한다.

예를 들어, 발화자가 교통안전을 개선하기 위해 다리 접근을 "3.5kg 미만" 차량으로 접근을 제한함을 알리는 보고서를 준비한다면, 번역가는 자신의 일반적인 지식에 기반하여 혹은 경우에 따라서는 제한 무게가 정확하게 드러나는 동일한 텍스트의 다른 구절을 통해 오류를 발견하고 "3.5톤 미만"으로 수정할 것이다.

사실 다른 경우에도 일관성 있게 텍스트를 번역하기 위해 이러한 수정 작업은 필수적이다. 다음 문장은 인간 뇌의 평균 무게를 설명하는 뇌에 관한 대중적인 책에서 발췌한 것이다(Fisher, 1981: 32).

예시 3.4. 두뇌 무게

■ **원문**

"The human brain weighs about theree pounds or 1300 grams."
(인간 두뇌 무게는 약 3파운드나 1300그램이다.)

■ **직역**

"Le cerveau humain pèse quelques trois livres soit 1300 grammes."
(인간의 두뇌 무게는 약 3파운드나 1300그램이다.)

사실, 3파운드는 1360.77g에 해당된다. 그렇다면 이는 계산 오류인가? 이에 관해서는 다음과 같은 가정을 해볼 수 있다. 저자는 대략적인 무게(약 3파운드)를 언급했다. 만약 이 수치가 근사치라면 1366.77을 왜 1400으로 늘리지 않고 1300으로 언급했을까? 저자가 가진 자료에는 파운드의 무게와 일치하지 않는 1300그램으로 평균무게가 표시되어 있었을까? 하지만 1360.77그램을 1300그램으로 명시하는 것보다는 2.86파운드를 3파운드로 늘리는 것이 더 논리적으로 보인다. 사실 3파운드라는 무게는 영국 독자들에게는 익숙한 단위(예를 들어, 3파운드의 과일이나 채소, 고기)이며 친숙한 이미지이지만, 이에 상응하는 1300그램은 거의 통용되지 않는 단위이다. 평균 1300그램의 무게에 이러한 가정을 수용한다면 프랑스어 번역에서도 파운드 단위로 표시해야 할까? 원본에서는 두뇌의 대략적인 무게를 지시하는 주요 정보 메시지에 설명적인 메시지를 추가하여(독자의 이해를 돕기 위해 1300그램에 일치하는 무게가 무엇인지) 무게가 표시되었다.

그러나 이러한 무게 표시 방식은 다음과 같은 세 가지 문제가 제기될 수 있다. 첫째, 그램 단위 표시는 주요 정보 메시지에 대한 추가적인 설명이므로, 이러한 단위는 큰 의미가 없어 보인다. 둘째, 이미 언급했듯이 이러한 부정확한 무게 환산은 세심한 독자들에게 문제제기를 야기할 수 있으며 저자의 신용도를 저해할 수도 있다(번역 수업 학생들은 파운드와 그램의 데이터 격차 문제를 난감해했다). 셋째, 영국 독자보다 프랑스 독자는 파운드 단위를 덜 사용한다. 그렇다면 이러한 상황에서 프랑스어 번역을 할 때 그램 단위만 표시하는 것이 더 바람직하지 않을까? 그리고 이 경우, 일차적인 정보도 전달되며 저자의 신용도 유지될 것이고, 더욱 소통 가능한 문장이 될 것이다. 사실 일부 경우, 일차적인 정보에 눈에 띌 정도로 심각한 오류가 없다면 일차적인 정보로 간주되는 부분을 약간 변경하는 것은 고려해 볼 만한 사항이라고 생각된다.

또한 오류가 없는 일관성 있는 메시지라 할지라도, 번안을 통해 주요한 정보 내용을 변경하지 않으면서, 텍스트의 효과를 향상시킬 수도 있다.

예시 3.5. 전류

■ **원문**

"This divice is particulary convenient, as it operates both on A4 batterie and on 110V AC."

(이 장치는 A4 배터리와 110볼트 AC에서 모두 작동된다는 점에서 매우 편리하다.)

■ **직역**

"Cet appareil est particulièrement pratique, puisqu'il fonctionne tant sur piles A4 que sur 110V de courant alternatif."

(이 휴대 기기는 A4 건전지와 110볼트 교류에서도 작동하므로 특히 편리하다.)

미국에서 발간된 위의 텍스트에서는 건전지뿐만 아니라 전원 방식으로도 작동하는 휴대 기기의 장점을 강조하고 있는데, 110볼트라는 지시사항은 일차적인 정보의 일부이다. 그러나 프랑스인 독자는 프랑스의 전압과 일치하지 않는 110볼트 전압을 난감해할 수도 있다. 이 문장의 핵심 주제는 전지와 전류상의 기기 기능이다. 그러므로 건전지와 전원상의 기능만을 언급하기 위해서는("Cet appareil est particulièrement pratique, puisqu'il fonctionne tant sur piles A4 que sur secteur."(이 휴대 기기는 A4 건전지와 전원을 통해서도 작동하므로 특히 편리하다.)), 예를 들어, "110볼트 교류" 부분은 번역에서 삭제해도 무방하다고 생각한다(사실, 전류는 항상 교류이므로 미국식 영어로 이렇게 언급하는 것은 정보적인 측면보다는 관습적인 측면에 속한다).

그리고 이러한 경우, 전압 관련 내용을 삭제함으로써 문장의 정보적인 내용은 변경되었지만 프랑스 독자는 굳이 자신의 머릿속에서 메시지를 각색할 필요가 없으므로, 더 친숙한 내용이 될 수 있고, 더 이상 이국적인 발화로 느껴지지 않게 된다. 짤막한 텍스트 번역에서는 이러한 차이가 별로 중요하지 않을 수도 있겠지만 수입품을 구입하는 독자를 대상으로 하는 상업적인 텍스트 번역이라면 그 차이가 중요하게 인식될 수도 있다.

예시 3.6. 과자

같은 관점으로, Gyde Hansen(1995: 35)은 과자 레시피에 관한 독일어 텍스트의 덴마크어 번역에서 한 예를 들고 있는데, 독일어 원문 텍스트는 다음과 같다.

1 Päckchen Vanillezucker(바닐라 향 설탕 한 봉지)와
1/2 Päckchen Backpulver(효모 반 봉지)

이에 상응하는 덴마크어 번역은 다음과 같다.

1 1/2 tsk vanillesukker(ca. 10g)(바닐라 향 설탕 약 한 봉지 반)
1 tsk bagepulver(ca. 9g)(효모 한 봉지(약 9그램)

그녀는 이러한 번역의 차이가 효모 및 바닐라 향 설탕의 독일과 덴마크 포장 규격이 동일한 양을 지칭하지 않는 사실에서 비롯한다고 언급하였다.

예시 3.7. 일본어 자판

번역과 번안 간의 논의에서 더 나아가, 텍스트 처리 시스템에 관한 예로, 1980년대 일본어 광고 텍스트의 한 구절을 들어 보겠다.

"Avec le système X, écrivez en japonais aussi vite qu'en anglais."
(X 시스템으로 영어만큼 빠르게 일본어를 작성하십시오.)

이 텍스트는 그동안 다수의 일본인 학생들과 프랑스인 학생들에게 연습 문제로 제안하였는데, 주로 영어를 기준으로 번역했다. 사실, 일본인에게 영어는 서양어의 대표적 전형이다. 저자는 영어 말고도 수천 개의 문자에서 선택해야 하는 기존의 일본식 시스템과는 달리 몇 개의 키 자판으로 텍스트를 빠르게 입력 가능한 알파벳을 사용하는 다른 언어를

생각했을 수도 있다. 프랑스어로 번역하는 상황이므로 일본어 텍스트의 저자가 프랑스어를 염두에 두었다는 사실을 독자가 알 수 있도록 "영어"를 "프랑스어"로 번역해야 했던 것은 아니었을까? 아마도 가장 나은 해결책은 "다른 서양어에서"만큼 입력 속도가 빠르다고 번역해야 했던 것은 아니었을까?

문화적인 용어들을 번역하는 경우에는 생각해 봐야 할 변화의 폭이 보다 더 크다. 예를 들어, 색깔(중국인은 흰색을 죽음의 색깔로 여긴다.)이나 동물(소는 신성시되기도 하고, 돼지는 금기시될 수도 있다.)의 기준에서는 수신인으로부터 원하는 효과를 얻고 오해를 피하기 위해 이에 관한 설명이나 수정이 대개 필요하다. 그렇다면 이 경우, 번역은 "번안"인가? 사실, 그 경계를 정하기란 쉽지 않다. 이는 실제 현장에서 각자 의견이 다를 수 있는 고객과 번역가의 규범에 따라 달라질 것이다.

6.2. 부차적인 정보

6.2.1. 개인적인 정보

저자에 대한 충실성의 견지에서 볼 때, 저자 개인의 정보가 저자의 이미지에 해를 끼칠 수 있는 경우나 독자에게 미치는 효과를 약화시키는 경우(예를 들어, 부적절한 사실로 독자의 관심을 끌어야 할 때), 도착 텍스트에서 이를 재구성하지 않는 편이 바람직해 보인다. 번역가가 저자의 개인적인 정보들이 부정적인 영향을 미치지 않는다고 판단한다면 이는 저자 "스타일"의 일부분으로 간주될 수 있으므로 일반적으로 이러한 정보들은 번역본에서 재표현될 것이다.

또한 번역가 개인적인 정보들도 번역문에서 드러날 수 있는데, 사실, 용어 및 어법상 부적합한 문장이나 의미 오류들은 번역문에 드러난 번역가 자신의 개인 정보와도 같다. 이는 번역가가 텍스트와 관련된 분야에 전문가가 아니거나 능력이 없거나 신중하지 않음을 드러내는 정보이기 때문이다. 이러한 오류 이외에도 번역가는 다음과 같은 다른 개인적인 정보를 종종 드러내기도 하는데, 예를 들어, 그가 캐나다 사람이라면 프랑스어 번역문을 퀘벡 특유의 어법으로 작성할 수도 있다. 하지만 면밀히 말해, 원문이 미치는 영향력을 저해할 수 있는 이러한 부분들이 달갑지만은 않다. 독자의 관심을 돌리기 위한 번역가의 개인적인 정보들도 (비록 이러한 번역가의 개인 정보를 통해 독자가 더 쉽게 텍스트를 이해할 수 있고, 저자의 부정적인 이미지가 드러나지 않을지라도) 이러한 범주에 속한다.

따라서 일반적으로 프랑스어로 번역을 할 때, 번역가는 프랑스어권의 독자에게 적절한 "표준" 프랑스어를 선호한다. 즉, 번역가의 언어적 출신지를 독자에게 알릴 수 있는 스위스식 프랑스어, 벨기에식 프랑스어, 영국식 영어, 미국식 어법 등은 피해야 하는 것이다. 사실, 이러한 정보는 저자의 정체성이나 그가 드러내고자 하는 메시지와는 아무런 관련이 없으며, 정보 전달을 저해하고 수신인에게 미치는 텍스트 효과를 약화시키기도 하다.

6.2.2. 언어적 제약으로부터 산출된 정보들

언어적 제약으로부터 산출된 정보는 그 자체로 저자의 의도와는 별개이다. 그렇다면 도착어에서 이러한 정보를 유지해야 하는가?

독일에서 개최하는 국제 과학 학술대회를 알리는 독일어 자료에서 발표자들의 직함은 대개 명확히 진술된다. 프랑스어에서는 일반적으로 의사를 가리키는 경우만 "docteur"를 사용하는데, 그렇다면 프랑스어로 발표자의 직함을 번역하는 경우, 번역가는 "Monsieur le professuer docteur Hans Schmidt(박사이자 교수인 한스 슈미츠씨)"로 명명해야 할까? 이러한 직함은 프랑스어 독자에게 부자연스럽거나, 약간 혼동스러울 수 있다. 그러므로 이를 독자에게 더 잘 전달하기 위해서는 프랑스에서 통용되는 일반적인 문구나 유형인 "Hans Schmidt(한스 슈미츠)"나 "Monsieur Hans Schmidt(한스 슈미츠씨)", 더 엄밀하게는 "le professeur Hans Schmidt(한스 슈미츠 교수)"로 표현하는 것이 적절하다고 생각된다.

반대로 어떠한 직함 없이 대학 교수자들의 이름만으로 작성된 프랑스 자료를 독일어로 번역해야 하는 경우에는 독일어 독자가 그들을 교수자 자격이 없는 사람들로 간주하지 않도록, 그리고 독자에게 미치는 효과를 떨어뜨리지 않도록 독일어식의 직함을 덧붙여 번역하는 것이 바람직할 것이다.

따라서 이 경우, 번역의 스코포스 이론을 활용해 볼 수 있는데, 독자가 부자연스럽게 느끼거나 잘못된 이미지로 간주하지 않도록 언어적 제약으로부터 산출된 일부 정보는 삭제하는 것이 바람직하다고 생각한다.

그렇다면 출발 텍스트에 나타나는 언어적 제약으로부터 산출된 정보들의 번역이 부정적인 영향력을 미치지 않는 경우에는 어떠한 결과가 발생될 수 있는가? 이러한 정보가 저자를 통해서가 아니라 외부적인 요소에 의해 산출된 경우, 번역가는 도착 텍스트에서 정보들의 재구성 여부를 자유롭게 결정할 수 있는가? 이론적으로 보면 이러한 자유가 제약되어서는 안 되겠지만, 실제 번역에서는 이러한 정보들을 재구성하는 것이 별 문제가 없다면 단순하게 이를 유지하는 편이 낫다. 그 이유는 언어적인 제약으로부터 산출된 정보와 저자의 선택에 의해 도출된 정보(설령, 이것이 형식적이고 예의상의 표현이거나 직접적이고 개인적인 스타일과 관련된 선택일지라도)를 구분 짓는 것은 대개 어렵기 때문이다.

또한 도착어에 고유한 정보가 산출되는 경우에는 비록 원본에는 없더라도 이를 도착어에서 언급하는 것이 당연하다. 물론 번역가는 이를 문제시할 수도 있다. 예를 들어, 대학교수 직함 표기가 없는 프랑스어 텍스트를 직함을 일반적으로는 표기하는 독일어권의 텍스트로 번역해야 하는 경우, 이러한 기능을 유지하면서 번역해야 하므로 번역가는 관련 정보를 찾아야 할 의무가 있다. 물론 정보를 굳이 찾지 않고, 독자가 이러한 부분이 오류라고 판단하지 않게 어색함을 느끼지 않도록 어떠한 직함 없이 이름으로만 작성하는 방식으로 교묘히 이러한 어려움을 피할 수도 있을 것이다. 이러한 방법이 가능하지 않다면, 그리고 오류에 의한 번역 결과물보다 정보 부족으로 인한 결과물이 더 문제를 일으킬 것이라고 판단된다면, 번역가는 부족한 정보들을 추측하여 이를 도착 텍스트에 포함할 수도 있다. 이러한 번역가의 결정 과정은 본고 4장에서 다룰 내용이기도 하다.

6.2.3. 프레이밍 정보

앞서, 발화 해석과 일차적인 정보 전달이 용이하도록 화자가 인식을 했든 하지 않았든 간에 화자에 의해 선별되는 프레이밍 정보에 관해 언급한 바 있다.

예를 들어, 캐나다인을 대상으로 하는 캐나다의 경제 텍스트에서 금액은 어떠한 추가 설명 없이 "dollers(달러)"로 표시된다. 만일 이 텍스트의 독자가 프랑스인이라면, 저자는 독자가 미국 달러와 혼동하지 않도록 "캐나다 달러"로 표기하는 것이 적절하다고 판단할 수도 있다. 이러한 표기에서 "캐나다의"라는 형용사는 프레이밍 정보의 기능을 지니는데, 이러한 프레이밍이 일부 독자들에게는 적합하지만 다른 독자들에게는 (국가 화폐 단위가 달러임을 자동으로 인식하는 캐나다 독자들) 이것이 불필요할 뿐만 아니라 반복적인 정보를 제공함으로써 이를 이해하는 데 시간을 지체하게 하고, (약간의) 혼란을 가중시킬 수 있다.

만약 프랑스어 정기 간행물의 캐나다 관련 경제 텍스트에서 프랑스어로 정확하게 "Dollars canadiens(캐나다 달러)"가 표기되어 있다면, 번역가는 이러한 프레이밍 정보를 번역에서 재현해야 할까? 앞서 정의한 전문적인 충실성의 측면에 비추어 본다면, 이러한 프레이밍 정보가 새로운 정보를 지니고 있지 않고, 일차적인 정보 전달을 용이하게 하지 않을 뿐만 아니라, 독자들을 혼란스럽게 하는 경우에는 이를 번역에서 재표현하지 않는 것이 바람직하다고 생각한다. 반대로 이러한 프레이밍 정보가 없는, 독자가 캐나다인인 텍스트를 영국인이나 미국인 독자를 위해 번역해야 한다면, 이러한 정보는 재현되어야 할 것이다. 하지만 이 경우에는 더 추가되는 정보가 있는 것은 아니지만, 일차적인 정보의 불확실성이 가중될 수도 있기에, 저자가 심사숙고 끝에 이러한 정보를 선택했다 할지라도 이를 삭제하는 것이 더욱 적절하다고 생각한다. 저자가 독자의 특성에 따라 원문의 정보들을 선별했을 수도 있겠지만, 번역가는 도착어의 다양한 독자층에게 더 적합하도록 이와 다른 정보들을 취할 수도 있다. 하지만 일반적으로는 이러한 번안이 필수적이어야 할 만큼 번역 독자층이 원문의 독자층과 다른 것은 아니다. 특히, 프레이밍 정보들을 선택하는 것은 늘 불확실하므로 더더욱 그렇다. 따라서 번역가는 프레이밍 정보가 원본의 메시지나 저자의 의도를 저해하지 않는 한 일반적으로 도착 텍스트에서 프레이밍 정보가 보존되길 바라며, 독자들에게 유용하다고 판단하는 경우에는 다른 프레이밍 정보를 추가하기도 한다.

또한 번역가가 프레이밍 정보를 추가하는 경우, 도착 텍스트의 길이가 출발 텍스트보다 늘어나므로, 이러한 전략(이러한 전략의 효과는 언어 제약으로 인해 도출된 정보의 유사한 전략 효과(앞부분 참조)와 함께 고려해 볼 수 있다.)이 도착 텍스트의 정보적인 측면을 풍부하게 해 줄 수 있다고 생각한다.

7. 충실성의 실제 전략

부차적인 정보들은 그 자체로는 확인하기 쉽지만, 주어진 텍스트에서 이러한 정보들을 메시지와 구분하는 것은 어렵다. 언어 오류로 드러난 저자의 언어적 취약성은 그가 자발적으로 이를 표현한 것은 아니지만 개인적인 정보로 분류할 수 있다. 하지만 저자가 독자로 하여금 등장인물의 직책을 알 수 있도록 인물의 직함을 덧붙여(일차적인 정보에 해당) 글을 작성했는지, 적절한 언어 사용 규칙만을 따랐는지 등을 어떻게 알 수 있는가? 일반적인 언어 사용 규칙은 대개 명시적이며, 상대적인 강제성을 띠긴 하지만 항상 그런 것은 아니다. 그렇다면, 일차적인 정보를 더 잘 이해할 수 있게 해 주는 프레이밍 정보와 글의 전개 과정에서 저자가 원하는 생각 및 프레이밍을 설명하는 정보를 어떻게 구분할 수 있는가?

다음의 문장을 보자.

> "The temperature was twenty degree Celsius, that is, sixty eight degrees Fahrenheit."(온도는 20°C, 즉, 68°F였다.)

위 문장에서는 단순히 섭씨온도보다는 화씨온도에 익숙한 잠재적인 독자들을 위해, 아니면 68°F에 부합하는 20°C를 구분하는 정보를 드러내고 상기시키기 위해 섭씨온도의 등가어인 화씨온도가 첨가된 것일까?

프랑스인 독자들을 대상으로 하는 번역이라면, 앵글로 색슨어식 단위의 등가어를 언급할 필요가 없을 것이다. 하지만 화씨온도는 일차적인 정보의 일부이므로 이를 번역에 재현해 볼 수도 있었을 것이다. 결과적으로는 번역가가 문맥에 따라 판단해야 할 것이며 적당히 위험을 감수하면서 이를 결정해야 할 것이다.

이와 관련하여 우리가 알고 있어야 할 세 가지 주요 요소는 다음과 같다. 첫째, 저자가 신중히 선택한 정보와 외부적인 요소들로 인해 산출된 주요 정보를 구분하는 것은 대체로 어렵다. 둘째, 발화에서 별로 중요치 않은 일부 정보는 독자에게 저자의 의도 및 목표와는 반대의 효과를 미칠 수도 있다. 셋째, 그럼에도 불구하고, 번역을 정의하는 주요 사회 규범을 따른다면 번역가는 정확하게 이를 텍스트 내에서 재생산해야 할 것이다.

정보 텍스트 번역 전문가는 이러한 조건에서 일반적으로 출발 텍스트의 전체적인 정보 내용을 가능한 한 존중하면서 번역을 수행하지만, (독자들이 번역문에서 기대하는 효과와 관련하여 문제가 제기되지 않을 만큼) 그 내용이 부차적인 정보들을 포함한다는 사실은 고려하지 않는다. 그러므로 이러한 사실과 관련하여 문제가 제기되는 경우, 번역가는 가능한 한 텍스트에 근접하게 다가가 해결책을 찾고자 하겠지만, 이전 장에서 이미 설명했듯이, 단순히 이러한 신중함과 온건함만으로 중요하게 결정해야 할 여러 사항들을 피할 수는 없을 것이다.

8. 충실성의 규범과 외부 권력

비문학 번역에 관한 대부분의 번역 규범은 언어적인 혹은 커뮤니케이션 측면에서의 금기 사항이 없는 한, 번역가로 하여금 출발 텍스트에 근접하게 번역하는 것을 요구한다. 일반적으로, 문학 작품이나 영화, 연극 번역에서 번역가가 원문에서 다소 멀어진 경우, 몇몇 사람들은 이를 번역이 아니라 번안으로 간주한다.

그렇다면 번역과 번안의 주요한 차이는 무엇인가? 가장 큰 힘을 지닌 고객의 목표를 고려하는 전문 번역에서 이를 구분하는 것은 별 의미가 없다. 물론 예외도 있다. 예를 들어, 원본과의 어떤 차이도 용납하지 않는 번역 유형에 속하는, 다국어로 이루어진 국제 협약 텍스트가 그 경우이다. 이와는 반대로, 로컬리제이션 번역의 경우 원본이 번경되기도 한다.

금융권의 고객 회의(SFT, 2002)에서, 원본의 문제 및 번역에서 원본을 발전시켜야 하는 문제에 관해 고객들이 번역가와 논의를 하였는데, 그들 중 한 명은 번역가가 고객의 환심을 사야 한다는 주제를 논했다. 그는 고객이 홍콩 독자를 대상으로 한 번역문의 한 페이지를 마음에 들어 하지 않아서, 결론적으로 이를 번역에서 삭제했던 일례를 언급했다. 또한 유럽 주요 은행의 대표인 다른 발표자는 유로 캠페인 텍스트들이 각 언어와 해당 언어를 사용하는 각 나라별(예를 들어 독일어를 사용하는 독일, 오스트리아, 스위스)로 작성되고 번안되었다고 언급했다.

그렇다면 이는 번역인가 아니면 번안인가?

다른 전문가들의 참여 여부를 떠나 번역을 수행하는 사람이 번역가라는 사실에 비추어 보면 이는 적절한 질문이 아니다.

지난 수십 년간 번역학계에서 가장 영향력 있는 학자인 Gideon Toury(8장 참조)가 강조했듯이, 번역은 절대적이고 유일한 도식에 들어맞지 않는다. 사실 번역은 관련된 사회 그룹의 고유한 규범에 따라 그 그룹의 일원이 번역이라고 간주하는 것으로 정의내릴 수 있다. 특히 과학 기술과 커뮤니케이션 측면에서 세상이 변화함에 따라 이러한 규범들 또한 변화한다.

9. 결론

이번 장의 논의에 독자들이 다음과 같은 모순점을 느낄 수도 있다고 생각한다.

- 담화가 포함하는 다양한 정보 유형을 왜 상세히 분석하는가? 고객이 원문 텍스트에서 더 자유로울 수 있는 번안을 요구할 수도 있는데, 왜 굳이 충실성의 전략이나 선택들을 정당화하려고 애쓰는가?

그 대답은 다음과 같다. 먼저, 그 이유는 몇몇 분야, 특히 상업 관련 분야의 몇 가지 텍스트 유형에 일부 고객이 번안을 요구하는 경우나 과학 기술, 법률, 정보 텍스트의 번역 시장에서는, 대부분의 번역 작업이 겉보기에 엄격한 충실성에 의해 결정되고 있기 때문이다. 또한 엄격한 충실성의 규범 아래 번역가가 유연함을 가지고 번역할 수 있다는 사실을 증명하고, 비문학 발화의 정보 구성에 관한 연구에서는 이러한 번역가의 유연함이 한계가 있다는 사실을 명시하기 위해 이러한 논의를 이끌었다.

게다가 번안을 통해, 번역가가 도착 텍스트의 기능과 고객의 지시 사항에 따라 정보적 거리를 변경하고 번역 전략을 정당화할 수 있도록 정보적인 거리에 따라 출발 텍스트의 입지를 변화시킬 수 있다는 점은 유익하다고 생각한다.

교육적인 측면에서는, 학생들에게 엄격하고 합리적인 충실성의 규범에 기반하여 번역하게 하는 것이 매우 중요하다고 판단된다. 또한 이러한 방식을 통해 학생들은 그들의 사유를 보충하고 풍부히 할 수 있는 차원에서 고찰할 수 있다. 이는 기존의 대학 번안 수업의 연습 문제에서 우리가 기대하는 장점과도 맞닿아 있다.

제4장

번역의 연속적인 모델

1. 서론

2장에서는 사회적 환경(이러한 환경에서는 원문 수신인을 대상으로 원문을 작성하는 저자만큼 번역문의 수신인을 위해 자신만의 스타일로 글을 작성하는 번역가 또한 발화의 방향을 결정하는 목표와 관심사를 지니고 있다.) 안에서의 전문 번역을 고찰하였다. 3장에서는 번역문의 정보적인 내용이 저자가 수행하길 바라는 부문으로만 한정되어 있지 않으며, 다른 정보(물론 그 일부는 저자가 원하는 바(이는 원문에서뿐만 아니라 번역문에서도 적용된다.)에 따라 달라진다.)도 내포하고 있음을 증명하였다.

지금까지 설명한 번역의 충실성과 의사소통의 원칙을 어느 정도로, 어떤 방식을 통해 번역 과정에 개입시킬 수 있는가? 이 질문에 대답하기 위한 최선의 방법은 구체적인 사례들을 분석하는 것이라고 생각된다. 이번 장에서는 여러 단계별 도식에 기반한 모델 형태로 번역가가 결정하고 고려해야 할 사항들에 관한 개념적인 틀을 제안하고자 한다. 이 모델에서 번역은 번역 단위들을 다룰 때 되풀이되는 연속선상에서 이어지는 절차로 형식화된다. 각 단계는 이해 과정과 재표현 과정(표 4.1)(언어적, 언어 외적 지식의 도움과 이에 관해 결정하고 확인하는)으로 이루어져 있다.

표 4.1. 번역의 연속적인 모델

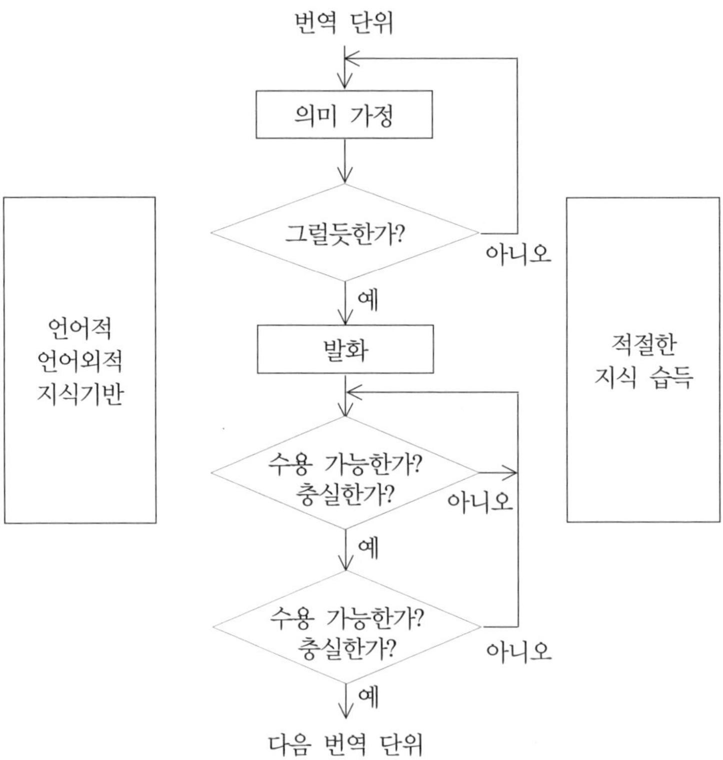

위 모델의 주요 축인 중간의 두 직사각형은 번역 단위를 분석한 결과인 의미의 가정과 번역가가 수행한 발화의 결과물인 도착어 표현을 나타낸다. 세 개의 마름모는 번역가의 결정과 관련된 테스트를 가리키는데 번역가가 만족할 만한 결과를 얻었다면 다음 단계로 넘어갈 수 있지만,

그렇지 않은 경우에는 이전 단계(즉, 새롭게 의미를 가정하거나 도착어에서 새로운 발화를 만드는 것)를 다시 수행해야 한다. 주요 축 바깥에 위치한 두 직사각형 중 왼편의 직사각형은 번역가의 지식을 가리키는데, 일부는 번역과 관련된 선지식일 수 있으며, 다른 일부는 번역을 수행하면서 습득한 지식일 수 있다. 오른편에 위치한 직사각형은 적절한 정보 획득의 수행을 의미한다.

구체적으로 말해, 이 모델에서 번역가는 번역의 한 단위를 읽고 이 단위가 전달하는 의미를 가정한다. 만약 그가 이러한 가설을 성립하기에 충분한 지식을 지니고 있지 않다면, 원문 텍스트 안에서 혹은 정보 전문가를 통해 적절한 정보를 찾는다. 의미 가설이 성립되면, 자신의 지식에 비추어 가설의 신빙성을 확인한다. 이러한 테스트 결과가 충분치 않다면, 같은 번역 단위에 대한 두 번째 가설을 세우고 이를 확인한 다음 그 다음 단계로 넘어간다. 신빙성 있는 의미 가설을 찾았다면 재표현 단계로 진입할 수 있는데, 이 단계에서 번역가는 번역 단위에 부합하는 발화를 도착어로 작성하기 시작한다. 이를 수행하기에 언어적 혹은 언어외적 지식이 불충분하다면 적절한 정보를 찾고, 발화가 작성되면 그 발화에서 충실성과 언어적 가용성을 확인한다. 하나 혹은 두 테스트 결과가 불만족스러운 경우, 번역가는 도착어로 발화를 새롭게 재작성하고 이에 관한 충실성과 가용성을 확인해 본 후에, 그 다음 단계에 진입한다. 번역가는 번역에서 아무것도 빠뜨리지 않도록, 그리고 각 번역이 전체 텍스트 수준에서 적합한지를 확인하기 위해, 번역의 여러 단위 수준에서 주기적으로 충실성과 가용성을 확인할 수 있다.

아래에 이러한 교육적 모델을 상세히 설명하고, 예증해 보도록 하겠다.

2. 원문 텍스트의 이해

번역의 재표현에서 적절한 결정에 이르기 위해서는 출발 텍스트에 관한 최소한의 이해가 필수적이다. 사실, 이 책에서 소개된 예를 통해서도 알 수 있듯이 번역가는 최소한의 원문 이해만으로도 충분히 멀리 나아갈 수 있다. 또한 번역가는, 예를 들어, 전문 용어 번역에서 원문 텍스트를 피상적으로 이해하는 것만으로도 충분하다고 생각할 수도 있다. 필자의 경험에 비추어 보아도, 통역 수업의 학생들이 항상 출발 텍스트를 충분히 이해한 것은 아니었다. Robinson(1997a: 164)가 지적하듯이 다른 사람이 말하거나 쓴 바를 이해하는 것은 우리가 생각하는 것보다 더 복잡할 수 있다. 번역의 원문 이해 과정에서 주요 문제점들은 다음과 같은 요인들로 분석해 볼 수 있다.

2.1. 이해 과정에서 어려움의 요인들

2.1.1. 충분한 언어 외적 지식

텍스트를 이해하기 위해서는 발화가 제공하는 정보들을 해석하고 보충해 줄 수 있는 지식이 필요하다. 사실, 지식의 부족으로 인해 우리는 원문을 불확실하게 이해할 수 있다. 텍스트의 저자는, 원본의 정보적 지식이 부족함을 찾아낼 수 있는 번역가의 지식이 아니라 독자층의 지식과 관련하여 필요하다고 판단되는 정보들만을 텍스트에 언급한다. 지식을 얻기 위해 필요한 테크닉(5장 참조)만으로 번역가의 상황이 나아지는 것은 아니며, 모든 문제를 다 해결할 수 있는 것도 아니다.

2.1.2. 출발어의 충분한 숙달

출발어에 관해 완벽한 지식을 지니는 것이 전문 번역의 선결조건임은 이미 다른 책에도 자주 언급되어 온 사실이며, 이를 고려하는 것은 당연하다. 그러므로 이러한 가정은 상세히 분석해 볼 만한 가치가 있다.

첫째, 각 나라의 언어는 다양한 사회 방언(일부 지리적인 측면(국가와 지역 차이), 발화자의 나이, 전문 영역, 기업 등에 따라)으로 구성되어 있다. 이는 기술 전문 용어나 통용되는 언어 사용에서 어휘적, 통사론적, 문체론적 변화에 따른 것이기도 하다. 번역가가 표준어를 잘 숙달하고 관련 언어의 변화 또한 잘 숙지하고 있더라도 출발 텍스트에서 그가 잘 모르는 사회 방언 문제에 직면할 수 있다. 예를 들어, 영어로 적힌 일간지의 제목에 관한 예문에서, 전문적이고 문어적인 말투는 별 무리 없이 이해할 수 있지만 영국인과 미국인의 일상적 표현과 관련된 일부 표제들은 이해하기 어려울 수도 있다.

둘째, 언어는 계속해서 변화한다. 그러므로 자신이 구사하는 C 언어 국가에서 살고 있지 않는 번역가가 C 언어의 다양한 텍스트들을 정기적으로 번역하지 않는다면, 몇 년 후에 그는 이 언어와 관련된 여러 분야에 거리감을 느낄 수도 있다.

마지막으로, 필자의 경험에 비추어 보면, 자신의 C 언어를 완벽하게 이해하는 번역가도 여러 결함을 지니기 마련이다. 그리고 이는 일반적으로 모국어로 번역하는 것(BA 번역)을 우선시하는 원칙에 이의를 제기하기 위해 수년 전부터 번역학계에서 대두되었던 논거이기도 하다. 언어의 불완전한 이해에 기반을 두고 작성된 원문 및 도착어의 불완전한 언어 숙달은 번역의 품질을 저하시키는 원인이다(번역의 방향성에 관한 문제는 6장에서 다루도록 하겠다).

출발어나 사회방언의 불완전한 숙달은 숙련된 번역가조차 원문을 이해하는 데 어려움의 원인이 될 수 있다.

2.1.3. 출발 텍스트의 낮은 품질

출발 텍스트를 잘못 이해하는 또 다른 원인으로, 텍스트 자체의 낮은 품질을 들 수 있다(예를 들어, 서투른 문체, 잘못된 용어 사용, 문법 오류나 이해하기 어려운 어휘적, 논리적 방식 등).

Hans Hönig(1998)에 따르면 현재 통용되는 텍스트는 항상 결함이 있다. Peter Schmit(1999)는 자신의 번역 입문서에 출발 텍스트에서 가장 자주 드러나는 오류들에 관한 항목을 작성하였다. Datta(1991: 17)는 출발 텍스트의 품질이 너무 형편없는 경우, 번역가가 잠재적인 번역 오류에 대한 모든 비난을 미리 면제받고 싶어 할 것이라고 언급했다(출발 텍스트의 저품질에 관해서는 Lavault, 1998b; Dahout et Quéniart, 2000; E. Nabset, 2002; Froeliger, 2004의 여러 예문들 참조). 앞서 3.1장의 이슬람 저명인사의 자서전 관련 예시는 매우 극단적인 경우로, 이를 알고 놀란 학생들이 많았다. 대다수의 학생들은, 출간된 텍스트는 당연히 좋은 품질로 작성된 것이라고 생각하기 때문이다.

출발 텍스트가 언어적으로 낮은 품질을 지니게 된 원인으로는 다음과 같은 것들을 꼽을 수 있다.

첫째, 저자가 관련 분야에 관한 지식이 부족하거나 모국어 숙달이 불충분하거나 합리적인 시각이 결여되어 출발 텍스트를 잘못 작성했을 수도 있다. 둘째, 저자에게 주어진 집필 기간이 너무 짧거나, 소란스럽고 다소 어려운 상황과 같은 악조건에서 저자가 텍스트를 작성했을 수도 있다. 셋째, 다수의 과학 관련 저서들과 국제 활동 관련 텍스트들의 저자는 모국어 화자가 아니다. 그러므로 이전 장의 자서전 번역 관련 예시에서 보았듯이 번역에서 또한 언어 오류와 서투른 표현들이 꽤 많을 수밖에 없다.

예시 4.1. 결핵 치료약과 결핵균의 1차 저항

간략한 약 분석 책의 포스터 세션에 있는 요약문에서 발췌한 다음의 문장은 우크라이나 저자들이 프랑스어로 작성한 것이다. 이러한 문제 유형은 앞서 언급한 바 있는데 차후에 이러한 예시의 분석을 다시 언급하도록 하겠다.

"La difficultés économique ont conduit à la tardive découverte des malades tuberculeux.. Par suite du traitement complex il en résulte bactériodégagement et fermeture des cavernes chez 28 p. (58,4 %), 13 p. (27,0 %) a cassé le bactériodegagement mais les cavernes n'étaient pas fermées, 7 p. (14,6 %) - continue le bactériodégagement et les cavernes ne sont pas fermées." (경제적인 어려움으로 인해 결핵 환자를 늦게 발견할 수 있다. (…) 그러므로 복잡한 치료가 뒤따르게 되며, 다음의 결과가 초래될 수 있다. 28명(58.4%)은 균이 방출되었고, 공동(空洞)이 폐쇄되었으며, 13명(27%)은 균의 방출은 깨졌지만 공동은 닫히지 않았다. 7명(14.6%)은 계속해서 균이 방출되었고, 공동은 닫히지 않았다.)

넷째, 에디터와 인쇄업자로 인해 텍스트상의 오류가 발생될 수 있다. 특히 모국어가 아닌 언어로 작성될 때 더욱더 그러하다(경제적이고 실리적인 이유로 몇몇 나라의 에디터와 인쇄업자들은 외국어로 텍스트를 출간하고 인쇄한다(특히, 수출용 사용법, 과학 논문들의 경우)).

문장 이해를 어렵게 하는 오류들을 포함하는 출발 텍스트에 관한 예문에 관해서는 차후에 언급하도록 하겠다.

2.1.4. 번역가의 주의력 차이

번역가도 원문을 읽을 때 주의력이 흐려지는 순간이 있다. 이러한 순간은 갑작스럽게 다가오기도 하는데, 이 경우 문장을 이해하는 것이 힘들 수 있다. 이러한 주의력 결핍으로 인한 문제는 아마도 주어진 텍스트의 언어적 저품질, 작업의 악조건, 번역가로서 전문가적인 인식의 부족과 더불어 발생될 수 있다.

2.1.5. 작업의 악조건과 전문가적인 인식의 부족

번역가는 여러 악조건(예를 들어, 원문이 수사본이거나 판독하기 어렵거나 인쇄가 잘못된 경우, 집중을 저해하는 소란스런 환경이나 희미한 조명 아래)에서 작업해야 할 수도 있고, 본인이 세심하게 글을 읽었는지를 확인하지 못했을 수도 있다.

2.2. 원문 이해 과정에서의 지식과 분석

원문 이해 과정에서의 지식 및 분석에 관련된 어려움의 요인들은 심각한 사안 중 하나이다. 일반 대학이나 전문 통번역 학교 학생들의 번역문에서 원문 이해와 관련된 수많은 오류들에서 볼 수 있듯이, 이는 우리가 흔히 접할 수 있는 것이기도 하다. 따라서 이러한 요인들이 미치는 영향력을 최소화해야 할 텐데, 내용적인 측면에서는, 예를 들어 이러한 요인들을 보충해 줄 수 있는 지식과 이에 관한 분석을 통해 담화 이해를 위한 구성 요소들의 특성과 상호 작용을 고려해 보는 것이 유용할 수 있다.

2.2.1. 출발어의 수동적 지식

출발어의 수동적 지식, 즉 어휘적, 통사적 규칙들, 청각적(말하기), 시각적(쓰기) 형태 내에서 최소한의 지식을 숙지하는 것은 언어 기호를 해석하기 위해 필수적이다(매우 드물게 예외도 존재하는데, 예를 들어 놀라움이나 고통으로 소리를 지르는 경우를 들 수 있겠다).

이해 측면과 발화 행위라는 두 측면에서 요구되는 지식은(지식의 성격은 동일하지 않다.) 다르다. 이해 측면은 언어 기호와 이에 관한 의미를 인식하는 것과 관련되며, 발화 행위는 이러한 기호들을 떠올리는 것과 관련된다. 인지 심리학에서 이러한 두 측면의 구분은 여러 자료로 증명되었고, 잘 알려진 사실이기도 하다. 출발어의 수동적인 숙달과 도착어의 능동적인 숙달의 차이, 번역가의 언어 숙달과 언어 숙달도의 변화에 관해서는 6장에서 상세히 분석하도록 하겠다.

번역가에게 요구되는 지식의 수준은 텍스트의 언어적인 측면(특히 어휘적, 통사적인)과 같은 변수들에 따른 지식의 변화, 발화 상황에 관한 독자(혹은 청자)의 친숙도, 독자와 관련된 여러 변수들, 독자의 주제 지식 등과 관련되어 있다(본고의 뒷부분 참조).

2.2.2. 언어 외적 지식

언어 기호에 관한 지식을 숙지하는 것은 발화를 이해하는 데 필수적이다. 하지만 이러한 지식의 언어 외적인 부분을 알지 못한다면 이를 해석하는 것이 불가능하다. 앞서 언급된 놀라움이나 고통에 찬 외침과 같은 매우 단순한 발화조차도 우리가 살면서 놀라움과 고통의 상황을 이미 알고 있는 경우에만 이를 정확히 해석할 수 있다. 게다가 사물, 행위, 동·식물, 사람과 관련된 발화에서는 수용자(독자나 청자)가 자신이 알고 있는 세계를 발화를 통해 인식된 언어 기호와 관련지으면서(물론 그가 알지 못하는 실체로 일반화할 수도 있겠지만) 이러한 측면들(사물, 행위, 동식물, 사람)을 충분히 숙지하고 있는 경우에만 이를 명확히 해석할 수 있을 것이다. 사실, 언어 외적 지식과 완전히 분리해서 언어적 지식을 생각하기는 어렵다. 원칙적으로 보자면, 언어 기호들과 기호들 간 결합은 언어 외적인 실체(언어학에서 언급되는 메타언어와 같은 특별한 일부 예외를 제외하고)로 부를 수 있다. 언어 기호 간 관계와 관련된 지식, 언어 기호가 가리키는 것들은 언어적 지식의 주된 부분이다. 추상적인 분석 차원에서, 그리고 번역 실제와 교육의 구체적인 차원에서는 모순적일 수도 있겠지만, 언어적 지식과 언어 외적 지식을 구분하는 것은 유용하다고 생각한다.

2.2.3. 언어적 정보와 언어 외적 정보의 상보성

언어적 지식과 언어 외적 지식은 분명하게 분리될 수 없다. 따라서 수신자는 언어적인 측면에서 명시적으로 주어진 정보들에 관한 본인의 해석과 그가 지니는 언어적, 언어 외적 지식들 간의 상호작용을 기반으로 발화를 이해한다. 특히, 수신자가 발화의 상황과 주제를 더 잘 알수록, 발화 이해에 필요한 언어적 지식과 언어적 혹은 언어 외적으로 드러난 정보들이 덜 필요할 것이다. 그러므로 수신자의 언어 외적 지식이 증가할수록 새로운 정보들을 습득할 수 있으므로 언어적으로 명시된 정보들이 더 풍부해질 수 있다.

예를 들어, 2002년 5월 프랑스의 대통령 선거의 2차 선거 결과에 관해 텔레비전 화면에서 보인 "Chirac(시락), 82.1%, Le pen(르펭) 17.9%"를 정확한 투표 결과로 모두가 이해했었을 것이다. 하지만 수십 년 후에 프랑스의 정치 역사를 잘 알지 못하는 독자가 동일한 발화를 읽는다면 이를 모호하게 해석할 수도 있다. 이 경우, 이러한 독자의 이해를 돕기 위해 다음과 같이 명확히 설명해 볼 수도 있을 것이다 "2002년 5월, 프랑스 공화국의 대통령 직무를 위한 2차 대통령 선거에서 시락(Chirac) 후보는 82.1%를 득표했고, 르펭(Le pen)후보는 17.9%를 득표했다." 대략 5월 5일쯤 프랑스 대선은 프랑스에 있는 대부분의 외국인 관광객이 이 상황을 알고 있다고 생각할 정도로 프랑스인과 전 세계의 이목을 집중시켰다. 그 당시 프랑스에 있던 관광객들은 프랑스어를 잘 모르더라도 2002년 5월 6일 일간신문에서 "대통령 선거 시락(Chirac) 82.1%, 르펭(17.9%)"이라는 헤드라인을 이해했을 수도 있다.

수신인이 발화의 상황을 잘 알고 있다면, 발화에 관한 언어적 지식이 부족하더라도 이해할 수 있다. 예를 들어, 프랑스 운전자가 카탈로니아 지방의 긴 터널을 진입할 때 "obligacio llums" 표시의 표지판을 보았다면 그는 프랑스의 고속도로 표지판과 관련 지어 터널 진입에 앞서 전조등을 켜는 지시로 쉽게 이해할 수도 있을 것이다.

반복적인 정보가 항상 유용하지 않은 것은 아니다. 이러한 반복을 통해 정보를 수용하고 방출하는 과정에서 정보의 수용 가능성을 높일 수 있기 때문이다. 그 예로, 전기, 자기장 현상을 통해 보내진 신호(신호가 교란되는 경우, 엔지니어들이 의도적으로 반복하는)를 교란할 수 있는 원격조정과 인간의 커뮤니케이션 상황의 경우를 들 수 있다. 예를 들어, 시청각 신호(말하기와 쓰기)는 물리적으로 교란될 수 있고, 주의 부족으로 인해 수신인은 한 번만 설명된 정보를 놓칠 수도 있다(쓰기보다는 말하기에 이러한 현상이 더 많이 일어날 수 있는데, 정보 손실을 인식한 독자는 일반적으로 관련된 구절을 다시 읽고, 손실된 정보를 다시 찾을 수 있기 때문이다.)

앞서 설명했듯이, 번역가는 자신이 알고 있거나 가정하는 언어 외적인 지식에 기반하여 수신인에게 자신이 고려하는(인식 여부와 상관없이) 정보들을 이야기하거나 소개한다. 번역가의 지식이 부족한 경우, 관련 지식을 잘 알고 있는 수신인은 부차적인 지식들이 번복된다고 생각할 수도 있다. 하지만 그럼에도 불구하고, 번역에서 이러한 부차적인 지식들은 텍스트를 더 잘 이해하기 위한 주요 지침 사항이 될 수 있다. 예를 들어, 영어 원문에서 거론된 사람들의 대학 학위를 언급하는 경우, 그들을 아는 독자들에게는 새로울 게 없다. 하지만 그들을 모르는 번역가는 이를 애매모호하게 느낄 것이다. 예를 들어, 두 그룹(교수자와 공무원)에 속한 사람들 중 지명된 사람이 명확히 누구인지를 지적하지 않고 단순히 교수자와 공무원으로 언급하는 텍스트의 경우도 이에 해당된다.

2.2.4. 분석

저자와 독자 간의 커뮤니케이션에서 외부적인 요인으로 인해 정보가 불가피하게 결여될 수도 있으므로 번역가는 발화를 충분히 이해하기 위해 관련 지식을 보충해야 한다. 그러므로 적절한 지식을 체계적으로 습득하는 것이 필요하다(이에 관해서는 5장에서 설명하도록 하겠다). 그러나 일차적인 감정을 표현하는 가장 기초적인 메시지와는 달리 언어적, 언어 외적 지식은 분석을 통해서만 이해할 수 있다. 그리고 심리 언어학자들이 이미 증명했듯이, 담화를 이해하기 위해서는 일반적으로 이러한 분석이 수행되어야 한다. 그 이유는 그래픽 기호와 음향 또한 정확한 의미의 매개체로서 해석될 수 있는 언어적 단위로 식별해야 하기 때문이다. 일상생활에서 이러한 분석은 대부분 무의식적으로 일어난다. 하지만 번역가는 무의식적으로, 그리고 의식적으로도 체계적인 분석을 수행해야 하는데, 이유인즉, 그가 지니고 있는 정보, 원문에 제공된 정보, 그가 외부에서 찾아야할 정보들을 가장 잘 활용하기 위해 계속에서 발생하는 정보의 결핍을 보충해야 하기 때문이다. 전문 텍스트 번역에서 이러한 분석 방식의 예로 결핵 치료약의 저항에 관해 앞서 소개한 예시 4.1의 두 번째 문장을 들 수 있다.

> "경제적인 어려움으로 인해 결핵 환자를 늦게 발견할 수 있다....그러므로 복잡한 치료가 뒤따르게 되며, 다음의 결과가 초래될 수 있다. 28명(58.4%)은 균이 방출되었고, 공동(空洞)이 폐쇄되었으며, 13명(27%)은 균의 방출은 깨졌지만 공동은 닫히지 않았다. 7명(14.6%)은 계속해서 균이 방출되었고, 공동은 닫히지 않았다."

품질이 높지 않은 프랑스어임에도 불구하고 문맥(약에 대한 저항을 증가시키는 결핵 치료를 떠올리게 하는 간략한 분석)과 분석을 통해 우리는 "복잡한 치료(traitement complex)"가 다양한 치료(multithérapie)를 가리킴을 알 수 있다. 또한 치료 결과는 효과 순으로 두 가지 임상 징후(환자에게 균이 존재하거나 부재하는 경우(균의 방출), 폐 손상(공동)의 지속 혹은 회복)를 기준으로 소개되었다. 그리고 이는 위의 문장을 해석 가능케 하는, 주어진 의미 안에서 나타나는 논리적인 원칙(가장 단순한 것에서 복잡한 것으로, 일반적인 것에서 가장 특수한 것으로, 가장 약한 것에서 가장 강한 것으로 등)에 관한 지식(28명의 환자들은 균이 사라졌고 공동이 회복되었고, 13명의 환자들은 균은 더 이상 없지만 공동은 지속적으로 나타났으며, 7명의 환자들은 균도 사라지지 않았고 공동도 지속되었다.)이다.

28명의 환자들에 관한 문장은 명확하게 언급되지 않았는데, 사실 그 결과들이 최선에서 최악의 논리 순서로 전개되고 있다는 것을 고려한다면 이 문장에서는 "균의 방출"이 "a cessé(중단되었다)"로 표현하는 것이 옳다. 하지만 이는 인쇄상의 오류(오식(誤植))인 "a cassé(깨졌다)"로 표현되었다.

번역에서 분석의 역할에 관해서는 명시적이든 암묵적이든 간에 여러 저서에서 주요하게 언급되는데, Robison(1997a: 246)이 지적하듯이, 번역을 가르치는 어느 곳에서든지 분석의 중요성을 가르친다.

2.3. 번역에서의 이해 오류 예방책

앞서 이미 언급했듯이, 독자는 종종 발화를 잘못 이해할 수 있다. 하지만 이러한 오류의 빈도수를 평가하기는 어렵다. 이러한 오해는 일상생활에서도 자주 일어난다. 사실, 메시지 안에서 감정이나 이데올로기로 인한 오해 또는 무의식적인 저항에 의한 오해와 그 자체로 불충분한 인지적인 메커니즘으로부터 비롯된 오해를 구분하기는 어렵다. 또한 일상생활에서 발화나 글쓰기(기사, 벽보, 행정 고문, 회의, 견해, 지시 사항이나 기업에서 작성한 설명서 등)를 통해 제공되는 정보는 독자들이 이에 관심을 가진 후에 이를 잊든, 잘못 이해하든 간에 대개 "손실된다." 사실, 학교에서 교육 과정 일부인 학습자의 시험 결과를 보면 교수자인 발화자와 수신인인 학습자 간의 이러한 손실의 범위가 가장 잘 드러난다. 번역가 교육 프로그램에서도 학생들이 제출한 번역에서 원문의 이해 오류를 자주 볼 수 있다. 아래 소개된 방식의 목표는, 최대한으로 이해 오류를 예측하기 위한 분석 방식 내에서 번역가의 지식 가치를 최대한으로 높이는 데 있다.

2.3.1. 지식

번역가가 원문 텍스트에 처음 접근할 때, 자신의 기초적인 지식을 기반으로 형성된 언어적, 언어 외적 지식을 활용한다. 원문을 읽어감에 따라 점차 그의 지식(원문의 발화를 통해 획득된 언어 외적 지식, 저자가 속한 집단과 분야에서의 전문 용어, 문장 수준에서의 언어적 지식 등)은 풍부해진다. 어린 시절부터 습득된 지식은 번역가의 기본 지식의 토대를 이루고 있기에 그의 지식은 매우 광범위할 수도 있다. 하지만 이러한 지식들 중 매우 미세한 부분만이 번역할 텍스트를 이해하는 데 동원된다. 또한 주어진 텍스트로부터 독자가 획득한 정보의 양은 그의 선지식에 비해 아주 적을 수 있다. 하지만 실제 번역 수행에서 이러한 새로운 정보들은 번역과 직접적으로 관련되며, 정보의 중요성은 무조건적인 정보의 양이 아닌 필요한 정보의 양에 달려있다.

발화를 읽으면서 습득된 지식과 선지식만으로 발화를 완전히 이해하거나 단순한 의미 가정을 이끌어내는 것은 대개 충분치 않다. 그 이유는 도착 텍스트가 잘못 작성될 수도 있고, 번역가의 지식보다 더 나은 지식을 지닌 독자를 대상으로 작성되어야 할 수도 있기 때문이다. 이 경우, 번역가는 용어, 개념, 텍스트 외적인 자료들, 전문가 문의를 통한 다른 출처들(참조 문헌, 웹 사이트, 전문 용어사전, 데이터베이스 등)을 찾을 수도 있다. 이러한 지식 습득은 도착 텍스트를 생산하는 단계에서 행해지므로 번역 절차의 일부분이기도 하다. 5장에서 이를 별도로 설명하겠다.

2.3.2. 신빙성 테스트

신빙성 테스트는 번역 교육에서 효과적인 번역 수행 원칙이다. 이 원칙에서 발화를 처음 읽은 후 도출된 의미는 의미의 가정인데, 다음과 같은 두 질문을 통해, 이를 체계적으로 확인해 볼 수 있다.

1) 우리가 이해했다고 생각한 부분은 텍스트의 나머지 부분과 관련지어 볼 때 논리적으로 일관성이 있는가? 예를 들어, 텍스트의 일부에서 표현된 견해와 또 다른 부분에서 표현된 견해 간에, 혹은 동일한 텍스트에서 기술된 두 사실 간에 모순은 없는가?
2) 우리가 이해했다고 생각하는 부분이 알고 있는 사실과 일치하는가? 거짓으로 판단될 수 있거나 다소 의심스러운 사항이 번역문에 언급되었는가?

위의 두 질문 중 한 질문이라도 이에 해당하는 자신의 응답이 계속해서 의심스럽다면, 번역가는 그가 말하고자 하는 바를 번역에서 잘 표현했는지를 확인하면서 문제시되는 부분들을 다시 읽어야 할 것이다.

번역가는 처음에 이해했던 부분이 단어들을 통해 잘 표현되었는지를 확인한 경우에도, 일시적으로 그가 가정(이러한 가정에 따라 저자의 생각을 적절한 방식으로 반영하지 않을 수도 있으므로, 이를 통해 작성을 잘못한 경우 문제들이 발견된다.)한 것을 선택하고, 차후에 발화의 다른 해석을 찾을 수도 있다. 앞서 결핵 치료의 예를 통해 입증되었던 잠재적인 원칙은 바로 이전에 필자가 언급했던 "저자는 바보가 아니다(Gile, 1995a)."라는 원칙이다. 예를 들어, 비록 저자의 진술이 터무니없거나 서툴러 보이더라도, 원칙적으로 말하자면 저자의 메시지가 상식에 어긋난 것은 아니다. 번역가가 원문 내용에 문제가 있다고 결론짓기에 앞서, 여러 어려운 점들에도 불구하고 자신의 모든 수단들을 동원하여 명확하게 원문을 이해해야 하는 것이 그의 의무이다. 의미 가정을 통해 확인된 결과가 만족스러울 때, 번역가는 자신이 선택한 의미의 재표현 단계로 넘어갈 수 있다.

예시 4.2. 세계은행의 예상

"Waiting its optimist's hat, the World Bank is expects the world economy to grow by an average of 3.3 percent between this year and 2004 while inflation stays low and world trade expands strongly. Developing countries will grow fastest, averaging 4.9 percent a year, with East Asia leading the pack at 7.7 percent a year. Even the mature industrial economies will manage average growth of 2.8 percent a year, the bank forecasts. Most people should be better off going into the new century." (Paul Maidment, *Reasons to be cheerful*, 뉴스위크, 1995년 5월 1일)

(세계은행은 올해와 2004년 사이에 세계 경제가 연평균 3.3% 성장과 함께 낮은 인플레이션율, 큰 세계무역규모의 확장을 경험할 것이라고 낙관적으

로 예측했다. 개발도상국들은 연평균 4.9%로 가장 빠르게 성장할 것으로 예상되며, 이 중에서도 동아시아 국가들이 7.7%의 성장률로 개발도상국들의 성장을 이끌 것으로 예상된다. 세계은행은 선진국들도 매년 2.8%의 성장률을 보일 것으로 예측했다. 새로운 세기에 들어서는 대부분의 사람들은 더 풍요롭게 살게 될 예정이다. (Paul Maidment, 행복해도 될 이유들, 뉴스위크, 1995년 5월 1일))

위 예시의 프랑스어 번역은 아래와 같이 단순히 코드 변환인 직역으로 이루어졌다.

"Sous sa casquette d'optimiste, la Banque mondiale dit qu'elle s'attendent à ce que l'économie mondiale connaisse une croissance moyenne de 3,3 % entre cette année et l'année 2004, alors que l'inflation restera faible et le commerce mondial se développera fortement."
(낙관적인 관점에서 세계은행은 세계 경제가 올해와 2004년 사이에 평균 3.3% 성장할 것이라고 예상하고 있다. 반면에 인플레이션율은 미약할 것이고, 세계 무역은 훨씬 확장될 것이다.)[1]

필자는 학부 LEA과정의 2학년과 4학년 학생들에게 위 문장의 의미에 관해 질문하였다. 대부분의 학생들은 원본에서 언급된 것처럼 조사된 국가들의 1995년과 2004년 사이 세계 경제의 평균 성장률이 3.3%라고 언급했다. 언어적인 수준에서는 이러한 해석이 가능하겠지만, 신빙성의 테스트를 통해 분석해 보면 이는 적절치 못하다. 사실, 10년 동안의 전체적인 성장률이 3.3%이라면, 1년에 0.3%씩 성장했다는 것인데, 이러한 성장률이 낙관적이라는 사실은 문제시될 수 있다. 게다가 나머지 부분의

1 본 문장에 대한 저자의 견해에 맞추어 한국어 번역도 코드 변환식 직역으로 번역하였다.

내용을 살펴보면 선진국에서 1년 평균 성장률이 2.8%임을 언급하고 있기에 이미 경제적 성숙기에 도달하였다고 볼 수 있다. 그러므로 이러한 국가들은 더 이상의 빠른 성장을 굳이 기대할 필요가 없을 것이다. 1년에 0.3%의 성장률을 낙관주의적 전망으로 여길 수 있는 경제에 관해 잘 알지 못하는 학생들조차도 텍스트를 논리적으로 분석해 본다면 정확하게 이 문장을 이해할 수도 있었을 것이다. 결론적으로 저자가 원하는 바를 정확히 이해한다면, 본 문장을 "1년 평균 성장률, 3.3%"로 번역하는 것이 적합하다고 생각한다.

예시 4.3. 당국과 의회

다음 구절은 "Scientific American"에서 출간된 유전성 빈혈에 관한 1994년 6월 기사의 일부인데, 진단 검사가 시행되었을 당시, 미국 당국의 반응에 관한 것이다. 여기서 저자는 초기에 이러한 검사에 대한 반응이 호의적이었으나, 그 후에는 그렇지 못했던 상황을 설명하고 있다. 실제로 건강한 유전인자를 지닌 수많은 사람들이 이러한 검사가 실제 무엇을 의미하는지에 관해 무지하였기 때문에 자신을 환자로 여겼다. 단순히 대중만 무지했던 것이 아니라 미국 당국 또한 이를 알지 못했다. 매사추세츠 당국은, 예를 들어 유전성 빈혈 환자의 검진과 취학 전 유전성 빈혈 위험군인 아동의 치료를 의무화하기 위한 법을 가결시켰다.

"But soon things turned ugly. Because people were rarely educated about the meaning of the test, many perfectly healthy carriers of the trait were led to believe they were sick. This ignorance extended to some state governments as well. The Massachusetts legislature, for instance, passed a low requiring that all children at risk for "the diseases" sickle-cell anemia and sickle cell trait be screened before enrollment in school."

(하지만 곧 상황이 어그러지기 시작했다. 대다수의 사람들은 그 시험의 의

미에 관해 배운 바가 없었기에 해당 특징을 지닌 많은 건강한 사람들이 질병을 보유한 것으로 인식되기 시작했다. 이런 무지는 일부 주 당국에도 확산되었다. 예컨대 매사추세츠 의회는 해당 '질병', 즉 겸상 적혈구성 빈혈과 겸상 적혈구에 대한 위험이 있는 아이들이 학교에 입학하기 전 반드시 검사를 받도록 입법하였다.)

본 문장에서의 문제점은 "state governments"에서 "governments" 용어의 모호성에 있다. 모든 4학년 학생들에게 "행정부"를 "governments"로 번역한 버전을 보여주었는데, 사실, "state governments"의 무지를 입증하기 위한 예가 소개되는 그 다음 문장에서는 법을 가결한 매사추세츠 당국의 "입법부"에 관해 이야기하고 있다. 따라서 "governments"는 여기서 행정부를 가리키는 것이 아니라 입법부를, 더 정확히 말해 미국의 의회를 가리키고 있다. 이 경우, "governments"를 "pouvoirs publics(당국)"으로 번역한다면 이러한 문제를 피해갈 수 있다.

예시 4.4. 장관

동일한 기사문에서 저자는 초창기 유전성 빈혈증 진단 검사가 인기 있었던 당시를 떠올리고 있다.

■ **원문**

"At first, the screening enjoyed popular support. Some ministers conducted tests on their congregations ; some members of the Black Panthers were offering the tests door-to-door in black communities."

(초기에 해당 검사는 많은 대중적 지지를 받았다. 일부 목사들은 신자들에게 해당 검사들을 시행하도록 했다. 흑표범단원들의 일부 회원들은 흑인단원들의 집집마다 들르며 해당 검사들을 권유했다.)

■ 가능한 번역

"Au début, le test de dépistage fut bien accueilli. Certains *ministers* pratiquaient des dépistages sur les membres de leurs congrégations, et certains membres des Panthères noires allaient de porte en porte proposer le test parmi les membres des communautés noires."

(초창기에 사람들은 진단 검사에 매우 호의적이었다. 일부 *ministers*(목사들)은 신자들을 대상으로 이러한 검진을 수행하였다. 일부 흑표범단원들(미국의 극좌익 흑인들)의 일부 회원들은 흑인 단원들의 집집마다 들르며 검진하길 제안했었다.)

위 문장의 문제점은 "ministers" 단어에 있다. 많은 학생들이 프랑스어 "ministres"로 번역하였는데, 이 문장에서 신자들("congregations")이 언급되지 않았다 할지라도, 그리고 단순하게 분석해 보아도 장관들이 실제 검진을 수행하러 갔을 것 같지는 않다. 여하튼 신자들("congregations")이라는 단어를 통해 "ministers"가 "목사"임을 이해할 수 있다.

예시 4.5. 탈개인화

다음은 사회학 관련 책에서 발췌한 것으로 그룹 내의 개인의 행동에 관한 연구들과 탈개인화에 관해 다루고 있다.

■ 원문

One of the social processes that leads to a lowered threshold for normally restrained behavior is called deindividuation, a term introduced by Festinger, Pepitone, and Newcomb(1952) and elaborated by Zimbardo(1970).

(일반적으로 제어되는 행동들에 대한 통제력을 낮추는 사회적 과정들 중에는 몰개성화가 있다. 이는 Festinger, Pepitone, Newcomb(1952)에 의해 제시되어 Zimbardo(1970)에 의해 발전된 개념이다.)

■ 직역

"L'un des processus sociaux qui conduisent à une baisse du seuil préservant un comportement maîtrisé normal est appelé désindividuation, terme introduit par Festinger, Pepitone et Newcomb(1952), et développé par Zimbardo (1970)." (일반적으로 제어되는 행동을 유지할 수 있는 통제력을 낮추는 사회적 과정 중 하나를 몰개성화라 부른다. 이 용어는 Festinger, Pepitone, Newcomb (1952)에 의해 제시되어, Zimbarbo(1970)에 의해 발전되었다.)

이 문맥에서, 우리는 용어를 "développer(발전시키다)" 할 수 있을까? 실제로 Zimbarbo(1970)에 의해 발전된 것은 "concept(개념)"이다. 그러므로 독자에게 모호성을 느끼지 않게 하고, 저자의 신용도를 떨어뜨리지 않으려면 위 문장의 번역에서는 "terme(용어)"가 아니라 "concept(개념)"이라는 단어로 표현되어야 한다.

의미의 오류를 예측하기 위한 신빙성 테스트의 결과는 번역가의 선지식에 따라 매우 다르다. 번역가가 원문에 제기된 분야에 대해 잘 알지 못한다면, 원문을 잘못 해석할 수도 있다. 그 이유는 번역가가 주어진 부분에서 그가 이해했던 부분과 텍스트의 다른 부분에서 저자가 언급한 부분 간의 모순점, 그가 이해한 부분과 그 실체 간의 모순점을 발견할 수 없을 것이기 때문이다.

본고에서는 원문의 발화로부터 첫 번째 의미를 가정하기, 이러한 가정의 신빙성을 확인하기, 첫 번째 가정이 거의 신빙성이 없는 경우 두 번째 가정을 설정하기 등의 단계로 산출된 과정을 "이해의 고리(boucle de compréhension)"로 명명하겠다.

3. 재표현의 최적화

번역가가 수용할 수 있는 의미의 가정을 세우고 나면 그 다음 단계는 재표현을 하는 것이다. 도착어로 발화를 산출하기 위해 자신의 언어적, 언어 외적 지식이 충분하다면 이를 통해 적절한 지식을 얻을 수 있다.

이해의 과정에서 번역 단위를 읽으면서 제일 먼저 이해된 의미를 의미의 단순한 과정으로 간주해 볼 수 있듯이, 의미의 산출 과정에서 번역 단위의 재표현을 통해 도착어에서 표현된 각 발화는 검증해야 할 임시적인 발화로 고려해 볼 수 있다. 이러한 검증은 다음과 같은 발화의 두 측면을 대상으로 한다.

1) 출판사에서 독립적인 발화로서 번역문의 수용가능성.
   편집상의 수용 가용성. 이는 언어적인 품질과 명확함을 확인하는 것.
2) 정보의 충실성(문학 번역에서는 문체적인 측면의 충실성)

검증에서 이러한 두 요인 중 하나라도 불만족스럽다면, 번역가는 제기된 번역 단위를 새롭게 표현하도록 노력하고, 새로운 발화를 확인한 후에, 그 다음 단계로 넘어가야 할 것이다. 이러한 절차는 번역가가 자신의 요구 사항에 맞게 만족스러운 표현을 찾을 때까지 계속된다. 이러한 재표현의 과정에서는 다음의 여러 측면들이 관찰된다.

3.1. 재표현, 적절한 정보 검색과 전문성

첫째, 이해 과정에서처럼 재표현의 과정 또한 번역가의 선지식을 기반으로 수행되며, 대개는 이해 과정보다 더 많은 선지식을 필요로 한다. 이유인즉, 이 과정에서는 저자가 구성한 발화의 의미를 이해하는 것이 아니라 동일한 생각을 재표현하기 위해 여러 다양한 가능성 안에서 가장 나은 발화를 번역가 자신이 선택해야 하기 때문이다. 그러므로 이 과정에서 번역가는 이해 과정 마지막에 행해지는 정보 검색보다 일반적으로 더 많은 검색을 해야 할 수밖에 없다.

전문 번역가는 번역의 방법론적 규칙들을 잘 숙지해야 하며, 정보의 충실성과 관련된 결정을 빠르게 취해야 하므로 텍스트 외적인 수단을 통해 적절한 정보를 습득하는 데 가장 많은 시간을 보내고 있을 수도 있다(텍스트를 작성하는 데는 별로 시간을 들이지 않으면서, 검색에 가장 많은 시간을 들이고 있다는 말을 들을 정도로). 사실 과학 기술 번역가의 전문성 여부를 판단하는 핵심 근거는 바로 이러한 사실에 있다. 번역가가 적절한 정보를 찾고 그가 잘 알지 못하는 분야에 필요한 지식을 습득하는 것을 방해할 요인은 아무것도 없다. 하지만 그 과정에 시간을 너무 많이 할애한다면, 프리랜서 번역가는 생계유지를 걱정할 수 있고 기업에 채용된 번역가들은 자신의 수입에 어려움을 토로할 정도로 번역가의 수익률이 낮아질 수 있다.

물론 항상 그런 것만은 아니다. 몇몇 텍스트 번역에서는 신뢰성 있는 자료를 확보할 수도 있고, 전문가와 그룹으로 작업을 할 수도 있는데, 이 경우 번역가가 잘 모르는 분야의 텍스트일지라도 빠른 속도로 작업이 진척될 수 있다. 의료 번역에서 의사와의 그룹 활동을 통한 번역 방식은 Gile(1986)에서 언급된 바 있다. 그 방식은 다음과 같은데, 번역가가 의사에게 먼저 원본을 보내면 의사가 이를 읽고, 준비 작업으로 도착어에서 적합한 기술 용어와 표현들을 적는다. 이를 통해, 번역가는 내용과 형식 면에서 신뢰성 있는 텍스트를 신속하게 작성할 수 있고, 경우에 따라서 의사는 번역가가 작성한 텍스트를 다시 읽고 수정할 수도 있다. 이 경우 시간이 절약되기에 번역가는 자신의 수입을 인상하여, 의사에게도 적합한 보수를 지급할 수 있다. 이러한 방식은 모는 분야의 번역에 다 적용 가능하다.

3.2. 재표현과 번역에서의 부가 가치

출발어를 통한 발화의 이해 단계는 번역의 준비 활동에 속하며, 재표현 단계는 번역가가 수신인인 독자에게 전달할 텍스트를 준비하는 번역의 '생산적인' 과정이다. 바로 이 단계에서 잠재적인 손실이 발생하고 부가적인 가치가 창출된다. 번역가가 필요한 노하우와 지식을 가지고 있으며 적절한 결정을 취하는 경우, 그는 저자가 출발 텍스트에서 전하고자 했던 정보들을 유지하고(저자에 대한 충실성의 관점에서) 두 언어를 이해하는 독자가 원본보다 번역본을 더 선호할 정도로 효율성을 극대화하면서 더 명확하고 적절하게 이를(정보들을) 전달할 수 있다(이에 관해서는 Hönig(1995: 169)가 2002년 Larochelle(라호셸)에서 열린 SFT의 패널 토론에서 고객의 측면과 관련하여 이를 언급했던 유럽 중앙은행의 Jean Rodriguez의 발언 참조).

이를 통해 번역 서비스의 가치를 높일 수 있으며, 번역가 또한 큰 만족감을 얻을 수 있다. 물론 충분치 않은 마감시한, 정보 자료에 충분히 접근하기 어려운 경우 등과 같은 열악한 작업 조건들로 인해 항상 이러한 결과에 도달할 수는 없을 것이다.

하지만 자신의 직업에 자부심을 지닌 의식 있는 모든 번역가들에게 이는 지속적으로 추구해야 할 하나의 목표이다.

예시 4.6. 인간의 인지(과정) A

번역의 재표현 단계와 관련하여 설명한 몇몇 주요 사항들을 증명하고자, Lyon 2대학 LEA 학부 전문 번역 수업의 4학년 학생들에게 제안했던 텍스트 해석에 관한 예를 들어 보겠다.
이 텍스트는 초급 학생들을 대상으로 하는 인지 심리학 개론 교과서인 『Cognitive Psychology and its Implications(Anderson, 1980)』의 책에서 발췌하였다.
이 책의 주요 기능은 서론에 명시되어 있는데, 저자는 다음과 같이 학생들에게 이야기하고 있다.

"여러분들 중 대다수가 책을 읽기 시작할 쯤에도, 인지 심리학의 개념을 분명하게 숙지하고 있지 않을 것입니다. 저는 가능한 한 명확하게 상위 정신 과정에 대한 우리의 현 관점에 입각한 이론과 실험적인 기초 원칙들을 명확히 설명하도록 노력했습니다." (p.15, 저자의 번역을 재번역)

나는 프랑스의 심리학 전공 1학년 학생들을 대상으로 한 이 교과서의 22페이지에서 발췌한 아래 문장들을 학생들에게 프랑스어로 번역하도록 제안하였다.

■ **원문**

"For most people, seeing and hearing are as effortless as effortless as breathing. We take for granted our ability to recognize objects and people, read words, and understand utterances almost instantaneously. (…) it becomes apparent that perceptual information processing is nontrivial when we consider people who cannot successfully process perceptual information. One case described in the literature concerns a soldier who suffered brain damage due to accidental carbon monoxide poisoning. He could recognize objects through their feel, smell or sound, but was unable to discriminate a circle from a square or recognize faces or letter. (…) His system was able to register visual information, but somehow his brain damage resulted in his loss of the ability to combine visual information into perceptual experience."

(대부분의 사람들에게 보고 듣는 것은 숨 쉬는 것만큼이나 아무런 힘이 들지 않는 행위이다. 우리는 즉각적으로 사물과 사람을 인식하고, 글자를 읽고, 말을 알아듣는 능력을 당연한 것으로 받아들인다. (…) 하지만 지각 정보를 수월하게 처리하지 못하는 사람들을 보면 이와 같은 정보 처리 능력이 사소한 것이 아님을 알게 된다. 해당 문헌/학술서에서는 일산화탄소 중독으로 뇌 손상을 입은 한 군인의 사례를 설명한다. 그는 사물들을 촉각, 냄새, 소리를 통해서 구별할 수 있었지만, 원을 네모와 구별하거나 얼굴, 글자 등을 인식하는 과제들을 수행하지 못했다. (…) 그의 인식체계는 시각적 정보를 기록할 수 있었지만, 뇌 손상으로 인해 시각적 정보를 지각적 경험과 결합하는 능력을 상실하였다.

■ 가능한 번역

"Pour la plupart d'entre nous, il est aussi naturel de voir et d'entendre que de respirer. Nous considérons comme allant de soi notre capacité de reconnaître des objets et des personnes, de lire, et de comprendre instantanément ou presque ce qui est dit. En réalité, ce sont des performances qui demandent un énorme effort de traitement de l'information. (…) On comprend que traiter l'information perçue n'a rien d'évident quand on voit des gens qui en sont incapables. Dans la littérature, on rapporte notamment le cas d'un soldat qui avait subi une lésion du cerveau à la suite d'une intoxication accidentelle au monoxyde de carbone. Il reconnaissait les objets à travers le toucher, l'odorat ou le son, mais n'arrivait pas à distinguer un cercle d'un carré, ni à reconnaître des visages et des lettres. (…) Il pouvait enregistrer des informatons visuelles, mais à la suite de sa lésion cérébrale, il n'était plus capable de les synthétiser en une expérience perceptuelle." (대부분의 사람들은 숨쉬는 것처럼 보고 듣는 것도 당연하다고 생각한다. 또한 우리는 사람과 사물을 인식하고, 단어를 읽으며, 거의 즉각적으로 말을 이해하는 능력도 당연한 것으로 생각한다. 실제로 이는 정보 처리의 막대한 양이 요구되는 행위이다. (…) 지각적 정보를 처리할 수 없는 사람을 고려해 보면, 이와 같은 정보 처리가 중요하다는 것은 명백하다. 해당 문헌/학술서에서는 일산화탄소로 중독으로 뇌손상을 입은 군인의 사례를 소개하고 있다. 그는 접촉, 후각, 혹은 시각을 통해 사물을 인식했지만, 사각형과 원을 구분하지 못했고 얼굴과 글자를 인식하지 못했다. (…) 그는 시각적인 정보들을 기록할 수 있었지만, 뇌손상으로 인해 이러한 정보를 지각적 경험 안으로 결합시킬 수는 없었다.)

■ 학생들의 어려움과 번역 전략

첫 번째 어려움은 "an enormous amount of information processing(정보처리의 막대한 양)"과 관련된 문제이다. 그 개념을 모르는 일부 학생들은 "enormous(막대한)"가 "취급된 정보의 양"에 부합하는 것으로 간주했다. 하지만 정보를 취급하는 작업의 양이 항상 취급된 정보의 양에 상응하는 것은 아니다. 예를 들어, 이러한 정보가 열악한 수준이어서 분석, 비교, 확인에 핵심 작업이 필요할 수도 있다. 이러한 번역 오류는 학생들의 선지식의 부족에서 비롯한 것으로 판단된다.

"an enormous amount of information processing(정보처리의 막대한 양)"의 번역에서 한 학생이 택한 또 다른 표현은 "une longue série d'étapes successives de traitement de l'information perceptuelle(지각적 정보 처리의 지속적인 일련의 긴 단계들)"이다. 이 학생은 다음과 같이 자신의 번역 선택을 정당화하였다.

"글자 그대로 번역하자면 "une quantité de l'importance de traitement de l'information(정보 처리의 많은 양)"인데 이는 어떤 의미도 없다고 생각합니다. 따라서 저는 "une longue série d'étapes successives(지속적인 일련의 긴 단계들)"로 번역했습니다. 물론 저는 원문과 관련된 무언가가 이러한 번역을 통해 표현되지 않았다는 것도 압니다. 하지만 이는 Bréal의 『Grand amphi(1998: 73)』 총서의 인지 심리학 책에서 특히 자주 반복되는 표현이기에 이를 선택하였습니다."

학생의 이러한 정보 검색 방식은 적절했다. 하지만 그의 해결책은 원문에서 저자가 말하고자 하는 바와 관련해서 생각해 보자면 모순이 있었다고 생각한다. 그 이유는 저자는 거의 즉각적인 이해를 강조하고 있기 때문이다.

사실, 이는 번역에서 학생들에게 주로 나타나는 반응이기도 한데, 학생들은 그가 번역하는 텍스트의 의미에 부합하는지는 확인하지 않은 채, 좋은 자료들에서 반복되는 표현들을 택하기도 한다. 용어와 관련된 문제점을 예증하는 5장에서 이 예시를 다시 언급하겠다.

3.3. 번역의 재표현과 방향성

모든 번역 학습자에게서 공통적으로 볼 수 있는 점은 적절한 언어 외적 지식이 부족하지 않은 경우에도 즉각적으로 재표현을 할 수 없다는 것이다. 앞서 언급된 여러 예문들을 통해 알 수 있듯이, 원문의 발화를 통해 전달된 정보들을 번역문에서 모두 유지하는 것이 도착어의 작성 규칙에 항상 부합하는 것은 아니다. 그러므로 번역가는 재표현을 통해 어떻게 능숙하게 작성하고 정보를 재구성할지 면밀하게 전략을 짜야 할 것이다. 이를 위해서는 도착어의 문체를 숙달하는 것이 필요하다. 그러므로 이러한 규범을 중시하고, 높은 품질의 번역을 목표로 하는 번역가와 고객은 모국어 번역(BA 번역)만을 선호할 것이다. 이러한 규칙에도 물론 예외는 있다. 가장 빈번하게 일어나는 경우는 번역 시장에서 원하는 언어 조합을 번역할 수 있는 번역가가 부재할 때이다. 예를 들어, 중국, 일본, 동유럽 국가에서 영어, 프랑스어로의 번역뿐만 아니라 다른 언어로의 번역(AB 번역) 일은 영어권, 프랑스어권, 혹은 다른 나라의 번역가들을 대상으로 매우 빠르게 넘쳐나고 있다. 경제적인 측면에서 보자면 유일하게 분명한 해결책은 자신의 모국어가 중국어, 일본어, 불가리아어, 체코어, 러시아어 중 한 언어인 번역가들의 도움을 받는 것이다. 새로운 테크놀로지의 발달로 국경 없는 번역가들(고객과 다른 나라에 거주하는 번역가)이 보편적으로 활동하면서 이러한 제약은 완화되고 있다. 게다가, 모국어가 아닌 언어로 번역하는 번역가의 발화를 수정하고 개선하기 위해 모국어 화자와 함께 팀 번역을 수행할 수도 있다. 하지만 번역가가 도착어에 대한 높은 이해도를 지녀야 한다는 조건에서는 모국어로의 번역 원칙이 더 강점이 있다고 볼 수 있겠다.

통역에서, 특히나 동시통역에서 서구의 정통주의자들은 모국어로의 방향(BA 통역)을 선호하지만 러시아와 같은 다른 나라에서는 외국어로의 방향(AB 통역)을 추천하고 있다. 서양의 한 박사 논문에서는 모국어로의 번역만을 옹호하였는데, 외국어로는 효과적으로 표현할 수 없다는 것이 그 이유였다. 하지만 이를 반대하는 사람들은 모국어가 출발점일 때, 가장 나은 원문 이해를 할 수 있다고 주장하면서 이를 반박하였다. 내용적인 측면에서 볼 때 이 두 논거 모두 타당하다. 실제 번역에서는 서구의 번역가들 또한 양방향으로 번역을 하고 있는데, 이는 말하기나 즉각적인 일대일 커뮤니케이션보다는 글쓰기에 결점이 더 없어야 한다는 사실을 고려해 보면 납득할 수 있다(번역의 방향에 관해서는 6장에서 더 상세히 설명하겠다).

3.4. 재표현과 정보 처리 기술

두 번째로 언급해야 할 부분은 기술적인 차원이다. 최적화된 발화를 생산하기 위해서는 재표현의 고리에서 완벽하게 여러 번의 일주(발화의 생산, 수용가능성과 충실성의 확인, 새로운 발화의 생산, 새로운 확인, 그 다음 단계로 진입)를 해야 한다. 문서 처리 기술은 현재 번역에서 필수적인 도구가 되고 있다. 사실, 실제 구술 번역이나 쓰기 번역에서 텍스트의 동일한 부분을 반복적으로 수정하기는 어렵다. 새로운 녹음기로도 구술 번역에서 다른 부분을 포함하지 않고 작은 어절이 속하는 한 단락만을, 즉 정확하게 그 부분만을 녹음하기는 어렵다. 또한 작성된 번역에서도 같은 단락에 단순히 하나가 아닌 더 많은 수정을 할 때 줄 간격 사이 공간만을 활용하는 것은 힘든 일이다. 하지만 정보 처리기술을 활용하여 번역가는 화면상에서 문제가 있는 부분들만을 원하는 만큼 자주 수정할 수 있고, 최적의 품질을 위해 활용할 수 있는 다른 방식보다 더 빠르게 작업을 진척시킬 수 있다.

예를 들어, 첫 번째 버전을 받아쓰거나, 컴퓨터가 이를 옮겨 적게 하고 나서, 정보 처리 소프트웨어를 활용하여 텍스트를 수정할 수도 있다. 또한 더 직접적인 방식으로 이와 같은 결과에 이를 수 있는 받아쓰기를 위한 고성능 소프트웨어도 존재한다. 여하튼 정보 처리 차원에서 컴퓨터의 공헌은 엄청나다. 인터넷상의 정보 검색은 말할 필요도 없이 프로그램 처리와 반복을 통한 수정 및 개선 과정, 문법과 철자의 수정, 그리고 최근에 개발된 번역의 여러 도구들을 가능케 하였기 때문이다.

3.5. 집합적인 차원에서의 테스트

앞의 표 4.1 도식에서 설명한 이해-재표현의 기반이 되는 번역의 연속적인 모델은 텍스트 전체뿐만 아니라 번역가가 중점적으로 살펴보고자 하는 텍스트에서 연달아 나타나는 번역의 단위들에도 적용해 볼 수 있다. 어군이나 어절, 나아가 구절 전체도 이러한 단위에 해당된다. 이해 과정(의미 가정의 산출과 신빙성 테스트)은 어군이나 전문 용어와 같은 단순한 단어 수준에서 이루어질 수 있다. 재표현의 과정(글의 작성, 충실성과 수용가능성의 확인)은 대개 완전한 문장들의 수준이나 이보다 더 큰 단위상에서 일어날 수 있다. 따라서 이해 단위들과 재표현의 단위들로 구분하여 이러한 모델을 언급했다면 더 명확했을 수도 있을 것이다. 하지만 교육적인 기능과 성격의 측면을 고려하여 마치 같은 단위들이 이해 과정과 재표현 과정의 대상이 되는 것처럼 편의상 이를 모두 "번역의 단위들"로 언급하면서 도표를 간소화하였다.

물론 작은 번역 단위상에서 이 과정이 계속해서 되풀이될 수도 있는데, 이 경우 최적의 발화를 확실하게 이끌어 내기에 그 과정이 충분치 않을 수도 있다. 문체적인 측면에서 단어, 어군, 절 단위에서 수용 가능한 발화가 항상 텍스트의 단위에서도 허용될 수 있는 것은 아니다. 예를 들어, 어휘상의 반복, 동사 시제의 변화나 불연속적인 문체 등이 이러한 소단위에 포함될 수도 있고, 전문 용어의 경우 부적절한 용어가 원문에

표현되었거나 주어진 개념에 주로 사용하는 전문 용어의 용법이 존재하지 않을 수도 있으므로, 여러 번역 가능성 사이에서 번역가는 주저할 수 있다.

그러므로 단순히 해당되는 번역 단위에서만이 아니라 집합적인 수준에서, 즉 단락, 페이지, 나아가 텍스트의 수준인 전체적인 차원에서 번역의 수용 가능성을 확인해야 하며, 이는 번역가의 의무이기도 하다. 게다가 이러한 점들은 학생들이 자주 겪는 어려움이기도 하다. 예를 들어, 학생들은 개인적인 생각에 기반하여 출발어의 문장에 일치하면서 도착어로도 충실하고 수용 가능한 문장들을 구성하고 나서, 단순히 이러한 부분적인 문장들을 합쳐서 번역을 수행하는데, 그 결과 어색한 텍스트가 만들어지기에 재번역이 요구된다.

충실성의 측면에서 볼 때도, 위에서 언급한 집합적인 차원(단어, 구절, 텍스트상)에서의 확인 작업은 합당하다. 다음의 여러 근거를 통해 이를 확인해 보자. 사실, 특수한 번역 단위에만 집중하다 원문의 연속선상에서 바라보는 시각을 잃어버릴 수도 있고, 단순히 무의식적으로 도착 텍스트 내에서 구절이나 문장을 생략할 수도 있다. 또한 도착 텍스트에서만 집합적인 차원의 확인 작업을 수행하는 것은 충분치 않다. 이 경우 번역은 출발 텍스트에서 너무 멀어질 수도 있기 때문이다. 마지막으로 번역가가 조금이라도 텍스트 내에서 작업의 진전이 있는 경우(이는 번역가가 집합적인 측면에서의 확인 작업에 관심을 가지는 경우이기도 한데, 이를 통해 잠재적인 문제를 깨닫고 악화된 상황을 바로잡을 수 있다.) 개별적인 의미 과정에 대한 몇몇 결정 사항(혹은 불확실한 수많은 이유로 인해 다양한)에 대해서는 문맥을 고려해 보는 것이 큰 도움이 된다.

이를 통해 번역가는 문제를 제기하거나 해결책을 찾을 수도 있다.

예시 4.7. 인간의 인지과정 B

이러한 집합적인 측면에서의 확인 작업의 예로 앞서 언급한 Anderson (1980)의 동일한 책의 도입부에 언급된 다음과 같은 구절을 제시해 보겠다.

"How does one go about studying human cognitive functioning? An obvious but naive answer is that one studies the physiological mechanisms that underlie the behavior."
(혹자는 어떻게 인간의 인지 과정들을 연구할 수 있을까? 당연하지만 순진하기도 한 대답은 그가 행동 기반 생리적 메커니즘들을 연구하면 된다는 것이다.)

한 학생은 이 두 구절은 다음과 같이 번역했다.

"Comment s'y prend-on pour étudier les processus cognitifis ? Réponse évidente, mais naïve : il s'agit des mécanismes physiologiques qui sont à la base du comportement."
(인지적 과정 연구를 어떻게 수행하는가? 이에 대해 분명하긴 하지만 순진한 대답은 다음과 같다. -이는 행동 기반 생리학적 메커니즘이다.)

이 학생은 "évidente, mais naïve(분명하긴 하지만 순진한)"의 이유에 관해서는 생각해 보지 않았던 것 같다. 이 부분은 저자가 인간의 인지 과정을 연구하기 위해 효율적으로 실행되었던 연구들을 고려하여 "one studies"라는 직설법에 기반하고 있다. 또한 위 예시의 두 번째 문장에서 진술된 논거부터 텍스트의 그 다음 부분까지 저자는 잠재된 심리적인 메커니즘 연구가 인지 심리학자들이 실제 사용하는 방식이 아니라는 논증에 관한 적절한 이유들을 이야기하고 있다. 저자는 실제 뇌 검사를 통해 해결하기 어려운 기술적인 문제들을 야기하고 있으며, 검사에 의해 해결책을 찾는다 하더라도 인지 과정을 수행하는 데 각 뉴런의 역할을 명시하는 잠재적인 목록으로 통제할 수 없는 막대한 양의 정보들이 형성될 수 있을 것이라고 설명하고 있다. 결과적으로 이 학생이 집합적인 차원에서 그의 번역문을 세심하게 분석했다면, 아마도 이 단락의 시작과 그 다음 단락 간의 의미의 가정들이 서로 양립할 수 없다는 것을 깨달았을 수도 있었을 것이다.

4. 잠재된 방법론적인 규칙들

모든 모델이 그러하듯이 번역의 연속적인 모델도 현실을 도식화한 것은 맞지만, 완벽하게 번역의 충실성을 반영한 것은 아니다. 예를 들어, 번역가가 이해나 재표현 과정에서의 번역 문제를 완벽히 해결하고 난 후에, 그 다음의 문제로 넘어가는 것은 아니다. 또한 우선적으로 임시적인 해결책을 종이에 적어 놓고, 차후에 검색을 통해 혹은 앞뒤 문맥을 고려하여 다른 여러 참조할 만한 사항들을 발견했을 때, 문제를 재검토해 볼 수도 있다. 마찬가지로 완벽한 구조의 문장을 만들기 위해 번역가는 도착어로 임시적인 발화를 만들고, 차후에 이를 분석하여 그 신빙성을 평가할 수도 있다. 게다가 사실, 모든 번역가가 이러한 일차 번역 과정을 거쳐 번역을 하는 것은 아닐 것이다. 신빙성의 분석과 도착어 발화의 충실성 및 수용 가능성 테스트는 연속적으로 수행될 수도 있지만 동시에 수행될 수도 있기 때문이다.

하지만 본고에서 소개한 모델은 번역에서 주요한, 그리고 실제적인 요소들과 주요 단계들을 포함하고 있으며, 도식 모형은 초급 번역가에게 다음의 주요한 4가지 원칙들을 명시해 줄 수 있기에 굉장히 유용하다고 생각한다.

1) 이 모델은 이해와 재표현의 과정을 구분한다. 이해는 의미 가정을 산출하고 가정의 신빙성 분석으로 이루어지며, 재표현은 도착어 발화의 생산과 이러한 발화의 언어적인 수용가능성과 충실성을 확인하는 과정으로 구성되어 있다. 이렇게 구분된 원칙은 다음과 같은 장점이 지닌다.
첫째, 발화의 분석을 용이하게 해 준다. 이는 단지 번역가의 머릿속에서 주관적이고 자동적으로 만들어지는 논리에 기반하여 형성되는 도착어 발화문과는 다르다. 또한 이러한 분석에 기반하여, 번역가는 원본 텍스트의 의미를 이해하고 나서, 단순히 원본의 언어적 구조가 아닌 일련의 이해 과정에 따라 재표현할 수 있기 때문에, 출발 텍스트를 너무 빨리 읽어 나가면서 발생할 수 있는 여러 오류들을 피할 수 있고, 도착어에서 재표현할 수 있는 범위의 폭을 다양하게 넓힐 수 있다.
둘째, 언어학적 측면에서 볼 때, 이해와 재표현을 구분하고, 원문의 내용에 기반하여 발화를 산출하는 과정을 통해 언어 간섭 현상(번역가가 도착어 발화를 산출할 때, 출발어의 언어 구조를 떠올릴 수 있는데 대개 이 경우 이러한 현상이 일어난다. 이에 관해서는 본고의 6장 참조)을 줄일 수 있다.

2) 이 모델을 통해 번역가는 책임감을 고취할 수 있다. 번역가는 주어진 번역 단위에 부합하는 가장 신뢰성 있는 의미를 가정하여, 이러한 의미를 어떻게 도착어로 가장 적절하게 재표현할지를 결정할 수 있다. 또한 그는 적절한 규범에 따라 저자에 대한 충실성을 유지하면서 어디까지 정보를 삭제하고 첨가해야 할지를 판단한다. 그리고 번역가는 이를 통해 창조적이고 분석적으로 자신의 잠재성을 발휘할 수도 있다. 오랜 세월에 걸쳐 필자가 수합한 학생들의 견해에 따르면, 이러한 모델은 학습 과정에서 학생들에게 동기 부여가 되었고 매우 효율적이었으며, 학생들은 이를 통해 미래의 직장생활에 대비할 수 있는 긍정적이고 책임감 있는 태도를 습득할 수 있었다.

3) 이 모델은 프로 정신을 고취시킬 수 있는 일련의 체계적인 확인 규칙이다(번역의 각 단계마다 확인 작업이 수행되기 때문이다). 수업에서 이러한 번역의 연속적인 모델을 활용하면서 필자는 학생들에게 이해와 재표현의 고리들의 중요성을 강조하고, 단순히 빠르게 초벌 번역을 하는 것이 아니라 섬세한 번역을 통해서만이 번역가가 자부심을 가질 수 있음을 상기시킨다. 실제 번역에서 번역가는 대개 생계유지에 대한 압박감 때문에 재표현 과정에 더 많은 시간을 할애하지 못할 수도 있겠지만, 교육 기간 내에 수행된 번역을 통해서는 학위를 취득한 미래의 전문 번역가들이, 비록 그들이 수업시간에 수행했듯이 최적화된 방식으로 번역을 수행 할 수 없을지라도, 차후에 그들에게 유익할 만한 언어적인 능력과 재능을 겸비할 수 있어야 할 것이다.

4) 이 모델은 이해와 재표현의 과정에서 적절한 정보의 습득을 통한 끊임없는 학습의 규칙이다. 교수자는 학생들이 흥미를 느낄 만한 기술관련 주제들을 선별하고, 이와 관련하여 적절한 정보 자료들이 존재하는지를 검토하면서 전문 번역의 품질을 높일 수 있는 이러한 자료 검색에 그들이 흥미를 붙일 수 있도록 도움을 줄 수 있다.

5. 결정 규칙

번역가는 번역의 일반적인 규범(8장 참조), 번역가가 추측하는(또는 번역가 개인의 선호도) 혹은 고객이 요구하는 지시 조항집에 따라 여러 결정을 취할 수 있다. 하지만 초급 학생들은 그들이 취해야 할(원문의 "손실"이 발생할 수도 있는) 여러 결정 사항에 혼란스러워할 수도 있다. 그리고 이는 그들이 주로 생각하는 번역의 직역주의 관점과는 다를 수도 있으므로 결정 자체를 거부할 수도 있다.

번역의 실제적인 관점에서 합당한 원문의 손실을 포함할 수밖에 없는 결정 과정을 학생들에게 설명함으로써 그들을 격려해 보는 것도 흥미로운 방법이라 생각한다. 가시적으로는 다음의 나무 모양 도표를 통해 각 결정 사항들을 보여줄 수 있는데, 맨 위에 있는 꼭짓점은 취해야 할 결정과 일치하고 아래의 나뭇가지들은 가능성 있는 다양한 선택들을 보여준다.

각 선택(O_1, O_2, O_3, 등)은 이해나 재표현의 과정에서, 어떠한 이득(G_1, G_2, G_3, 등)의 가능성(P_1, P_2, P_3 등)과 관련되며, 또한 메시지의 완전한 정보, 발화의 언어적 품질, 독자에 대한 영향력 등(4.2 그림 참조)을 저해하는 정도에 따른 잠재적인 비용(C_1, C_2, C_3 등)인 어떠한 손실(P_1, P_2, P_3)의 가능성(C_1, C_2, C_3)과도 관계된다.

	선택 1	선택 2	선택 3
오류 위험	$p_1(e)$	$p_2'(e)$	$p_3'(e)$
오류 비용	C_1	C_2	C_3
기대되는 이득	G_1	G_2	G_3
이득 가능성	$p_1(g)$	$p_2(g)$	$p_3(g)$

그림 4.2. 번역에서의 의사 결정

실제 번역의 각 선택 사항에서 여러 가능성을 고려해 볼 때, 유일한 이득과 비용이란 존재하지 않는다. 여러 이득과 비용은 다양한 독자-수신인 그룹을 위한 정보, 문체, 속도, 명백함, 언어적인 수용 가능성의 측면에서 각 선택의 이득과 비용에 일치한다.

만약 각 선택 사항(이러한 측면에서는 어떠한 확실성도 없다.)의 확률적 효과를 고려해 본다면, 기대 가능한 이득의 총합은 이와 관련된 가능성에 의해 가중되며, 기대할 수 있는 손실의 총합도 관련 가능성에 의해 가중되므로 번역가가 극대화하고자 하는 기대 효과는 다음의 수학 공식으로 설명해 볼 수 있다.

$$\text{선택으로부터 비롯된 기대 효과 } O_i = \sum P_i(\text{이득})G_i - \sum P_i'(\text{비용})C_i$$

주어진 선택과 관련된 잠재적인 오류 비용이 매우 높을 경우(저자나 독자에게 중대한 영향력을 미칠 수 있는 정보의 손실이나 변형)에는 아주 미약한 오류의 가능성조차도 중대한 결함이 될 수 있다. 그러므로 이 경우, 번역가는 매우 낮은 비용이지만 가장 높은 혹은 최대치의 손실 가능성과 관련된 다른 선택을 선호할 수도 있다. 예를 들어, 컴퓨터상에서 위에서 언급한 규칙을 자동 실행 할 때, 중대한 결함이 있는 손실에 매우 높은 수치를 부여할 수 있다. 잠재적인 이득이 0에서 10단계로 평가된다면, 이를 거부하기 위해 총효과에서 손실의 무게가 충분히 무거울 수 있게끔 관련된 가치 손실의 잠재적 비용에 1000000이라는 수치를 부여할 수도 있다. 이러한 손실이 갑자기 나타날 가능성이 적을지라도 말이다.

수업에서 굳이 이렇게 상세하게 수학 공식을 학생들에게 설명할 필요는 없다. 단순히 여러 예시를 통해 규칙을 설명하는 것만으로도 충분하다고 생각한다. Datta(1991: 15~16)가 강조하듯이, 핵 원전의 안전 절차나 주요한 상업문서 번역에서는 가장 작은 오류라도 처참한 결과를 야기할 수 있다. 만약 번역가가 이러한 텍스트의 별로 모호하지 부분에서 그 의미를 거의 확실히 이해했고 가능한 모든 자료를 동원하였음에도 불구하고 계속해서 의혹이 남는다면 그는 어떠한 선택을 할까? 약간의 오류 가능성 때문에 어떤 다른 과정 없이 그가 이해했던 대로 그 부분을 번역하면서 위험을 감수해야 하는가? 하지만 오류의 가능성이 매우 낮다 할지라도 관련 오류 비용은 매우 높을 수도 있을 것이다. 그러므로 이 경우에는 관련된 부분의 의미가 어느 정도 불확실하다는 사실을 독자에게 알릴 수 있게 역주를 번역에 삽입하는 것이 더 바람직할 수도 있을 것이다. 이러한 선택을 한다면 독자 입장에서는 책의 흐름을 잃을 수 있는 비용과 어떠한 불확실성의 비용이 들 수도 있겠지만, 이 비용은 감지되지 않은 번역 오류로 인해 초래될 수 있는 결과의 비용보다는 낮다.

이와는 반대의 사례도 살펴보자. 프로젝트를 진행하기 위해 "Ms. Jone"으로부터 받은 도움에 감사하는 영어 텍스트의 프랑스어 번역에서, 그녀를 모르거나 관련된 보충적인 정보를 찾지 못한 경우, 이를 "Madame John(존 부인)"이라고 번역해야 하는가? 아니면 "Mademoiselle Jones(존 양)"로 번역해야 하는가? 만일 미혼임에도 불구하고 "Madame Jones(존 부인)"을 번역어로 선택했다면, 이와 관련된 잠재적인 손실은 번역가가 "존 부인"의 결혼 여부를 알지 못한다는 사실을 독자가 눈여겨 볼 수 있게끔 페이지의 끝에 주석을 추가하는 것보다는 더 적다.

수업에서 학생들의 번역을 수정하는 경우, 교수자는 학생들의 번역을 비판하기보다는 그들의 입장에서 여러 해결책 중 한 가지를 선택할 수 있도록 이끌어야 할 것이다. 그는 각 해결책의 잠재적인 장점과 단점을 분석하고, 학생들에게 각 해결책의 장점 및 오류의 위험도와 관련 비용을 합한 손실 사이에서 가장 적절한 균형을 이루는 해결책을 스스로 선택 할 수 있도록 제안해 볼 수 있을 것이다.

6. 학생들의 취약점 확인을 위한 연속적인 모델의 활용

교육적인 관점에서 보면, 번역의 연속적인 모델은 무엇보다도 번역 품질을 최적화하기 위해 주요한 번역의 여러 요소들을 학생들에게 소개하는 데 매우 유용하다. 또한 이는 학생들이 번역에서 자신의 취약점의 원인을 확인하고 이를 개선하는 방향으로 나아갈 수 있기 위한 하나의 준거 틀이 될 수 있다.

6.1. 취약점

번역의 연속적인 모델에 따라 학생들의 취약점을 불충분한 언어 및 언어 외적 지식, 불충분한 작업 방식 두 가지 측면으로 분류해 보겠다.

6.1.1. 취약한 지식

언어적 지식이든 언어 외적 지식이든 학생들의 불충분한 지식은 주로 기초적인 지식과 관련된 것이다. 번역에서 이로 인해 드러난 학생들의 취약점은 의미 오류나 언어적 오류 혹은 실수들이다. 번역 과정에서 이러한 취약점은 다음의 다른 여러 단계에서 나타날 수 있다.

– 원본의 단어나 생각을 이해하지 못했기에 첫 번째 의미의 가설을 세울 수 없다.
– 의미의 가설과 원문 텍스트 관련 분야 간의 잠재적인 모순점을 찾을 수 있을 정도로 충분한 지식을 지니지 않아서 신빙성 테스트 단계에 이르지 못할 수 있다.
– 언어적으로도 허용 가능하고 정보적으로도 적합한 발화의 형성을 저해할 수 있다.

6.1.2. 작업 방식의 취약점

지식의 취약점처럼 작업 방식이 취약한 경우에도 의미 오류나 언어적 오류 혹은 실수들이 번역본에 드러날 수 있다. 전반적으로 그 원인들을 다음의 세 가지 범주로 분류해 볼 수 있다.

– 번역의 각 단계를 수행하지 못할 정도로 동기가 결여되어 있는 경우이다. 이는 피로함이나 전문가적 인식 부족에서 비롯될 수 있다.
– 작업의 악조건들, 특히 너무나 짧은 마감 시한, 필요한 정보 자료 부족 등으로 인해 번역가는 번역의 각 단계에 자신이 기대하는 만큼의 역할을 수행하지 못할 수도 있다.
– 번역 작업을 구성하는 각 요소들의 불충분한 숙달이 그 원인이 되기도 한다. 번역가가 작업 방식을 충분히 이해하지 못하는 경우, 방식의 실행에 필요한 인지적인 능력을 갖추지 못할 수 있다. 이 때문에 번역가는 언어 간섭 현상에 영향을 받기도 하고, 언어적인 창의성이 저해되기도 한다. 나아가 도착어로 재표현하는 과정에서 두 언어 간 차이(출발어와 도착어 간 차이)와 관련된 문제에 대한 해결책을 잘못 찾을 수도 있다.

6.2. 증상과 진단

결과적으로, 위의 논의를 통해, 취약점의 원인이 서로 다르더라도 동일한 번역 결과에 이를 수 있음을 알 수 있다. 교육에서는 특히, 과정 중심 교육을 통해 학생들에게 자신의 취약점을 파악하게 하고, 이를 개선하게 하는 것이 매우 중요하다.

취약점을 진단하기 위해 용이한 첫 번째 단계는 일부 문제 요인들을 한 번에 처단할 수 있도록 다음과 같이 학생들이 처한 환경을 개선하는 것이다. 첫째, 학생들이 번역을 준비하는 네에 실제 진문 번역 시장에서 주어지는 시간 이상으로 충분한 시간을 얻도록 하는 것이다. 대학이라는 환경의 장점 중 하나가 학생들의 학습 단계에 따라 작업 양을 조절할 수 있다는 점이다. 두 번째로, 학생들이 정보 검색을 통해 출발 텍스트들을 잘 이해할 수 있도록 난이도를 고려하고, 대학 도서관이나 인터넷상에서 필요한 정보를 확실하게 찾을 수 있는 원문 텍스트들을 선별해야 한다. 세 번째로, 학생들이 번역에 더 신중하게 임할 수 있게끔 학부에서 이루어지는 형식적인 평가와 같은 방식이나 강연을 통해 학생들의 동기를 고취해야 한다.

몇몇 문제의 원인들을 일부 혹은 전체적으로 제거하는 것만으로는 진단된 문제를 해결하기 어렵다. 실제로, 의미 오류와 언어 오류가 무엇인지, 출발어와 주제에 관한 불충분한 지식과 취약한 정보 자료 검색에 의한 실수는 어떠한 것인지, 학생들이 어느 정도로 피곤한 상태인지 어떻게 파악할 수 있을까? 한 가지 가능한 방법은 학생에게 직접 질문해 보는 것이다(이러한 과정은 번역 교육의 실제적인 측면에 관한 7장에 설명하였다).

교수자 입장에서 더 유용한 다른 방식은 학생들에게 각 번역에서 그들이 처한 문제점들에 관한 해결 과정을 작성하도록 요구하는 것이다. 이러한 문제와 의사결정에 관한 보고서/문제 해결 과정 보고서(Compte rendu intégré des problèmes et décisions(CRIPD))는 Gile(2004)에 구체적으로 제시되어 있다(이에 관해서는 7장 참조).

이러한 방법은 수업에 참여하는 모든 학생들의 상황을 한눈에 알 수 있고 시간을 절약할 수 있어 교수자에게 매우 편리한 방식이다.

7. 결론 -번역에서의 가치 부여와 직업의식

번역가는 최소한의 외부적인 도움만으로도 번역을 수행할 수 있다. 만약 그가 필요한 언어적, 언어 외적 지식들을 갖추고 있다면 고객은 번역 결과물의 품질이 낮거나 보통 수준이더라도 이를 받아들일 수 있을 것이다. 본고의 2장에서 설명했듯이, 우리는 종종 실제 번역 현장에서 품질이 낮은 수많은 번역본과 별로 능력이 없는 전문 번역가들(그럼에도 불구하고 고객이 있는)을 볼 수 있다. 일부 전문 기관에서는 효율적인 품질 검사를 수행하기도 하지만, 대부분의 경우 이러한 검사가 존재하지 않는다. 그러므로 번역 품질은 주로 시장의 힘보다는 번역가의 직업의식에 따라 결정된다. 물론, 고객이 제시한 가격에 따라 품질이 결정되어야 한다고 생각하는 번역가들도 있다(예를 들어, Pinchuk, 1977: 206). 하지만 이러한 태도는 너무 위험하다. 그 이유는 번역가의 직업에 대한 신용도를 떨어트릴 수도 있고, 전문가가 아닌 이중 언어 화자 수준으로 번역가의 직업을 상정할 수도 있기 때문이다. 또한 이러한 태도는 번역의 보상과 작업 조건에 악영향을 미칠 수도 있다. 그러므로 번역가는 자신의 직업 만족도를 높이고 충분히 유리한 위치를 점하기 위해, 전반적인 번역 품질을 유지하고 나아가 개선하도록 노력해야 한다. 그리고 이를 위해서는 좋은 교육이 밑받침되어야 할 것이다.

제5장

적절한 지식의 습득

1. 서론

4장에서는 출발 텍스트의 독해와 분석을 통한 지식, 번역가의 선지식을 보충할 수 있도록 적절한 지식 습득의 중요성을 강조하였다. 일부 예외적인 경우(번역가가 저자 정도로 원문에 해당되는 분야의 전문가인 경우)를 제외하면 이러한 보충적인 지식을 습득해야 하는 것은 모든 전문 텍스트 번역에 필수적이다. 그리고 이를 통해 번역가는 원문을 잘 이해할 수 있고, 도착어로 가장 적절하게 표현할 수 있다. 번역 속도와 품질을 높이기 위해 이러한 지식을 습득하는 것이 매우 중요하므로 이러한 습득을 최적화해야 한다. 이번 장에서는 다양한 정보 출처의 장점, 한계, 특성을 검토하고 지식을 얻기 위한 몇몇 전략을 소개하도록 하겠다.

2. 적절한 지식 습득의 문제

정보적인 텍스트처럼 전문적이지 않고, 정치, 경제, 예술, 기술과학 주제와 관련된 신문 기사들만큼 일반적인 수준에서의 단어 및 관용어구의 적절한 지식 습득을 체계적으로 분석해 보는 것은 흥미롭다. 번역가가 모든 분야에서 전문적일 수는 없기 때문에 원문을 이해하고 재표현하기 위해서도 지식이 필요하며, 거의 전문적이지 않은 텍스트에서조차도 보충적인 지식을 습득해야 한다. 첨단 과학 기술에 관한 전문적인 텍스트에서는 전문가인 번역가조차도 새로운 문제에 맞닥뜨릴 수 있으므로 관련 지식을 보충하는 것이 필요하다. 만약 이를 보충하지 않는다면 번역에서 의미의 오류와 여러 실수들이 드러날 수도 있다.

하지만 필자의 경험에 비추어 보면, 이러한 정보 검색뿐만 아니라 정보를 확인하고 사용하는 것도 문제를 야기할 수 있다. 자신의 전문 분야와 동떨어진 주제임에도 불구하고 번역 작업을 감행하는 학생들이나 번역가들의 방법론적 능력이 부족하다는 사실을 자주 확인한다.

2.1. 이중 언어사전만을 사용

학생 번역가가 번역을 하는 과정에서 가장 빈번히 드러내는 문제점은 어휘와 전문 용어에 관한 정보를 얻기 위해 적절치 않은 출처를 활용한다는 것이다. 더 정확히 말해, 그들은 출발 텍스트에서의 단어나 용어의 "등가어"를 찾기 위해 이중 언어 사전만을 즉각적으로 활용한다. 이는 번역 교수자들에게도 잘 알려져 있지만, 학생들이 외국어 학습에서 수년간 이중 언어 사전만을 집중적으로 사용해 온 사실과 관련된다. 학생들은 이러한 방식에 익숙해져 있어서, 전문 용어 사전(학생들도 이중 언어 사전보다 전문 용어 사전이 신뢰도가 더 높다고 생각한다.)만큼 이중 언어 사전을 신뢰한다. 이처럼, 이중 언어 사전의 한계를 인식하지 못하는 학생들은 단순히 이러한 사전만을 참조함으로써 의미 오류, 오역, 여러 실수들을 범할 수 있다.

그러므로 학생들에게 이러한 유형의 정보 자료의 한계점을 알리고 이러한 사실에 관심을 기울이게 하는 것이 매우 중요하며, 학생들이 단순히 이중 사전만을 사용하는 데서 벗어나 더 적절한 자료들을 참조할 수 있게끔 도움을 주는 것이 교수자의 임무이다.

2.2. 전문적인 표현이나 용어를 인식하지 못하는 경우

비전문적인 텍스트를 다루는 번역가들이 처할 수 있는 난관 중 하나는, 별로 중요하지 않게 보이는 용어나 표현들이 특정한 분야나 문맥에서는 더 엄밀한 용법이나 의미를 지니고 있음에도 불구하고, 이를 인식하지 못할 수도 있다는 점이다. 기업에서 사용하는 프랑스어 'administrateur(경영자)'와 영어 'director(디렉터)', 'réseau local(지역 연결망)'의 형용사 'local(지역의)', 정보 과학 분야의 'logique(논리적)', 'mémoire(기억)', 'programme(프로그램)', 과학 분야에서의 'spéculation(천체 관측)', 통계학에서의 'significatif(유효한)' 등의 단어들을 그 예로 들 수 있다. 학생들은(가끔은 비전문적인 번역가들의 경우에도) 대개 어떠한 검색도 하지 않고서 도착어의 전문 용어와 부합하는지 확인도 하지 않은 채, 이러한 유형의 단어들을 그 의미나 전문적인 용법을 고려하지 않고 지나쳐 버린다. 4장에서 소개한 번역 모델에 의거해 보았을 때, 이러한 문제는 주로 학생들의 기초 지식 부족에서 비롯된다.

2.3. 직관적인 번역

학생들과 번역가들은 종종 출발 텍스트 용어의 용법이나 전문성을 알고 있음에도 불구하고 글자 그대로 직역하거나, 특히 도착어에서 그들이 이미 알고 있는 용어가 출발 텍스트의 용어와 근접할 경우, 해당 언어에 적절한 용어가 있는지(있더라도, 출발 텍스트의 용어와 가장 근접한 것이 아닐 수도 있다.) 찾으려고 애쓰지 않는다. 예를 들어, 보험 분야에서 'unfunded(비적립식)'라는 영어 단어를 'non financé'('자금이 확보되지 않은'의 뜻으로, 퇴직 연금 시스템과 관련된 단어이다.)로, 기업에서 주로 사용하는 영어의 'goodwill(영업권)'을 프랑스어로 'bonne volonté(호의)'로 번역한 사례를 이미 접했을지도 모르겠다. 항상 신중하게 번역에 임했던 한 여학생은 정보 과학 관련 텍스트에서 프랑스의 전산전문가들이 단어 그대로 반복한 일본어 "basu"(영어의 'bus(버스)'에 해당하는)를 일상생활에서 자주 쓰이는 (영어의 'bath'(욕조라는 단어에서 파생된) "basu"의 다른 의미인 "baignoire(욕조)"로 번역했다. 왜 이렇게 번역했는지 그 이유를 묻자 그 여학생은 정보과학 분야에서 이 단어가 욕조와 관련된 은유법으로 사용되었다고 생각했으며, 이를 더 정확하게 확인하지 못한 것을 후회한다고 대답했다.

인지 심리학 입문 텍스트의 미국인 저자는 뇌손상을 입은 군인에 관한 학술서('literature'(이는 프랑스어에서 주로 'littérature(학술서/문헌)'로 번역된다. 이는 영어식 표현으로 학술 관련 사회방언에서 주로 통용된다.)에서 인용한 사례에 관해 언급했다(6장 참조). 한 학생은 이를 확인하지 않고서 자신의 번역 과정 보고서에 "literature(서적)"를 "littérature(서적)"로 직역하는 것은 이 문맥에 적합하지 않은 것 같습니다. 따라서 저는 더 일반적인 "ouvrage(작품)"라는 용어를 선택했습니다."라고 기술했다. 심리학의 학술서/문헌("littérature")은 주로 여러 잡지 내의 논문들로 구성되어 있어 "ouvrage(작품)"과는 다르다. 따라서 이 학생의 번역은 의미적으로 부적합하다. 또한 보다 더 근본적인 측면에서 보아도 이 학생은 텍스트의 문맥상 영어의 "literature"에 해당되는 프랑스어의 전문 용어가 존재하는지를 고려하지 않았고, 관련 분야의 사회 방언과 관계없는 자신의 프랑스어 지식만을 신뢰했다.

2.4. 전문 용어의 변화

학생들과 전문 텍스트의 초보 번역가에게서 발견할 수 있는 또 다른 현상은 바로 동일한 전문 용어를 다르게 번역한다는 것이다. 즉, 같은 개념을 지칭하는 용어의 용법을 텍스트 내에서 다르게 번역하는 것이다. 대개, 번역에서 용어를 잘못 구성한 것이 원인이 되는데, 번역가가 텍스트에 처음 드러난 전문 용어의 번역을 적어 놓지 않는 경우, 차후에 동일한 용어를 텍스트에서 보게 되면, 첫 번째 번역어를 다시 사용할 수 있을지 검토해 볼 수가 없다. 학생들은 대개 반복을 피하는 문체적 규범을 따르기 위해 의도적으로 번역에 있어 동일한 용어를 다르게 번역한다.

예를 들어, 과학 연구에서 이론의 역할을 설명하는 텍스트에서(아래의 "Theories in research(연구의 이론들)"이란 제목의 예문 참조) 한 학생은 처음 언급된 "theory(이론)"는 "théorie(이론)"로 적절하게 번역했지만, 그 후의 두 번째, 세 번째 경우는 "theory(이론)"를 각각 "idée(사고)"

와 “suppostion(가설)”로 번역했다. 문맥상 정확하게 판단해 보면, 이 두 유의어는 사실 이론의 개념과 동일한 의미가 아니다.

예시 5.1. 연구의 이론들(Anderson, 1980: 16에서 발췌)

■ 원문

“A theory is not a speculative conjecture nor is it “the truth”. Rather, a theory is a system for understanding various phenomena that have been researched and for making predictions about phenomena that have yet to be researched. Clearly, there is no way to know for certain whether a cognitive theory describes what actually goes on inside. What is important is that the theory be accurate in predicting a subject's actions under a certain condition.”

(이론은 단순한 추측도 아니고 ‘진실’도 아니다. 이론은 연구된 다양한 현상들을 이해하고, 관찰하거나 해야 할 현상들을 예측하기 위한 체계이다. 당연하게도, 어떤 인지 이론이 뇌의 내부에서 벌어지는 일들을 정확히 설명하는지를 알 방법은 없다. 다만 중요한 것은 해당 이론이 실험자가 특정 조건 하에서 행할 행위들을 정확히 예측해야 한다는 것이다.)

■ 가능한 번역

“Le concept de théorie ne relève pas de la pure conjecture, pas plus qu'il ne correspond à “la vérité”. La théorie est une construction conçue pour aider à comprendre différents phénomènes étudiés, et à faire des prévisions sur des phénomènes qui ne l'ont pas encore été. À l'évidence, il n'y a aucun moyen de savoir si une théorie cognitive décrit ce qui se passe réellement à l'intérieur du cerveau. Ce qui est important, c'est qu'elle puisse prédire le comportement d'un sujet dans des conditions données.”

(이론의 개념은 단순한 추측도 아니며, “진실”에 부합하는 것도 아니다. 이론은 관찰하거나 해야 할 현상들을 예측하고, 연구된 다른 여러 현상들을 이해하는 데 도움을 주는 체계이다. 인지 이론이 실제 뇌의 내부에서 일어

나는 것을 명확히 설명하고 있는지 알 수 있는 방법은 없다. 중요한 점은 이론을 통해 주어진 조건에서 실험자의 행동을 예측할 수 있다는 것이다.)

교수자는 문체적인 규범에 의거하여, 하나의 용어 번역을 계속해서 변경하는 학생들의 방식을 쉽게 정정할 수 있다. 즉, 교수자는 그들에게 일상 언어보다 전문 분야에서 반복을 피하는 문체적인 규칙의 강제성이 더 약하다는 사실과 전문 용어들은 대개 특별한 실체를 정확한 방식으로 가리키므로 하나의 전문 용어를 두 유의어로 표현한다면 독자가 서로 다른 두 지시대상을 의미하는 것으로 믿을 수도 있으므로 혼동이 될 수도 있다는 사실을 설명하면 된다.

2.5. 정보 출처의 부적절한 활용

사전에는 출발어의 한 용어에 여러 등가어들이 제시되어 있을 뿐, 이러한 등가어들의 다른 용법이나 뉘앙스를 지적하는 부분이 없다("전문 용어 출처"의 사용과 관련된 문제는 차후에 분석하겠다). 필자의 경험에 비추어 보면, 몇몇 학생들과 초보 번역가들은 대개 정확한 용법과 의미를 확인하지 않은 채, 사전에 명시된 등가어들 중 하나를 무턱대고 번역어로 선택한다. 그 결과, 많은 오류들이 번역문에 드러나게 된다. 사실, 출발어의 용어와 전문 용어조차도 다의어일 수 있고, 출전을 통해 찾은 각 등가어의 의미들이 번역할 텍스트에 부합되는 의미일 수도 혹은 아닐 수도 있겠지만, 여하튼 여러 의미들 중 하나에 부합하는 것이긴 하다.

좋은 품질의 자료를 잘 찾는 학생들이 자주 범하는 오류는 번역할 텍스트의 용어나 표현과 동일한 문맥에 포함된 혹은 그들이 번역할 용어나 표현과 닮은 용어나 표현(유사한 형태가 동일한 의미인지 확인하지도 않은 채)을 번역어로 선택하는 데 있다. 6장에서 소개한 인간의 인지 과정과 관련된 텍스트에서 저자는 "utterance(말로 표현/발언, 주어진 문맥에서 이 용어는 글로 작성된 것과는 반대인 말로 표현한 것을 암시한다.)"를 이해하는 인간의 능력을 언급하고 있다. 한 학생은 그 문장을 "(…) comprendre (…) le langage articulé((…) 이해하고 (…) 분절된 언어)"로 번역했다. 그리고 자신의 번역에 관해 다음과 같이 간단히 설명했다. "저는 사이트상에서 "langage articulé(분절된 언어)"의 표현을 찾았습니다. 문맥상으로 충분히 적절한 번역인 것 같습니다."

또한 학생들과 초보 번역가들은 어휘와 전문 용어의 문제에서, 가능성 있는 적절한 해결책을 하나의 정보 출처를 통해 찾은 다음, 텍스트의 목표 대상의 정확한 요구 사항은 고려하지 않은 채 해결책을 선택한다. 이러한 점에 관해서는 앞서 언급한 인간의 인지과정에 관한 텍스트의 한 구절을 통해 알아보겠다.

■ **원문**

"One case described in the literature concerns a soldier who suffered brain damage due to accidental carbon monoxide poisoning."
(해당 문헌에서는 일산화탄소 중독으로 뇌손상을 입은 한 군인의 사례를 설명한다.)

■ **가능한 번역**

"La littérature présente le cas d'un soldat ayant subi des lésions cérébrales à la suite d'un empoisonnement accidentel au monoxyde de carbone."
(해당 문헌/학술서는 일산화탄소 중독으로 뇌손상을 입은 군인의 사례를 소개하고 있다.)

한 학생은 두 의학 전문 사전("Gladstone"(이 분야에서 가장 저명한 사전으로 수많은 번역가들이 고려하는 사전)사전, "Grand Larousse médical"사전)을 통해 "encéphalopathe(뇌질환)"를 "brain damage(뇌 손상)"의 등가어로 찾았다. 사실, 의미상으로 보면 이 용어가 옳다. 하지만 이 용어는 의학적인 측면에만 초점이 맞춰져 있어서, 그 형태 자체로 보면 심리학의 초급자인 학생들에게는 난해할 수 있다. 따라서 "lésions cérébrales(뇌 손상)"으로 번역하는 것이 이러한 상황에서는 더 적합해 보인다. 독일의 기능주의자들이 강조했듯이(본고의 7장 참조), 물론 2장에서 이미 설명했지만, 번역 품질은 언어적으로 등가가 성립되는지, 나아가 번역의 스코포스에 따른 번역가의 선택이 적절한지에 달려 있다. 그러므로 위의 번역에서 번역가는 번역 초급 수업을 수강하는 젊은 학생들에게 정보를 가능한 한 잘 이해시킬 수 있고 명확하게 드러낼 수 있어야 한다. "encéphalopathe(뇌질환)"과 "lésions cérébrales(뇌 손상)" 중 어떠한 표현을 선택해야 하는지에 관한 위의 예는 전문 용어의 번역에서 기능주의자들의 규칙을 보여주는 것이기도 하다.

위 문장과 동일한 텍스트의 다른 구절에서 그 군인은 시각적인 정보들을 "register(기록하다)" 할 수 있었지만 지각적인 실제 경험에서 그 정보들을 통합할 수는 없었다.

■ 원문

"His system was able to register visual information, but somehow his brain damage resulted in a loss of ability to combine visual information into perceptual experience."

(그의 인식체계는 시각적 정보를 수용할 수 있었지만, 뇌 손상으로 인해 시각적 정보를 지각적 경험과 결합하는 능력을 상실하였다.)

■ 가능한 번역

"Son cerveau pouvait enregistrer des informations visuelles, mais les lésions l'empêchaient de les intégrer en une expérience perceptuelle."
(그는 시각적인 정보들을 기록할 수 있었지만, 뇌손상으로 인해 이와 같은 정보를 지각적 경험 안으로 결합시킬 수는 없었다.)

한 학생은 위 문장의 번역 과정 보고서에 다음과 같이 언급했다.

"저는 많은 인터넷 사이트들을 참조하였는데, 그중에서도 메타인지에 관한 전문적인 사이트에서 자주 사용되고 있는 표현인 시각적 정보들을 "stoker(저장하다)"로 "register(기록하다)"를 번역했어요."

만약 이 문장에서 기억이 정보를 "stoker(저장하다)"는 의미가 적합하다면, 여기서 "stoker"라는 용어는 일정 기간 내의 기억 작용에 중점을 둔 것이다. 하지만 이 문장은 단순히 시각적인 정보를 고려한 것으로 매우 짧은 기간 내의 감각적인 기억 작용(기억의 여러 유형과 관련한 몇몇 개념들이 본고의 6장에 소개되어 있다.) 안에서의 정보 "enregistrement(기록)"을 뜻하므로 "stoker(저장하다)"는 이 문장에 적합하지 않은 번역이다. 도착어에서 적절한 번역어를 선택하기에는 이 학생의 전문 지식이 부족했던 것은 사실이다. 하지만 그보다는 이 학생이 방법론에서 "stoker(저장하다)"와 "mémoire(기억)"를 합친 연어의 빈도수를 통해 "stoker(저장하다)"라는 번역어의 선택을 정당화하였기에 오류를 범한 것으로 판단된다.

사실, 가장 신뢰성 있는 전문가를 통한 정보 자료가 항상 최선인 것은 아니므로 비평적인 시각으로 수용하는 것이 필요하다. 인간의 인지과정에 대한 텍스트에서, 한 학생은 마지막 문장을 이해하고 번역하기 위해 인지 심리학 교수와 심리학을 전공하는 대학생에게 이에 관한 질문을 던진 후 다음과 같이 번역 과정 보고서를 작성했다.

> "영어의 "perceptual experience(지각적 경험)"을 프랑스어로 설명하기 어려웠습니다. (…) 심리학에서는 흔히 인간의 뇌가 정신적으로 분류 가능한 이미지, 즉, 뇌가 이해하고 분류 가능한 이미지로 받아들이는 정보들을 변형한다고 이야기합니다."

이에 기반을 두고 이 학생은 마지막 문장의 끝부분을 다음과 같이 번역했다.

> "(…) 그의 뇌는 정신적으로 분류 가능한 이미지에 시각적인 정보를 변형하는 데 적합하지 않았다."

내용적인 측면에서 볼 때 이러한 분석은 옳다고 생각한다. 하지만 이는 지각적인 경험에 관해 심리학자들이 생각하는(심리학자들은 미리 정한 다양한 범주에 따라, 실험자가 정보를 분류 능력을 통해 정보를 통합하는 몇 가지 능력을 측정한다.) 너무도 전문적인 시각이다. 과연 초급 학습자가 "정신적으로 분류 가능한 이미지"라는 대목을 읽고 무엇에 관한 내용인지 이해할 수 있을까? 이 학생은 번역할 텍스트의 기능이나 성격을 정보 제공자에게 설명했을까? 가장 나은 해결책은 "지각적 경험"이라고 생각할 수도 있었을 텐데.

결과적으로 이러한 모든 반복적인 오류는 수정되어야 하며, 적절한 지식의 습득과 관련이 있다는 것을 알 수 있다.

3. 정보 출처(정보원) 분류

적절한 정보 자료를 습득하는 작업에 관한 여러 방편들을 표로 소개하기에 앞서, 이 장에서는 정보 자료를 범주화하고 각각의 성격을 분석해 보고자 한다. 먼저 정보의 출처(정보원)가 사람인 경우와 텍스트인 경우를 구분해 보겠다.

적절한 정보를 얻기 위해 정보원이 사람인 경우는, 원본의 이해와 도착어의 재표현 능력을 향상시킬 수 있는 정보를 얻기 위해 번역가가 사람들에게 문의하는 것이다. 이 '사람들'은 경우에 따라 다른 번역가 혹은 출발어와 도착어의 모국어 화자, 관련 분야의 전문가, 나아가 이러한 두 능력을 겸비한 사람일 수도 있다.

이름 자체로도 알 수 있듯이 정보원이 텍스트인 경우는 전통적인(종이 형태의) 혹은 '전자 형태의'(자기(磁氣), CO-ROM, 인터넷 사이트 등) 텍스트(도표나 그림도 포함해서)가 해당된다.

세 번째 유형은 시청각 자료로 영화나 시청각 파일 등이 이에 해당되는데, 정보원이 텍스트인 범주(이러한 자료는 소리와 그래픽의 요소를 합친 텍스트인 '하이퍼텍스트'를 뜻하므로)에 포함될 수 있다.

정보원이 텍스트인 경우는(물론 적합하지 않을 수도 있으나 이는 전문 용어상 번역가들의 관례이다.) 전문 용어에 관한 출처와 비전문 용어에 관한 출처로 분류해볼 수 있다. 먼저, 전문 용어에 관한 출처로 책 형태의 어휘사전, 단일어 사전, 이중 언어 사전, 다언어 사전과 종이 형태의 자료카드(이는 정보 파일에 비해 쉽게 잃어버릴 수 있다.)나 전문 용어 데이터베이스를 들 수 있다. 이는 용어(더 정확히 말하자면, "전문 용어")에 관한 과학적인 작업이라기보다는 오히려 다른 언어 내에서 용어들의 정의나 등가어들을 모아둔 형태의 어휘-그래픽적인 출처이다. "비전문 용어"에 관한 출처는 번역을 하기 위해 유용한 정보들을 발췌할 수 있는 여러 다른 텍스트들이 이에 해당된다. 예를 들어, 과학 기사문, 계약서, 논설, 대중 소설, 전문 분야에 관한 설명, 정기 간행물, 이야기, 광고, 사용법, 계약서, 법률 행정 문서 등을 들 수 있다.

이러한 범주를 통한 정보원의 구분과 이에 관한 광대하고 다양한 범주에 놀라움을 자아낼 수도 있다. 이러한 구분은 실제 번역 수행에서 고려해 볼 수 있는데, 이에 관해서는 차후에 언급하도록 하겠다.

4. 번역가를 위한 정보 출처(정보원)의 가치 및 근본적인 변수들

적절한 정보 자료를 얻기 위해 찾을 수 있는 정보 출처들은 개별적인 특성을 지니는데, 주요 변수는 다음과 같다.

4.1. 정보 출처의 존재

일반적으로 정보 출처는 있거나 없거나 둘 중 하나라고 생각한다. 정보 출처는 적절한 정보를 획득하기 위한 필수 요소이다. 특별한 유형의 정보 출처의 존재 여부를 알고 있다면, 그만큼 작업의 시간을 절약할 수 있으며, 가장 적절한 정보 출처를 찾고 택하는 과정을 통해 정보의 품질을 향상시킬 수 있기 때문이다.

4.2. 외부적 접근

외부에서 정보 출처를 찾을 때는 시간과 노력, 재정적인 측면(책 구매, 전화상 연락 비용, 원거리 데이터베이스 접근), 경우에 따라서는 힘든 정도에 따라 판단해야 한다. 즉, 정보 출처의 존재 여부가 아닌 번역의 경제적인 측면을 통해 평가해야 하는 것이다. 예를 들어, 참조 문헌과 데이터베이스에 접근하는 비용에 투자하는 것은 번역을 풍부히 하는 데 그만한 경제적 가치가 있을 수 있다. 하지만 단순히 2, 3페이지 정도만이 번역에 필요하다면 이러한 문헌을 구매하는 것은 적절치 않다.

4.3. 내부적 접근

정보 출처의 내부적인 접근은 시간과 노력을 기준으로 판단해 보아야 한다. 재정적인 비용으로도 이를 고려해 볼 수 있는데, 원거리 데이터베이스를 참조하거나, 더 직접적으로는 번역을 작성하는 것보다 정보 출처를 검색하는 데 더 많은 시간을 들여 수입을 잃는 경우가 이에 해당한다. 하지만 재정적인 측면에서 보자면 외부에서 정보 출처를 찾을 때가 내부에서 찾을 때보다 비용이 더 많이 든다. 반면 정보를 포함하는 양과 정보의 구성에 따라서는 내부적으로 정보 출처를 찾는 데에 시간과 노력을 더 많이 투자해야 할 수도 있다.

4.4. 정보 범위 비율

초보 번역가나 임시 번역가들은 자신이 구비하고 있는 사전, 백과사전, 참조 문헌 중 가장 양이 많은 자료를 더 선호하는 경향이 있다. 즉, 정보의 양을 정보 유용성의 긍정적인 지표로 고려하는 것이다. 사실, 책의 페이지나 표제어의 수를 보여주는 출판사의 광고도 이에 기여한다고 볼 수 있다. 하지만 이러한 계산이 꼭 정확한 것은 아니다. 정확히 전체적으로 필요한 사항들에 비추어 보면, 출처에서의 정보 양은 정보의 신뢰성이나 적절성과의 관련성이 매우 높은 것은 아니다. 수많은 사전과 전문적인 참조 문헌들은 완벽하진 않아도 관련된 전문 분야보다 대개 정보의 범위가 더 넓다. 또한 번역가가 필요로 하는 자료는 시기에 따라 다른데, 특수한 분야의 번역에 갓 데뷔한 번역가는 관련 지식이 취약하므로, 정보 자료를 통해 스스로 던지는 다수의 질문에 해답을 찾아야 할 것이다. 하지만 경험이 쌓여감에 따라, 그의 지식은 풍부해지며, 전문적인 정보 관련 요소들의 기초 지식은(관련 분야에서 '일반적'이거나 상업적인 정보의 출처 안에서는 거의 찾을 수 없는 특수한 기업, 나라, 하위 분야의 소수 사람들에게 적합한 지식, 최근의 전문적인 정보 관련 요소에 대한 기초지식 또한 이에 포함된다.) 점차 필요로 하지 않을 것이다. 이러한 사실에 비추어 볼 때, 번역가의 필요에 따른 정보 범위 비율에 관한 관점은 대상과 시점에 따라 현저히 변할 수 있다는 사실을 알 수 있다.

정보 범위 비율은 두 유형(가능한 정보 출처의 범위 비율과 효율적인 정보 범위 비율)으로 구분될 수 있다. 가능한 정보 출처의 범위 비율은 그 출처 내에서 검색한 정보들의 비율이다. 정보 출처의 잠재적인 가치보다 정보를 통한 효율적인 작업을 측정하는 생산성 연구에서는 효율적인 정보의 범위 비율에 중점을 둔다. 여기서 효율적인 정보의 범위 비율이란 정보의 출처 내에서 효율적으로 찾은 정보들의 비율인데, 이는 특히, 내부적인 정보 출처(책에서 정보를 찾는 경우, 찾고자 하는 정보가 책의 논리 전개를 통해 알 수 없는 경우, 책에 상세한 목차가 없거나 색인이 없는 경우 등에는 번역가가 효율적인 정보를 못 찾을 수도 있다.)에 따라 달라질 수 있다.

4.5. 상세함

정보 출처가 상세한 경우, 우리는 이를 통해 단순한 정보 여부가 아닌 검색된 정보들의 명세성을 판단해 볼 수 있다. 예를 들어, 이중 언어 사전의 경우, 단순히 하나의 영어 용어에도 프랑스어로 이에 해당되는 여러 등가어만을 명시하기도 하고, 그 이상으로 각 용어의 용법이나 관련 분야나 하위 분야에 관한 설명을 곁들인 예문을 첨가할 수도 있다. 전문 용어의 출처에서 주목할 점은, 더 상세한 출처의 경우 각 표제어당 더 많은 양의 정보를 포함하고 있으며, 주로는 경제적으로 중재해야 할 여러 이유 때문에(이에 관해서는 차후에 언급하겠다.), 출처에서 정보 비율이 더 낮을 수밖에 없을 수도 있다.

4.6. 신뢰성

부가 가치를 창출하는 교과서 번역에서는 최대한 신뢰성 있는 정보 출처를 갖추는 것이 가장 중요하다. 하지만 가장 "완벽한" 출처라고 해서 항상 가장 신뢰도가 높은 것은 아니다. 따라서 모든 출처가 동일한 수준일지라도 학생이나 초급 번역가들이 신뢰할 만한 정보 출처들을 더 잘 확인할 수 있는 몇 가지 지침 사항들을 제시하는 것은 유익하다고 생각한다. 하지만 이러한 일반적인 지침 사항 외에도 다른 방편들이 많다. 실제 번역에서는 경험 많은 번역가와 그 분야의 전문가가 정보 출처의 신뢰도와 품질 면을 충고해 줄 수 있는 가장 훌륭한 조언가일 수 있다. 이러한 도움을 얻을 수 없는 경우에는 초급 학습자가 어느 정도 보증된 출처들을 활용할 수 있기 위한 기준이 마련되어야 한다.

4.6.1. 정보 출처가 사람인 경우, 저자의 언어적 능력

가장 높은 수준의 언어 능력을 지닌 사람은 일반적으로 모국어 화자이다. 모국어 화자가 아닌 사람에 비해 모국어 화자의 장점은 바로 문체적인 측면에 있다. 하지만 모국어 화자와 모국어 화자가 아닌 사람이 동일한 언어를 사용하는 환경에서 일하는 경우, 어휘와 전문 용어의 측면에서는 이 두 사람 간의 간극이 거의 없을 수도 있다. 프랑스어의 전문 용어에 관한 정보를 얻기 위해 프랑스 기업 관련 분야에서 일하는 프랑스인이 아닌 사람에게 물어볼 수도 있으며, 이 경우 그가 외국인이어도 프랑스인만큼 그의 지식을 신뢰할 수 있다. 하지만 원문의 저자가 모국어 화자가 아니며, 그에 대한 정확한 정보가 없는 경우, 저자의 언어적인 측면에 관한 신뢰성은 모국어 화자가 저자인 경우보다는 더 낮을 수밖에 없다.

본 장에서 '언어적 능력(Chomsky의 용어가 아닌 일반적인 의미의)'은 전문 언어, 관련된 사회계층 및 국가 내에서의 다양한 능력을 지칭한다. 예를 들어, 프랑스어의 어휘, 전문 용어(전문 언어의 어휘 단위), 문법, 관용어 등의 용법은 캐나다, 프랑스, 스위스나 아프리카의 프랑스어권 나라마다 다를 수 있다. 독일어도 마찬가지이다(독일, 오스트리아, 스위스에서 그 용법이 다를 수 있다). 예를 들어, 정보의 출처가 캐나다인 경우, 캐나다 텍스트에서는 이를 신뢰할 수도 있겠지만 프랑스인을 대상으로 하는 번역에는 적절하지 않을 수 있다.

4.6.2. 정보 출처가 사람인 경우, 저자의 언어 외적인 지식

정보 출처가 사람이나 텍스트인 경우, 일반적으로 의뢰한 사람과 텍스트의 저자 모두 언어 외적인 정보에 다양한 능력을 갖추고 있다. 예를 들어, 기술 분야에 관해 연구하는 사전학자는 언어를 연구하는 전문가들보다 더 낮은 언어 외적 지식을 갖추고 있을 수도 있다. 따라서 풍부한 어휘 지식을 갖추고 있음에도 불구하고 기술자들보다 그들이 제안하는 정보의 신뢰성이 더 낮을 수 있다. 또한 모든 분야는 하위 분야를 내포하고 있기 때문에, 한 명의 전문가가 모든 하위 분야를 섭렵할 정도의 높은 수준의 지식을 겸비할 수는 없다.

예를 들어, 일반의는 심장병 전문의만큼의 심장병에 관한 지식이 없을 것이며, 심장병 전문의는 소화기 전문의와 동일한 지식을 갖고 있지 않을 것이다. 원칙적으로 번역할 텍스트의 주제에 보다 더 전문적인 영역의 출처일수록, 더 신뢰성이 높으며, 관련 출처의 저자는 그 텍스트가 산출되고 목표로 하는 환경을 더 정확히 알고 있다.

4.6.3. 원 출처

정보 출처가 텍스트인 경우에는 주로 저자가 직접 정보를 수집한 것이 아닌 다른 여러 출처에서 찾은 정보들을 소개하는 것이 대부분이다.

대개 대중적인 서적과 백과사전 등이 이에 해당된다. 어휘 사전과 다양한 전문 용어 자료의 출처는 어휘나 전문 용어에 관한 코퍼스 작업의 결과물이 아니다. 이는 부분적일지라도 어휘 사전과 이전의 출처들을 통한 정보를 비교 작업함으로써 만들어진다. 신중하게 대조 작업을 하는 경우에는 일차적인 정보(코퍼스를 통해, 혹은 현장에서 수집된 자료들)를 수정하거나 재평가할 가능성도 있지만, 그렇지 않은 경우 이를 수정하지 않을 가능성이 높다. 따라서 전문 용어의 출처에 있어 수집된 자료 출처의 단점이 그대로 반영된 경우가 자주 있다.

당연히 번역은 "원 출처"가 아니다. 원칙적으로 번역의 신뢰성은 원문 텍스트보다 더 낮다. 하지만 어떤 번역들은 그 반대이다. 특히 정보 하드웨어와 소프트웨어 자료를 포함하는 개론서 번역에서, 원문 텍스트보다 독자들 사이에 번역본이 더 잘 알려져 있는 경우, 오히려 원문 텍스트가 번역본의 언어적인 구조나 전문 용어 용법을 따르는 경향이 있다. 이러한 현상은 출간에서 국제 공용어인 영어가 주로 지배하는 과학과 하이테크놀로지 분야에서 더욱 두드러진다. 몇몇 분야에서는, 영어에 능통하지 않은 기술자들이 번역본만 존재하는 여러 텍스트들을 읽고, 어휘와 문법적인 측면에서 종종 번역본의 어법이나 전문 용어들을 차용한다. 예를 들어, 기술자 회의에서 프랑스 전문가들은 "주입된 손상"(작품의 손상이 진행되는 것을 막고자 제품을 손상된 부분에 주입하는 것, 영어식 프랑스어 표현)이라고 말하기도 하며, 프랑스 기업 그룹 내에서는 종종 부장이 "사장에게 직접적으로 보고한다"(영어식 프랑스어 표현)는 말을 하기도 한다.

원 출처의 정보들이 다른 곳으로 이동하게 되면 오류가 발생될 수 있기에, 정보의 기반이 되는 분야의 자료에 접근할 수 없을 수도 있다. 결과적으로 원 출처가 부차적인 출처보다 더 신뢰성이 높다고 생각해 볼 수 있다.

4.6.4. 출처의 시기

세상이 변화함에 따라 지식도 축적된다. 더불어 대상, 활동, 기능, 제품, 병리학, 이론 등에 새로운 범주들이 생겨나고 정의되거나 사라지기도 한다. 언어의, 특히 전문 용어의 측면에서 이러한 변화가 수반된다. 이러한 변화는 건축, 철학, 예술, 역사 등 몇몇 하위 영역에서는 느리지만, 전자 공학 관련 신기술 분야에서는 매우 빠르다. 모든 텍스트를 내포하는 언어-문화적인 공간은 특히 시기에 따라 결정된다. 일반적으로 출발 텍스트의 이해 단계에서는 동시대의 정보 출처가 이전의 출처나 가장 최근의 출처보다 더 높은 신뢰성을 지니며, 도착어로의 재표현 단계에서는 최근의 출처를 검색하는 것이 바람직하다.

4.6.5. 원문과 번역문의 유사성

번역에서, 원문의 저자가 갖추고 있는 능력 이외에도, 특히 언어적 측면에서 번역할 텍스트와 원문의 범주적 유사성이 매우 중요하다. 그 이유는 전문 용어와 통사적인 측면, 나아가 문체적인 특성이 텍스트의 유형에 따라 매우 다르기 때문이다. 예를 들어, 대중적인 작품은 전문 텍스트와 동일한 용어들을 사용하지 않으며, 기업의 내부용 텍스트는 대중적인 텍스트와 다른 방식으로 작성된다. 상품의 저장이나 운반과 관련된 상업성을 띤 카탈로그도 동일한 부품의 제조 규칙으로 작성되지 않는다. 또한 모든 것이 동일한 조건이라 할지라도, 번역본과 원본이 같은 특성을 지닐 때(카탈로그, 사용법, 공식 행정 문서, 자격증, 과학 기사, 대중 기사 등) 번역본의 신뢰도가 최고치에 이를 수 있다.

요약하자면, 예를 들어, 외국의 법률 잡지에서 막 간행된 정보법에 관한 기사문을 프랑스어로 재표현하는 경우, 이론적으로 가장 신뢰할 만한 정보의 출처는 프랑스의 법률 잡지에 프랑스인 전문가가 최근 출간한 다수의 기사문일 것이다. 이러한 기준과 거리가 먼 출처들(스위스 기사문, 캐나다 잡지, 법과 관련 없는 전문 자료, 예전 자료 등)을 참조할수록, 번역문의 신뢰도가 더 낮아질 것이다. 물론 실제 번역에서 항상 그러한 것은 아니다. 관련 주제에서 벗어난 출처에 기반하여 번역 작업을 수행하는 경우도 있을 것이다. 하지만 가능한 한 가장 좋은 품질의 번역을 위해 이러한 규칙들을 학생들에게 상기시키는 것은 중요하다.

5. 여러 변수에 따른 정보 출처의 유형 분석

지금까지 범주별로 정보 출처들을 분석해 보았으나, 출처의 평가와 관련된 변수에 관해서는 피상적으로만 언급했다. 번역이 경제적인 측면에 해당되는 이상, 관련 비용과 시간은 제한되어 있으며 수익성이 있어야 한다. 또한 관련 분야에서 정보 출처들의 특색을 규정하기 위해, 평가의 변수들이 어떻게 구성되며 이를 어떻게 활용할 수 있을지를 고려해 볼 필요가 있다.

5.1. 출처 여부

다음과 같은 주요 사항들을 실제 번역에서 활용한다면, 매우 유용할 것이다. 번역할 텍스트의 저자와 저자가 상정한 (텍스트에 관심을 가질) 잠재적인 독자들은 가능성 있는 하나의 정보원(이는 정보원이 사람인 경우로, 이메일과 기업, 대학, 연구소, 여타 기관들의 사이트가 일반화되면서 이러한 접근이 매우 용이해졌다.)이다. 번역할 텍스트는 관련 주제를 다룬 첫 번째 텍스트가 아니므로 그 주제에 관한 모든 텍스트들이 보충적인 정보를 가져다 줄 수 있다. 그러므로 출발 텍스트의 주제와 관련해서는 정보 출처가 텍스트인 경우와 사람인 경우가 항상 공존한다. 하지만 출발 텍스트에 부합하는 전문 용어 관련 출처가 늘 존재하는 것은 아니다. 우리는 이러한 출처들을 산출하기에 앞서 다음과 같은 몇 가지 사항들이 전제가 되어야 한다는 점을 염두에 두어야 한다.

먼저 주어진 주제가 일정 기간 내에서 수많은 사람의 관심의 대상이 되어야 하고, 전문 용어를 참조해야 할 필요가 있는 사람들이 넓게 분포되어 있어야 하며, 관련 준비 과정에서의 투자가 수익성이 있다고 판단되어야 한다. 그러므로 몇몇 분야에서는 전문 용어의 출처가 존재하지 않는 것이다.

반대로 관련 출처들을 특정인(특히, 번역가)이 활용할 수 있도록, 국제 조직(연합국, 세계은행, 경제 협력 개발 기구, 국제 통화 기금에서는 각기 어휘 사전이 존재한다.), 기업, 단체의 경우 수많은 전문 용어들의 출처가 내부에 포함되어 있고, 흔히 그 존재를 의심치 않는다. 이러한 정보원들은 출판인이 작성한 카탈로그의 형태는 아니다. 전문 용어의 형태가 아닌 출처(책, 기사문, 계약서)도 장별로 혹은 부록으로 구성된, 어휘사전 같은 전문 용어 출처를 포함하고 있을 수도 있다. 예를 들어, 특수 용법 관련 의사소통 이론에 관한 책(Cobly, 1996)에서 사전에서는 거의 볼 수 없지만, 굉장히 완벽한 80개의 전문적인 공용어의 어휘 사전을 찾을 수 있다. 또 다른 예로는 인공 지능에 관한 프랑스어 책(Automarchi, Castiel and Seyden, 1986)에서 15개의 표제어를 포함하는 하나의 용어집을 들 수 있는데, 이는 인공 지능 분야에 관한 기초 지식과 실제, 제5세대, 사실의 발견, 추론 등의 개념을 이해하는 데 굉장히 유용하다.

5.2. 외부적인 접근

서구 사회뿐만 아니라 수많은 나라에서 1990년대 말부터 인터넷과 검색 엔진의 발달 덕분에 전자 형태의 출처에 대한 접근이 매우 용이해졌다. 몇 년 전부터는 더 빠르고 저렴한 비용의 인터넷과 모든 장르에 걸쳐 다양한 사이트들이 생겨나면서 이러한 출처의 접근 가능성이 더욱 커지고 있다. 더불어 인터넷과 여러 새로운 테크놀로지의 일반적인 보급을 통해 그 장점이 극대화되고 있다.

두 번째로 활용해 볼 수 있는 것은 종이 형태의 텍스트 출처인데, 비용이 많이 들 수도 있고, 번역가가 도심에서 먼 곳에 거주하는 경우, 접근(예를 들어, 도서관)이 용이하지 않을 수도 있다. 세 번째로 활용 가능한 정보 출처는 정보원이 사람인 경우인데, 인터넷의 발달과 전자 이메일을 통해 이러한 접근이 매우 용이해졌다. 하지만 정보를 수집하기 위해 여러 불편 사항이 생길 수도 있다(이에 관해서는 본고의 뒷부분 참조).

이는 일반적인 분류로, 본 장에서는 주로 적절한 정보 획득을 위한 전략을 구성할 수 있는 정보 출처의 특징들만을 설명한다. 특수한 상황에서는, 예를 들어 저자가 번역가의 직접적인 고객이거나 팀 번역과 같은 협력 방식으로 번역을 수행하는 경우에는 정보 출처와 관련된 또 다른 특징과 전략들이 있을 것이다.

5.3. 내부적인 접근

일반적으로 가장 빠르게 내부적인 정보에 접근하는 방식은 관련된 사람에게 문의하는 것이다. 의뢰받은 전문가는 장기 기억 속에 저장된 지식들에 즉각적으로 접근하여 본인의 생각과 견해를 빠르게 설명할 것이다. 또한 그는 텍스트상의 출처에서 발견될 수 있는 적절치 않은 정보 요인들을 즉각적으로 분별할 수 있지만, 아마도 이를 먼저 말하지는 않을 것이며, 이러한 부분이 번역가가 필요로 하는 것인지도 알지 못할 것이다. 그러므로 이처럼 정보원이 사람인 경우, 관련 정보는 선별적이며 우리가 "기억하지 못하는 부분들"의 정보도 산출될 수 있다. 하지만 사람의 견해는 늘 상대적이므로 이러한 정보 또한 한계가 있다.

두 번째로 언급할 수 있는 정보의 내부적인 접근은 전자 형태의 출처로, 특히, 주어진 용어들의 그룹이나 하나의 용어를 매우 빠른 속도로 찾을 수 있는 "검색" 기능을 통해 전문 용어에 관한 정보들을 찾는 경우가 이에 해당된다. 주목할 만한 점은 검색 엔진을 통해 사전의 선별 과정 없이 수많은 웹 사이트상에서 용어나 연어를 직접적으로 찾을 수 있다는 사실이다. 물론 변화가 전혀 없는 정통적인 자료의 출처에서 검색을 하는 경우에는 자료들을 선별하는 사전 과정이 필수적이다. 내부적인 접근의 세 번째 방식으로는 종이 형태의 전문 용어 자료 출처를 들 수 있는데, 일반적으로 이러한 출처들은 알파벳 형식으로 분류되어 있어 검색이 용이하다. 용어 형태가 아닌 종이상의 자료 출처들은 가장 쉬운 내부적인 접근 방식이다. 예를 들어, 상세한 목차나 색인을 갖추고 있는 책이라면 정보 검색에 더 용이할 수 있다.

5.4. 전문 용어 자료 출처의 범위 비율

앞서 언급했듯이, 번역가가 필요로 하는 사항들이 다양하므로 정보 자료 출처의 범위 비율은 항상 변화한다. 따라서 정보 출처의 유형별로 이러한 비율을 비교하는 일반적인 규칙을 세우기는 어렵다.

현재 존재하는 검색 엔진들과 모든 주제의 웹 페이지 증가를 고려해 본다면, 아마도 대부분의 경우 인터넷이 가장 높은 비율을 차지하는 출처일 것이다. 다음과 같은 측면들을 강조하면서 전문 용어 자료의 출처에 관한 신뢰도와 한계에 관해 초급 번역가들의 관심을 고취시키는 것은 중요하다.

5.4.1. 시간 차이

전문 용어의 자료 출처는 대개 다른 전문 용어의 자료 출처나 코퍼스 혹은 두 자료를 모두 활용하여 만들어진다. 어떤 경우든지, 전문 용어의 출처가 산출되기 이전에 코퍼스가 구축되어야 한다. 하지만 코퍼스 작업은 수많은 텍스트들, 용어 선별 작업, 의미와 용법에 관한 연구, 작업 결과물의 작성, 종이나 전자 형태의 매체 준비 과정 등을 포함하므로, 관련 기간이 일반적으로 몇 년, 적어도 몇 달이 걸리므로 매우 긴 기한이 필요하다(물론, 개별적인 어휘 사전의 경우, 번역가가 동일한 분야의 상호 관련된 일련의 텍스트들에 관한 작업을 수행할 때에는, 며칠이나 몇 주의 기간 안에도 충분히 만들 수 있다). 그 결과, 대부분의 전문 용어 자료의 출처들은 번역가가 작업해야 할 최신 텍스트에 비해 다소 늦게 만들어지기도 한다. 앞서 언급한 것처럼, 몇몇 분야에서는 이러한 현상이 심각한 결과를 초래하지는 않겠지만, 특히 신기술 분야에서는 이로 인해 문제가 발생할 수 있다. 그 이유는 번역을 수행하는 기간과 새로운 전문 용어 자료의 출처들이 만들어지는 기간 사이에, 새로운 용어가 나타날 수도 있고, 관련 의미나 용법이 변화하거나 사라질 수도 있기 때문이다. 예를 들어, 2004년 초반 정보 분야에서, 그 당시보다 불과 몇 년 전에 발간된 몇몇 전문 용어 사전에는 인터넷 개별 사용자들 간에 흔히 통용되고 있는 용어인 'USN(유비쿼터스 센서 네트워크), WiFi(와이파이), ADSL(비대칭 디지털 가입자 회선)'이나 'business engineering(비지니스 공학)'은 찾을 수 없었다.

5.4.2. 경제적인 제약

전문 용어 자료를 만드는 작업은 많은 비용이 들 수 있다. 특히, 여러 그룹이 총 동원되어 작업을 하는 경우에는 그만큼의 급여를 지급해야 하므로 더욱 비용이 많이 든다. 이러한 자료는 대개 상업적인 성격을 띠는데, 출판사는 이를 통해 수익을 올려야 하므로 상품 비용과 이를 통한 수입 간의 균형을 맞추어야 한다. 너무 많은 인원을 동원해야 한다든가, 더 많은 작업이나 비용을 요한다든가, 너무 값비싼 작품이 될 수도 있는 종이 형태의 대규모 정보를 포함하는 작업은 할 수 없다. 물론 웹상의 혹은 CD-ROM과 같은 자기 매체로 팔리는 전자 형태의 자료들은 이러한 제약을 크게 받지 않는다. 게다가, 이러한 자료들이 너무 자주 업데이트 되는 경우(특히 종이 형태에서) 기대 수입은 줄어든다. 그 이유는 고객은 대개 비용적인 측면을 고려하여 보유하고 있는 사전을 자주 갱신하지 않기 때문이다. 그 결과, 갱신할 자료를 만들기 위한 준비 기간보다는 경제적인 문제로 인해 고객이 자료를 공급하는 시간과 독자들이 이를 기다려야 할 시간적인 간극이 발생한다.

5.4.3. 실제적인 제약

종이 형태 자료의 실제적 제약사항으로는 책의 지나친 무게와 부피로 인한 불편함을 들 수 있다. 책에서 소개할 수 있는 정보의 양은 제한되어 있으므로 경제적인 측면에서도 한계가 있다. 그러므로 이러한 제약을 해결하기 위해, 책 수십 권 안에 포함시킬 수 없는 다량의 정보들을 넣을 수 있는 CD-ROM과 같은 자기 매체를 활용해 볼 수 있다.

5.4.4. 코퍼스 접근과 표제어 선별

더 근본적인 제약은 사전을 편찬하는 학자들이 완벽하고 대표적인 코퍼스에 접근할 수 있는가의 문제이다. 상업적인 정보의 출처는 대개 대중적인 코퍼스, 즉 모두 사람이 읽는 대중적인 텍스트에 기반한다. 하지만 이러한 출처는 기업, 행정처, 단체, 연구소 등의 내부적인 텍스트, 특히 이러한 각 기관의 내부적인 전문 용어 용법과 관련한 부분들을 거의 혹은 전혀 포함하고 있지 않을 수도 있다. 반대로 이러한 기관들 내부에서 만든 정보의 출처들은 그들의 내부적인 커뮤니케이션을 위해 내부적인 필요 사항에 일치하는 특수한 정보만을 담고 있다. 이러한 기관 내의 수신인을 대상으로 하는 번역에서 이상적인 상황은, 두 유형의 출처, 즉 일반적인 출처와 각 기관 내부에서 사용가능한 내부적인 출처(정보의 범위에 있어 제한적이지만 더 신뢰성 있는)의 도움을 받는 것이다.

5.4.5. 규범적인 질문

실제 번역에서, 특별한 분야의 번역일지라도 동일한 실체(개념, 상품, 기능, 소유권, 이론, 행동 등)를 명명하기 위해 여러 용어들을 사용할 수 있다. 하지만 경제적인 측면(시·공간)이나 표준화의 우려(모호함을 줄이기 위한), 혹은 자국어(차용어를 배제하면서)를 보호하기 위한 의지에 의거하여 전문 용어의 자료들 중 일부만을 선별할 수도 있다. 이러한 규범에 의거한 선별 작업은 이데올로기나 이론에 근거하지 않은 것은 아니지만 동일한 사회 내에서 이를 강요하기는 어렵다. 사회언어학적인 측면에서, 사회방언은 그룹 내부의 정체성과 연대성을 표현하고 강화하며, 표준화에 저항하는 큰 힘을 가지고 있다. 인지적인 측면에서는 우리가 더 많이 읽는 용어일수록 더 많이 사용하게 되며 자신의 생각이나 감정을 표현할 때 자연스레 이러한 용어를 머릿속에 떠올리게 된다(본고의 6장 참조). 만약 그룹(사회, 연구실, 국제단체, 행정처 등) 내에서 하나의 정해진 용어를 자주 듣게 된다면, 이러한 용어가 공식적인 규범에 부합하든 하지 않든 간에 우리의 정신을 지배하고 있을지도 모른다. 정보, 기업 경영, 재정 등과 같은 영역이나 대부분의 과학 분야에서는 대다수의 텍스트를 영어로 읽는다. 그러므로 이 경우, 한 나라의 언어 내에 규격화된 용어보다 영어의 용어가 더 우세한 위치에 놓이게 된다. 그러므로 이러한 사실에 비추어 볼 때, 예를 들어 어휘 사전을 만들기 위한 규범에 의거하여 선별 작업을 하는 경우, 번역가에게 꼭 필요하고 유용한 용어들의 다른 수많은 고려사항들은 등한시될 수도 있다.

5.5. 정교함

인간 뇌의 신속성 덕분에 정보원이 텍스트일 때보다 사람일 때 더 정교한 번역 작업이 이루어진다. 예를 들어, 번역가가 전문가에게 문의하는 경우 전문가는 매우 섬세하게 번역가의 요구 사항에 맞추어 작업을 수행할 수 있는데, 이는 큰 장점이다. 더 상세히 말해, 전문가는 있는 그대로의 정보를 번역가에게 제공하는데, 정보가 충분치 않은 경우 고객의 질문에 따라 이를 더욱 명시할 수 있다. 물론 전문 용어 자료나 종이 형태의 텍스트 자료도 일반적으로 상세하고 정확한 자료를 포함하고 있다. 하지만 그 자료가 너무 취약하면 전혀 사용하지 못할 수도 있으며, 너무 자료가 훌륭한 경우에도 자료가 길어서 이를 활용하기에 용이하지 않을 수도 있다.

전문 용어 자료들도 정교한 측면이 있지만, 앞서 언급했듯이 경제적인 이유로 한계가 있다(다른 상업적인 자료 및 사전과 반대로, 순수하게 넓은 의미에서 전문 용어만을 목적으로 만들어진 자료들을 제외하고). 전자 형태의 자료들은 그 양이 너무 방대하지 않다면 대개 상세한 특징을 지니는데, 몇몇 전문 용어의 데이터베이스는 특히 더 그러하다. 하지만 정보원이 사람인 자료를 제외하고 가장 정교한 성격을 띤 자료는 용어집 형태가 아닌 자료이다(언어적인, 그리고 개념적인 측면에서 문맥을 통해 정보를 드러내는 경우). 실제로, 전문적인 텍스트상에서 더욱 섬세하고 적절한 용어를 찾아볼 수 있으며, 이를 통해, 단순히 전문 용어 자료보다 더 신뢰도 있는 용어의 용법과 의미를 확인해 볼 수 있다.

5.6. 신뢰도

자료의 신뢰도 또한 변화한다. 의뢰한 사람들의 자격 사항을 잘 알고 있는 경우(자격증, 전문 활동, 명성 등), 그리고 용어집 형태가 아닌 자료가 출간 날짜와 출처(과학 잡지, 협호, 국제단체 등), 저자의 자격사항에 대한 표시를 포함하고 있는 경우처럼 상대적으로 자료의 출처가 사람인 경우 평가하기가 쉽다. CD-ROM과 같은 전자 형태 자료들과 종이 형태의 자료들 간의 신뢰성은 상호 비교하여 견주어 볼 수 있겠지만, 용어집 형태가 아닌 웹 사이트의 자료들은 평가하기가 난해하다. 이유인즉, 이러한 사이트들은 대개 관련 요인들에 대한 모든 정보를 포함하고 있지는 않기 때문이다. 사실, 가장 신뢰성을 평가하기 어려운 것은 전문 용어 자료들이다. 왜냐하면 저자와 공동연구자들의 이름과 직함이 명시되어 있더라도, 전문 용어 데이터베이스 안에서 수집된 정보의 출처 날짜를 제외하고는 어떠한 출처들도 정확히 언급되어 있지 않기 때문이다. 물론 예외도 있다. 예를 들어, 국제적인 조직의 내부에서 편찬된 어휘 사전은 협회 내에서 혹은 협회용 텍스트 번역에서는 당연히 신뢰성이 높은 자료일 수밖에 없다.

6. 전문 용어 검색에서 정보 활용

6.1. 시작 자료와 최종 자료

지금까지 이 장에서 분석한 내용에서 알 수 있듯이, 이중 언어 전문 용어 자료들은 특히, 신뢰도의 측면에서 최선의 해결 방법은 아니다. 일부 예외를 제외하고는 이러한 자료들이 대부분 문맥과 관련 없는 정보들을 소개하고 있어서, 번역가의 입장에서 보면 이것이 큰 취약점이다. 이러한 자료들을 우선적으로 참조하는 경향이 있는 번역가는 대다수의 번역 문제 상황에서 제일 먼저 전문 용어 형태로 소개되어 있는 정보 자료를 검색한다. 사실, 이중 언어 사전을 활용하는 것은 오랜 학업 기간 동안 외국어 교육을 통해 습득된 하나의 습관이기도 하다. 또한 다양한 전문 용어 자료들은 원칙적으로 이러한 전문 용어상의 번역 문제에 해답을 주기 위해 제작된다.

적절한 전문 용어 자료를 이미 가지고 있다면, 가장 먼저 이를 참조하는 것이 효과적이다. 하지만 만약 이 자료가 불확실한 것이라면, 더 신뢰성 있는 정보들을 참조하면서 습득한 정보를 확인하는 작업이 필요하다. 그러므로 자료를 찾을 때 시작 단계의 자료부터, 중간 단계의 자료를 거쳐 최종 자료에 이르는 여러 단계의 과정을 설정할 수 있다. 그 예로, 일본어에서 프랑스어로 전문 번역을 하는 경우를 들어 보겠다. 사실, 일본어-영어 사전은 매우 많지만 일본어-프랑스어 사전은 부족한 실정이다. 그러므로 잘 모르는 일본어 용어 번역을 할 때, 먼저 영어로 잠새적인 등가어를 찾고, 이어서 영어-프랑스어 의미 내에서 가능한 등가어를 찾은 다음, 이렇게 찾은 등가어의 번역 품질이 프랑스어와 일본어 간의 주어진 문맥 안에서 적절한지 확인해 볼 수 있다. 그러므로 자료를 찾는 초기 단계에서는 신뢰성 있는 자료만을 찾는 데에 너무 신경 쓰지 말고 쉽게 접근할 수 있는 자료를 선택해 볼 수도 있다. 하지만 어떠한 확인 작업 없이 찾은 자료들을 최종 자료로 간주하고 활용하는 것은 번역에 중대한 오류를 발생시킬 수 있다.

자료를 찾는 단계별 과정은 지식의 습득을 용이하게 해 줄 수 있다. 또한 번역가가 접근 가능한 신뢰성 있는 자료들을 활용하도록 도와줄 수 있는데, 특히, 웹의 발달은 자료 검색에 혁신적인 기여를 하고 있다(본고의 뒷부분 참조).

6.2. 감소하는 효율성의 규칙

실제 번역을 할 때, 제일 먼저 참조한 텍스트상의 자료들만으로 모든 문제들을 다 해결할 수는 없으므로(정보원이 사람인 경우에는 텍스트상의 자료를 참조할 때보다 이러한 문제들을 더 많이 해결할 수 있다.), 계속해서 여러 자료들을 참조해야 할 것이다. 일반적으로 관련 정보에서 가장 유명하고 "완벽한" 자료를 먼저 참조한다면, 동일한 유형에서 그 후로 참조할 수 있는 자료의 효율성은 감소한다. 그 이유는 가장 완벽한 자료가 부수적인 자료들이 갖고 있지 않은 나머지 자료들을 총망라하기 때문이다. 특히, 전문 용어 자료와 관련해서는 이러한 경향이 높은 편이다. 매우 유명한 전문 사전이 유용한 정보들을 포함하고 있지 않다면, 자료 유형을 완전히 변경하는 것이 바람직하다. 예를 들어, 동일한 전문 분야의 다른 사전을 검색하기보다는 인터넷상에서 관련된 문제의 해결책을 찾을 수도 있다. 그러므로 동일한 전문 분야의 여러 사전을 구매하는 것은 별로 효율적이지 못하다. 왜냐하면 그중 완벽한 사전이 한 권 있다면 이에 비해 나머지 여러 사전들이 지니는 부가적인 가치는 상대적으로 낮을 것이기 때문이다.

6.3. "고유한" 자료

경험에 비추어 볼 때, 상업적인 전문 용어 자료들의 상당 부분은 여러 문제들을 해결하는 데 충분치 않고 신뢰성도 그리 높지 않다. 특히, 하위 전문 분야나 고유한 사회방언을 사용하는 기업의 상황처럼 매우 전문적인 환경에서는 더욱더 그러하다. 그러므로 번역가가 전문 용어든 아니든 간에 자신만의 고유한 자료를 제작하면 유용하게 쓸 수 있다. 사실, 번역가 대부분은 어휘사전, 전문 용어 파일이나 데이터베이스, 고객과 맥락에 따른 용어의 사용에 관한 정확한 지시 사항 등을 준비해 본 적이 있을 것이다. 그리고 이러한 "고유한" 자료들은 단순히 다른 자료들의 표제어를 복사한 것이 아니라 코퍼스 작업을 통해 행해진 것이므로 일반적으로 단순 상업적인 자료보다 더 신뢰성이 있다. 비록 상업적인 자료(상업적인 자료가 수백 혹은 수천 개의 표제어를 포함하고 있다면, 번역가의 고유한 자료는 몇몇 표제어만을 포함하고 있을 수도 있다.)보다 상대적으로 적은 양일지라도, 상업적인 정보에서는 찾기 어려운 중요한 정보들과 더 정교한 번역을 수행케 하는 메타적 지시 사항들이 그 안에 다 포함되어 있을 수 있기에 이는 특별히 귀한 자료일 수 있는 것이다.

6.4. 정보 출처가 사람에 해당되는 자료 참조

텍스트상의 자료보다 정보 출처가 사람인 자료를 참조하는 것은 정보의 정교함과 내부적인 접근의 측면에서 훨씬 더 용이하다. 예전에는 외부와의 연락이 어려웠던 점이 큰 문제였다. 예를 들면 대부분 관련 분야에서 문의할 수 있는 전문가를 찾기가 어려웠다. 하지만 점점 더 많은 출판물에서 저자의 이메일 주소를 제공하면서 이러한 문제는 거의 사라졌다. 게다가 인터넷상의 번역가 간의 수많은 '그룹 토론'이 이루어지고 있다. 예를 들어, 이러한 '그룹 토론'에서 관련 참여자들은 전문 용어상의 문제에 관해 제안하고, 빠르게 응답하고 있다. 이러한 그룹의 문제점은 신뢰도에 있는데, 토론상의 응답에는 대개 이를 정당화할 수 있는 정보들이 거의 없기 때문이다. 그렇다고 이러한 토론을 주도하는 사람에게 보충적인 설명을 요구하는 것도 어려운 것이 사실이다. 그러므로 이러한 응답들은 다른 자료들(신뢰도를 더 쉽게 평가할 수 있는)의 확인 절차상 활용할 수 있는 하나의 임시방편으로 생각해 보는 것이 적절할 것이다.

전문가들에게 직접적으로 문의하는 방식에서는 인터넷의 발달 덕분에 그들과의 접근과 관련된 문제점은 사라지고 있지만, 일단 연락이 닿으면, 대개 문제들과 관련하여 신뢰성 있고 완벽한 대답을 얻기 위해 충분한 시간을 그들이 할애할 수 있게끔 설득하는 것이 어렵다. "전문가들은 자신이 모르는 타인에게 방해받는 것을 별로 좋아하지 않는다."라고 언급한 Christian Durieux의 비관론적인 입장에 꼭 동의하진 않더라도, "전문가에게서 유익한 대답을 얻고자 한다면, 번역가는 과정의 전개나 구조 기능에서 자신이 이해하지 못한 점과 정확하게 알고 이해해야 하는 부분을 명시하면서 질문을 준비하고 한정 짓는 것이 바람직하다.”라는 그녀의 견해는 고려해 볼 만하다. 여러 문제점에 직면했을 때, 전문가 문의를 통한 자료의 효율성은 다음과 같이 분류해 볼 수 있다.

— 그들이 가장 자발적으로 응하는 질문은 일반적으로 텍스트나 구절의 내용이나 이론, 과정, 자료가 가리키는 개념의 의미에 관한 설명에 해당하는 것이다.
— 전문가들은 잘 모르는 전문 용어의 등가어와 같은 언어적 질문에 관해서는 별로 흥미로워하지 않는다. 하지만 그들이 잘 알고 있는 용어일 경우, 굳이 많은 시간이나 에너지를 소비하지 않고서도 번역가에게 대답해 줄 수 있다.
— 마지막으로 재번역을 하거나 문체적인 측면을 더욱 향상시키기 위해 전문가에게 문의하는 경우에는 단순히 시간을 더 소비하고 개념을 설명하는 차원이 아닌, 그보다 덜 가치 있는 작업일 수도 있겠지만, 이에 관해 노력할 수 있는지에 관한 전문가의 동의가 필요하다. 번역과 직접적으로 관련 없는 전문가들과의 작업은 거의 효율적이지 않을 수도 있으며, 재표현 과정에서 부딪히는 번역가의 여러 문제들에 대해 전문가가 즉각적인 해결책을 줄 수 없거나 해결책이 충분치 않은 경우, 텍스트의 오류들을 수정하지 못할 수도 있다. 사실, 전문가가 항상 좋은 작성자는 아니며 문체와 관련한 문제에 늘 흥미로워하는 것도 아니다. 이러한 두 가지 이유로 인해, 전문가에게 자신의 텍스트를 읽고 확인해 줄 것을 부탁한 학생들의 번역물의 품질이 낮았던 적이 있다. Gile(2004)은 이에 관해 다음과 같이

> 한 예를 들고 있다. 그에 따르면, 한 학생이 성형외과 의사 관련 텍스트 번역에 대해 작성한 번역 해결 과정 보고서에서 번역문을 읽고 확인해 준 두 명의 성형외과 의사에게 감사를 표하는 부분을 확인했는데, 그의 번역물에는 수많은 의미의 오류가 있었다.

우연히 문의하게 된 특별한 직업이 없는 전문가인 경우에는 전문 용어의 등가어나 단순한 설명에 관한 작은 질문에도 자발적이고 효율적으로 대답해 줄 수도 있을 것이다. 시간과 노력 대비 합리적으로 도와줄 수 있는 전문가는 드물다. 사람들에게 문의하여 얻을 수 있는 자료의 효율성을 향상시키기 위해서는 합당한 보수를 전문가에게 지급함으로써 협력하여 작업하는 것이 바람직하다고 생각한다. 이러한 시스템은 함께 일하는 전문가에게도, 그리고 작업의 품질이나 시간의 측면에서 번역가에게도 또한 적절한 시스템이라 생각한다. 또한 전문가의 개념적인 지식과 전문 용어 관련 지식 덕분에 번역가는 더 빨리 작업할 수 있으며, 일반적으로 전문가에게 지급하는 시간당 높은 보수가 번역가 수입에서 차지하는 비율은 낮다(Gile, 1986과 6장 참조).

6.5. 웹 활용

수년 전부터 우리는 그룹 토론 이외에도, 인터넷 웹을 통해 상당한 양의 전자 자료들을 활용하고 있다. 게다가, 고성능 검색 엔진 덕분에 매우 수월하게 이러한 자료에 접근할 수 있게 되었다. 예를 들어, 단순히 핵심어만으로도 관련된 수많은 텍스트 자료를 찾을 수 있다. 만약 이렇게 찾은 자료가 유용한 정보들을 포함하고 있는 것이 분명하다면, 이러한 자료의 출처(이는 해당 사이트에 명시되어 있는데, 경우에 따라서는 나라 혹은 관련 협회 등이 적혀 있기도 하고 내용에서도 저자(들)의 정보와 더불어 참조한 기사도 소개되어 있다.) 검색을 통해 신뢰성을 확인해 보아야 할 것이다. 사실, 외부적인 혹은 내부적인 접근 방식을 통해 저렴한 비용으로 특정 언어와 관련된 엄청난 양의 참조 자료를 가지고 있는 번역가는 없다. K. Bouderradji(2004: 78~80)의 연구 결과에 따르면, 프랑스의 번역 회사, 번역 서비스, 번역가들은 전문 용어 자료들을 참조하는 것보다 인터넷상의 자료를 더 많이 검색하였다. 그에 따르면, 일례로, 한 번역 회사에서는 습관적으로 찾는 정보 자료가 첫 번째는 구글(Google) 검색, 두 번째는 인터넷상의 사전이라고 응답했다.

하지만 인터넷상의 검색을 통해 모든 문제를 해결할 수는 없으며, 특히, 학생들은 방법론적인 측면에 매우 취약하다.

첫 번째 취약점은 웹 사이트상에서 찾은 정보의 신뢰성을 확인하지 않은 채, 이를 활용하고 있다는 것이다. 사실 어떠한 검증 없이도 개인적인 사이트를 자유롭게 제작할 수 있기 때문에, 사이트의 선별 작업 없이 검색 엔진을 통해 찾은 정보들은 신뢰할 만한 자료가 아닐 위험이 높다. 단순히 핵심 키워드만으로도 자료를 검색할 수 있기 때문에, 여느 번역가처럼 종이 형태의 전통적인 자료들을 참조하고, 먼저 신뢰할 만한 자료를 선별한 후에, 그중 정확한 정보를 찾아야 한다는 점을 학생들에게 바라는 것은 비현실적이다. 학생들은 자연스레 핵심 키워드로 자료를 찾는 경향이 있다. 그러므로 웹 사이트상에서 정보를 찾을 때, 정보의 신뢰성을 고려하기 전에 정보의 특징을 확인해 보는 작업이 중요하다.

웹상의 풍부한 자료들의 편의성과 관련된 두 번째 취약점은 바로 웹 사이트를 완벽한 슈퍼 사전으로 간주하는 데 있다. 학생들은 웹상에서 종종 특수한 용어나 연어(連語)를 찾지 못하는 경우, 언어적인 측면에서 이를 받아들일 수 없는 것으로 간주한다. 뇌에 관한 텍스트 번역에서 한 학생은 "étudier le cerveau(뇌를 연구하다)"라는 표현을 사용하지 않았는데, 웹상에서 "cerveau(뇌)"라는 명사와 "étudier(연구하다)"라는 동사가 서로 관련되어 쓰인 예를 찾을 수 없었기 때문이었다. 이와 같이 번역을 하면서, 동일한 전문 분야와 관련된 다른 텍스트에서 연어들이 사용되고 있음을 확인하는 것이 바람직하다는 전제에서는, 번역가 개인에게 번역 작성을 위한 여러 수단(예를 들어, 관련 분야의 전문가나 모국어 화자에게 문의)들을 활용하는 자유가 주어져야 한다는 생각을 배제해서는 안 될 것이다.

세 번째로 웹상의 검색을 통해 여러 해결책을 찾는 경우, 일부 학생들은 자동적으로 검색 엔진상의 빈도수가 많은 해결책을 선호하는 경향이 있다. 예를 들어, 검색 빈도수가 용어 A는 2000회이고 용어 B는 4000회라면 학생들은 일반적으로 용어 B를 택한다. 이러한 선택의 추론은 적절치 못하다. 이렇게 선택된 사이트의 상당수 페이지는 거의 신뢰가 가지 않는 자료일 수도 있고, 번역할 텍스트의 문맥과는 전혀 관련이 없는 것일 수도 있다. 또한 그 용어가 빈도수상으로 우세하다는 것은 다수의 분별 있는 사이트에서 사용된 것이 아니라 소수의 사이트에서 더 많은 페이지에 사용된 것일 수도 있다.

이러한 관점에서 보면, 양적인 차이가 꼭 질적인 차이를 반영하는 것은 아니다. 이러한 차이를 결정하기 위해서는, 관련 사이트들의 특성과 같은 질적인 요소를 더 상세히 검토하는 것이 바람직하다고 생각한다.

7. 결론

과거에는 번역에서 적절한 정보를 얻는 것이 작업의 양적인 측면에서도 상당한 부분에 속했으며, 대개 힘든 노력을 요하는 일이기도 했다. 또한 정보에 접근하는 것 자체가 어려웠는데, 이 점은 번역가가 습득해야 할 전문 용어의 수준을 넓히는 데 하나의 방해 요인이었다. Gouadec (2002: 15장)이 강조하듯이, 웹의 발전은 진정한 혁신이었다. 이러한 발전은 정보를 검색하는 방식과 가능성들을 송두리째 바꾸어 놓았다. 수많은 언어로 작성된 다방면의 전문 분야에서 넘쳐나는 웹 사이트를 통해 번역가는 막대한 양의 정보에 즉각적으로 접근할 수 있게 되었다. 게다가, 번역가는 우선 단순히 전문적인 텍스트의 선별을 통해 정보를 찾고 그 후 더 기술적인 텍스트에 접근하여 (그 당시에 특별한 가치가 있는 자료를 구매하는 것이기에 이러한 텍스트에 지불하는 비용을 아까워하지 않은 채) 적절한 정보를 얻는 일련의 과정을 택할 수도 있을 것이다. 따라서 번역가가 더 전통적인 자료 검색에서도 이미 사용한 신중하고 엄격한 규칙들을 적용하고, 이와 같은 검색 방식을 계속해서 유지한다면, 전문적인 지식의 범위를 넓혀 나갈 수 있을 것이다. 이러한 마인드는 번역가의 심리적인 평안함과 작업의 품질을 유지하기 위해 매우 중요할 수 있다. 또한 번역 활동의 일부인 지식을 풍부하게 하며, 이를 확인하는 작업에서 번역가가 느낄 수 있는 고된 점들을 상쇄하고 좋은 경험으로 변화시킬 수 있는 하나의 방편이 될 수 있다고 생각한다.

제6장

전문 번역가의 언어

1. 서론

번역에 대해 잘 모르는 사람들이 번역가 하면 가장 먼저 떠올리는 특징은 바로 2개 국어나 다중 언어 구사자이다. 번역가를 제외한 거의 모든 사람들, 심지어 언어학자들도 다중 언어의 범위, 번역가의 역동성과 관련된 특수한 성격을 깊이 있게 이해하지 못한다. 이번 장에서는 인지적인 관점에서 번역가의 언어 숙달에 관해 잘 알려져 있지 않은 몇 가지 요인들을 설명하고, 이러한 언어 숙달이 통역가의 다중 언어와는 다르다는 점과, 처음 접한 사람들에게는 경이로울 수도 있는 번역가의 언어 숙달 전략 및 이를 유지하는 방법에 관해 언급해 보고자 한다.

2. 능동언어

2.1. 일반 지식

1장에서 이미 언급하였듯이, 번역가의 작업 언어를 능동언어와 수동언어로 나누어 정의할 수 있는데, 능동언어는 번역 작업의 도착점인 도착어에 해당되며, 수동언어는 번역 작업의 출발점인 출발어에 해당된다. 일반적으로 복수 형태인 능동언어들, 수동언어들로 표현한다. 대다수의 번역가들은 두 언어, 즉 능동언어와 수동언어만으로 번역 작업을 수행한다. 대부분은 하나의 능동언어만을 구사하고 있다(여러 수동언어를 구사하는 번역가도 있을 것이다.)

번역가의 능동언어와 관련된 사항들에 관해 더 상세히 분석하기 위해서는 외국어의 개입이라는 사항과는 별도로 번역가가 도착어로 텍스트를 작성해야 하는 의무가 있다는 점, 그리고 텍스트의 명확성, 논리성, 문체 등의 품질이 번역의 주요 기능과 부차적인 기능에서 번역가가 완성도에 이를 수 있는 중추 역할을 한다는 점을 고려해야 한다. 다시 말해서, 번역가는 좋은 작성자로서의 모든 자질을 겸비해야 하며 문학 번역에서는 여기서 더 나아가 문학적인 자질까지 겸비해야 한다(작가 수준의 자질을 지니고 있지 않더라도, 역사, 상황, 등장인물의 단순한 상상만으로는 번역에 이를 수 없기 때문이다).

번역을 수행하면서, 도착어의 작성과 관련된 본질적인 제약 사항도 있겠지만, 이와 더불어 처음 번역을 접하자마자 느끼게 되는 어쩔 수 없는 어려움도 있다.

예를 들어, 여러 언어적인 제약으로 인한 정보들은 각 언어마다 다르기 때문에(3장 참조), 한 문장의 번역에서 원문과 동일한 정보들을 포함하면서, 문체적으로도 적절하게 번역해 내기란 대개 어려운 일이다. 이러한 어려움을 극복하기 위해서 번역가들은 자신이 지니는 모든 언어적 자원을 동원하여 문장을 약화하거나 강화하고, 원치 않는 부분들은 교묘히 피하거나, 도착어로 표현하기에 적합하지 않는 문장은 필요한 사항들을 첨가하는 등의 자신만의 기발한 아이디어를 보여 주어야 한다. 그리고 바로 이 점이 대부분의 전문 번역가와 번역 교수자가 권장하는 모국어로의 번역(BA) 원칙의 기반이 되는 핵심 논거이기도 하다.

2.2. 전문 언어들

본인들의 전문 영역에서만 활동하는 몇몇 번역가들은 번역 활동을 하기 이전에 그 분야에 관한 교육을 받은 전문가일 수 있다. 하지만 대부분의 번역가는 그가 잘 알지 못하는 전문 분야의 번역이나 비전문적인 분야의 번역을 더 많이 맡게 된다. 각 전문 분야마다 일반 언어와는 다른 적어도 하나의 전문 언어가 존재하는데, 이러한 두 언어 간 차이는 특히 전문 용어의 번역에서 가장 극명히 드러난다. 몇몇 일반 언어 단어들은 전문 분야에서 특별한 용법이나 쓰임을 지니고 있지만 형태상으로는 이를 구분할 수 없으므로 이를 잘 모르는 사람들에게는 하나의 장애가 되기도 한다. Lola la Torre(2001)는 이와 관련하여 의학 분야의 예를 들고 있다. 그녀는 학생들이 쓴 번역문을 모아 하나의 자료를 만들었는데, 일례로 과학 관련 텍스트 번역에서 "prédiction(이론의 예측력)" 단어와 관련하여, 일반 언어에서는 추론된 예측의 뜻으로 통용되지 않고 굉장히 통찰력 있는 예견가나 매체와 관련되는 의미로 사용되기 때문에 학생들이 이 단어를 번역에 사용하지 않은 사실을 언급하면서, 학생들에게 코퍼스싱의 확인 작업을 통해 관련 분야에서 이 단어가 통용되고 있음을 보여 주었다고 설명했다.

어휘 단위 이상인 전문 언어는 특별한 관용어구 형태, 나아가 특정 분야와 관련된 텍스트적인 형태의 특징을 지니고 있다(가장 잘 알고 있는 예로는, 서론-자료-방법-결과 논의 등의 형식으로 표준화된 구조의 학술 논문, 계약서, 판결문, 자격증 등을 들 수 있다.) 이러한 예들을 통해, 번역가가 기술 용어나 추상적인 개념들, 그리고 복잡한 추론을 하기에 앞서 잘 알지 못하는 분야에 관한 작성 테크닉에서도 어려움에 처할 수 있음을 알 수 있다.

3. 수동언어

3.1. 일반 지식

번역에서 필요로 하는 수동언어 지식은 능동언어에서 필요로 하는 언어 숙달 수준과는 다르다. 앞서 언급했고, 2장과 3장에서 설명했듯이, 번역가는 적절한 정보를 빠트리지 않고, 원본 저자의 선택을 존중해야 한다. 또한 이에 기반하여 관련된 언어문화의 두 시스템 사이에서 일치하지 않는 구조와 단어들을 조합하고, 적절한 해결책을 선택하면서 도착어에서 원문의 전반적인 정보와 아이디어를 표현해야 한다. 하지만 이러한 번역가의 임무를 수행하기란 대체로 어려운 일이며, 번역 오류나 원문 손실의 위험 및 이와 관련된 비용이 뒤따르기 마련이다(4장 참조). 비문학 번역가는 자신에게 요구되는 수동언어 지식에 기반하여 출발 텍스트에서 통용되는 의도들, 정보들, 아이디어들을 이해해야 한다.

4장에서 이미 설명했고, 이에 관한 예증을 통해 알 수 있었듯이, 번역가는 출발 텍스트를 명확하게 이해해야 한다. 또한 번역가는 자신이 잘 알지 못하는 관련 분야의 전문성과 관련된 문제와 상관없이, 텍스트를 잘못 작성할 수도 있다. Hönig(1988: 162)에 따르면, 이러한 결점은 여러 번역에 걸쳐 나타나지만, 일반 독자들은 이를 분간하지 못할 수 있다. 사실, 이러한 결함은 현재 발간된 번역물에도 있을 수 있으며 필자가 25년 이상 늘 확인해 온 사실이기도 하다. 고객에게 전달할 번역 텍스트든 번역 수업을 위해 선별한 텍스트든 간에 처음 보기에는 별로 어려움이 없어 보이지만, 번역을 시작하게 되면, 모호한 부분들, 혹은 작성과 관련된 여러 오류들이 드러나기 마련이다. 이러한 사실은 우리가 텍스트에 기반하여 정확하게 어떠한 행동을 수행해야 하는 경우(예를 들어, 기계를 작동하는 방법)를 제외하고는, 대개 피상적으로 텍스트를 읽는 경향과 관련된 것 같다. 또한 복잡한 구문 구조 및 잘 모르는 기술 용어가 없는 경우, 텍스트를 이해하는 것 자체가 허망하다고 느낄 수도 있다. 하지만 텍스트 내용을 이해하는 것은 어떠한 행동을 수행하고, 평가하며, 결정하기 위한 필수 사항이다. 일반 독자들은 전체적인 내용이 아닌 일부 내용을 통해 깨닫게 되는 생각들을 실천한다. 사실, 독자는 발화의 일부가 모호하고 오류가 많더라도, 자신의 요구 사항에 부합되는 것이라면, 이러한 취약점을 발견하지 못한다. 독자가 단순히 번역의 일부 내용에만 관심이 있다 할지라도, 번역가는 출발 텍스트 전체에 걸쳐 독자의 요구 사항에 맞춰 번역을 수행해야 할 것이다.

4장에서 이미 설명했듯이, 번역의 이해 과정은 언어 능력과 언어 외적 인지 축적물이라는 발화 수용자의 두 가지 보충적인 능력을 수행한 결과이다. 그러나 대부분(아주 적은 예외만 있을 뿐)의 통역과는 반대로 번역에서는 부족한 부분을 보충하기 위해 관련된 사람에게 문의하거나, 텍스트 자료들을 참조해야 하며 이에 충분한 시간을 투자해야 한다. 번역가는 자신의 추론과 자료에 기반하여 텍스트의 정보와 관련한 분석 결과를 더욱 견고히 할 수 있다. 또한 번역가는 관련 분야에 약간의 지식만을 지니고 있다 하더라도, 언어 외적 지식에 기반하여 언어적인 취약점과 원문 저자의 언어적인 혹은 작성과 관련된 부족한 점을 보충할 수 있다. 다음의 예는 이러한 사실을 잘 보여준다.

예시 6.1. 과학은 무엇인가?(Y. M. Plastow, and Y. Igrashi, *The Mind of Science*, Tokyo, Kyoritsyshuppankabushikigaisha, 1989)

"Science is the group of subjects that is in some sens engaged in the search for and application of natural laws. We study science because we believe that the universe is fundamentally law-like and thus reducible to scientific ideas, and we also study it because we expect it to be useful. Science needs to be both narrow and universal."
(과학은 자연의 법칙을 연구하고 응용하는 학문들의 집합이다. 우리는 우주가 본질적으로 법칙적이라서 과학적 아이디어들로 환원될 수 있다고 믿기 때문에 과학을 공부한다. 또한 그것이 유익하리라고 예상하기 때문에 공부하기도 한다. 과학은 지엽적이면서도 보편적이어야 한다.)

이 영어 텍스트는 매우 부자연스러운데, 이를 단어 대 단어로 변환해 보면 다음과 같다.

"La science est le groupe de sujets qui, dans un certain sens, est engagé dans la recherche et l'application de lois naturelles. Nous étudions la science parce que nous croyons que l'univers est fondamentalement comme des lois et donc réductible à des idées scientifiques, et nous l'étudions aussi parce que nous nous attendons à ce que ce soit utile. La science doit être en même tant étroite et universelle."

(과학은 어떤 의미에서는 자연 법칙의 적용과 연구에 참여하는 학문들의 집합체이다. 우주는 근본적으로 법칙적이기에, 과학적인 생각으로 환원될 수 있고, 우리는 과학이 유익하다고 기대하므로 이를 연구한다. 과학은 지엽적이고 동시에 보편적이어야 한다.)

과학은 "sujets(주체들)"의 그룹인가? "sujets(주체들)"은 "domaines(분야들)"이나 "disciplines(규율들)"을 의미하는가? 혹은 "personnes(사람들)"을 의미하는가? 만약 "sujets(주체들)"이 사람들, 즉 연구를 이끄는 과학자들과 관련된다면, 왜 저자는 수동형 문장을 사용하지 않고, 사람들을 가리키는 용어인 "sujets(주체들)"로 이를 지칭했으며, 왜 전체 과학 연구자들을 규모가 작은 "그룹"으로 이야기했는가? 또는 이 단어가 "disciplines(규율들)"과 관련된 것이라면, "subjects"라는 원문의 단어는 매우 부자연스러우며, 마찬가지로 "group(그룹)"과 "is engaged"의 조합도 어색하다. 우주가 "comme des lois(법칙들과 같은)"하다는 것은 어떤 의미인가? 또한 우주를 어떻게 과학적인 생각들로 "réduire(환원하다)" 할 수 있는가? "étroite(지엽적인)"한 과학의 아이디어는 무엇을 의미할 수 있는가?

번역가가 과학 연구의 규칙들을 알고 있다면, 이렇게 서투른 작성문임에도 불구하고 구절의 의미를 바로 잡을 수 있을 것이다. 저자가 아마도 말하고자 하는 바는 과학이 여러 학문(여러 학문 내에서 과학자들은 기초 연구와 부합하는 자연 법칙들을 발견하고자 하며, 이를 적용하고자 한다. 이는 응용 연구와도 같다.)을 통합하고 있다는 점 같다. 연구자들은 우주가 과학적 법칙들을 통해 기술된 규칙성을 보여주며, 과학적인 과정을 통해 이러한 법칙을 발견한다고 믿기 때문에, 과학적 방법을 사용한다.

이와 동시에, 과학은 결과를 일반화할 수 있어야 한다는 관점에서 특수성을 지녀야 하는데, 즉 정확하고 보편적인 요소들로 집약되어야 한다.

3.2. 전문 언어

앞서 강조했듯이 번역 생산, 즉 번역 텍스트를 만들기 위해 번역가는 도착어에 적합한 관용어구와 용어들을 찾아야 하며, 텍스트를 이해할 때 저자의 선택들을 해석해야 한다. 전문 용어에 관해 대부분의 초급 학생들이 생각하는 이상향은 용어의 뜻은 단 하나이며, 그 용법도 잘 정의되어 있는 것이다. 또한 그들은 전문 텍스트의 번역 문제에서, 완벽한 전문 사전의 도움으로 대부분의 전문 용어 관련 문제들을 해결할 수 있기를 바랄 것이다. 하지만 현실은 이와 다르다. 각 전문 언어 내에서 개념과 용어 간에 몇 가지 합치되는 사항들이 규칙적으로 존재한다면 이와 관련된 변수와 다의적인 의미가 많다는 것이다. 본고를 통해서도 알 수 있겠지만 번역학에서도 동일한 개념을 '출발 텍스트', '원본 텍스트', 그리고 '원천 텍스트' 등으로 표현한다. 정보학 분야에서 종종 원문의 영어 용어와 이와 일치하는 프랑스어 용어를 사용하는데, 예를 들어, 'software(소프트웨어)'와 'logiciel(소프트웨어)', 'depository(보관소)'와 'référentiel(보관소)'을 들 수 있다. 전신분야에서는 휴대폰을 프랑스어로 'téléphone cellulaire', 'téléphone portable', 'portable', 'terminal'로 부른다. 이러한 용법의 규칙들은, 예를 들어 정부 조직 내에서(이러한 조직은 용어를 알리거나 금할 수도 있지만, 관련된 그룹이나 사회 혹은 시대마다 달라질 수 있고, 신분과 관련된 사회 언어학적인 요구 사항을 따를 수도 있다.) 일부 표준화되어 있다. 학생들의 번역 문제 해결 과정 보고서와 개인적인 경험에 비추어 볼 때, 관련된 분야의 지식 없이, 단 하나의 사전으로 용어 이해와 관련된 문제들을 해결하기는 어렵다. 이와 더불어, 일반 언어의 용어 및 관용어의 형태와 닮았다는 이유로 전문 언어의 용어 및 관용어를 인식하지 못하는 것도 문제이다. Baker(1992: 52)에 따르면, 일상 언어에서는 연어가 드물지만 전문 분야의 언어 사용역에서는 빈번히 사용된다. Sinclair(1966)은 기상학 분야에서의 한 예를 통해 이를 주장하였는데, 그에 따르면, "vigourous depressions(활발한 저기압)"이라는 형용사-명사 조합의 단어가 비전문적인 텍스트에 작성되었다면 놀랄 만한 일이 될 수 있다. 어떻게 우울함이 활발할 수 있겠는가?

4. 언어 지식의 인지적인 측면

4.1. 기억의 세 가지 유형

언어 지식의 측면에서 번역가가 필요로 하는 사항들을 분석하는 것에서 한 걸음 더 나아가기 위해서는 인지 심리학의 몇 가지 요인들을 고려해 볼 필요가 있다. 인지학자들은 '자동' 작용과 '제어' 작용을 구분한다. '제어' 작용은 어떠한 수행을 위해 필요한 에너지에 비유되는 모든 순간의 한정된 용량에 사용가능한 정신적인 원천들이 처리 용량 내의 어떠한 비용의 대가로 발현되는 것이 그 특징이다. 이러한 "제어" 작용은 이해 및 발화 생산의 과정에서도 행해지는데, 이러한 과정의 모든 요소들이 제어되는 것은 아니지만(예를 들어, 청각 신호나 시각적인 발화를 인식하는 것은 자동적으로 수행된다.), 이를 자동적으로 수행할 수 없는 경우에는 이러한 작용이 일어난다. 이해 과정에서도, 예를 들어, 잘 쓰이지 않는 단어를 인식하거나 복잡하거나 추상적인 문장을 이해하기 위해서는 더 많은 시간이 소요된다. 또한 어휘나 문장 선택에서 주저하게 되는 일시적인 중지 현상은 이해 과정의 비자동적인 성격을 인식할 수 있는 유용한 하나의 지표이다(예를 들어, Clark and Clark, 1977; Fortin and Rousseau, 1997 참조).

두 번째 개념적 요인으로는 발화의 이해와 산출 과정에서 서로 다른 유형의 기억들 간 상호 작용을 들 수 있다. 인지 이론은 현재까지 지속적으로 변화해 왔으며, 현재, 기억 작용에 관한 이론의 개념화에 대해 학자들 간의 활발한 논의도 진행되고 있다. 본고에서는 현재 논의에 적합한 다음의 세 가지 유형의 기억들을 적용한 모델을 제시해 보도록 하겠다.

- 시청각적인 행위(글쓰기와 말하기)에서 감각 기억은 1초보다 더 짧은 순간 동안 감각 기관을 통해 전달된 정보들을 기록한다. 그 후, 이러한 정보들은 작동 기억(아래 참조)에 전달되거나 잊힌다.
- 작동 기억은 이러한 정보들을 다루고 처리할 용량을 소비한다. 이러한 작동 기억은 그 자체로 매우 제한적인 용량, 약 열 개 이하의 서로 다른 정보 요인들을 가지고 있으며, 처리 용량이 필요로 하는 정보들을 유지한다. 원칙적으로, 작동 기억은 받아들인 정보들을 처리한 결과를 장기 기억(아래 참조)이나 단지 몇 초 후에 행동을 일으키게 하는 기관들로 전달한다. 그렇지 않다면, 이러한 작동을 통해 유입된 새로운 정보들을 처리할 수 없거나 정보 과잉 상태가 될 위험이 있다.

– 장기 기억은 기간 내에 다량으로 정보들을 저장할 수 있는 주요한 능력을 지니고 있다. 이러한 기억은 작동 기억을 통해 전달된 정보들을 모으고 저장한다. 필요한 경우, 예를 들어, 발화를 생산하거나 수신된 언어 신호들을 처리하기 위해 작동 기억으로 정보들을 제공하기도 한다.

간략히 말해, 번역의 이해 과정처럼 번역을 생산하는 데에도 대부분의 처리 과정은 작동 기억에서 수행된다. 이해 과정에서 읽고 들은 발화로부터 적절한 감각(시청각) 기억 내에 등록된 정보들은 작동 기억에 전달된다. 작동 기억은 받아들인 신호를 해석하기 위해 장기 기억이 감각 기억에 보낸 언어적, 언어 외적 지식을 사용한다. 일단 이러한 처리 과정이 끝나면, 작동 기억은 장기 기억에 처리 결과를 전달하고 나서, 적절한 감각 기억을 통해 전달된 새로운 정보들을 처리한다. 작동 기억은 발화 이해에 필요한 언어적, 언어 외적 정보들을 장기 기억으로부터 받아들인다. 그 후, 쓰기나 말하기와 관련된 기관들에 적절한 지시 사항들을 전달하고, 이러한 기관의 수행을 부분적으로 제어하며(특히, 글을 쓰거나 특별히 분명하게 말하고자 할 때), 그 다음 발화 수행으로 넘어간다.

이해와 생산의 과정에서 지식의 사용 가능성은 주된 요소이다(종종 활성화 단계로 언급한다). 생산에서 이러한 사용 가능성은 아이디어들(사용 가능한 지식이 더 많을수록, 이를 보충하기 위한 처리 용량이 덜 필요하다.)로부터 착안된 언어적 요소들을 보충하기 위해 필요한 처리 용량에 따라 달라진다. 또한 이해 과정에서 이러한 사용 가능성은 인식된 언어적 요인들로부터 도출된 의미들을 발췌하는 데 필요한 처리 용량에 따라 달라진다. 구체적인 실험에서 지식의 사용 가능성은 눈 깜짝 할 정도(인지 실험 안에서 보고된 수치는 일반적으로 약 수십만 초 정도이다.)로 접근할 때 측정될 수 있다.

책상에서 우리가 수행하는 일의 계획을 작동 기억으로, 이미 다룬 자료들을 정리해 놓은 책장을 장기 기억에 빗대어 이를 설명해 보겠다.

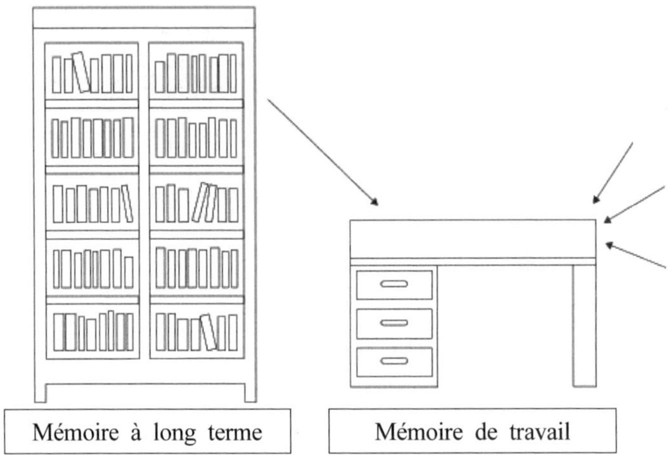

그림 6.1. 기억 - 책상의 은유

발화의 생산 과정에서, 발화자는 여러 지식(표현해야 할 아이디어들)을 외부에서 가져온다. 그는 책장(장기 기억)에 자료들(언어적, 언어 외적 지식들)을 가지고 있으며, 책상 위에서 이를 작업한다. 작업이 끝나면, 생산물(발화)은 독자에게 전달되며 책상에 공간을 남겨두고자 자료들을 책장에 다시 놓는다.

발화의 이해 과정에서 발화자는 책상 위에서 책장(언어적, 언어 외적 지식들)에 있는 다른 자료들을 참조하여 외부에서 가져온 자료(발화)를 분석한다. 작업의 결과물(작동 기억에서 발화를 처리한 후 도출된 발화의 의미)은 차후 활용하기 위해 책장에 보관한다.

일을 계획하는 것은 제한된 용량의 범위에서 수행되며, 한 번에 몇몇 자료들만을 다룰 수 있다. 유입된 자료들이 이를 처리할 수 있는 용량보다 더 많다면 포화 상태에 이를 것이다. 그리고 이러한 조건에서는 새로운 자료를 더 이상 받아들일 수 없거나(예를 들어, 누군가의 말을 듣는 경우, 청자는 이미 이를 인식했음에도 불구하고 자신이 들었다고 생각하지 못할 수도 있다.), 다 다루지 못한 자료(아마도 개인적으로 느끼기에 빨리 잊는 것과 관련된 것들)를 처분하면서 수용 공간을 만들어야 할 수도 있다. 게다가, 일반적으로 정보 처리를 위해 동일한 자료를 자주 사용하는 경우에는 빨리 참조할 수 있도록 이러한 자료들을 책상 가까이에 두는 경향이 있다. 반대로 거의 사용하지 않는 자료들은 더 멀리 둔다. 이러한 비유로 생각해 보면, 자료의 저장 장소와 일의 계획 간의 거리는 자료의 가용성을 나타낸다. "책상"의 이미지를 통해 묘사된 자료의 활용도는 관련된 자료의 사용 빈도수에 따라 낮아지거나 높아진다. 그리고 이러한 사용 빈도수는 일상생활에서 확인할 수 있는 언어적, 언어 외적 지식의 활용도와도 유사하다.

여기서, 주목할 점은 기억을 은유적으로 빗대어 책상과 책장으로 표현한 관점이 최근의 인지 심리학자들의 시각과도 맞닿아 있다는 것이다. 그들에 따르면 작동 기억은 별도로 떨어져 있는 하나의 개체가 아닌 활성화될 수 있는 장기 기억 원천의 일부이다. 차후 분석을 위해, 책상에서 일을 계획하는 것은 책장의 전체 저장 공간에서 가장 "능동적인" 부분과 관련된다는 점을 미리 언급해 둔다.

4.2. 능동언어, 수동언어, 언어 간섭

이러한 인지 개념들은 번역에서 언어 간 간섭과 관련된 주요 문제를 분석하기 위해 매우 유용하다. 본고에서는 언어 간 간섭을 주어진 언어 수행에 불필요한 언어적 요소의 침입으로 정의하도록 하겠다. 이는 Kupsch-Losereit(1999)가 강조하듯이, 더 추상적인 수준에서, 어휘적 또는 통사적, 음운론적, 화용론적, 더 나아가 문화적 요소들과 관련될 수 있다.

예를 들어, 번역 생산 과정에서 화자가 하나의 생각을 표현하기 위해 프랑스어 단어를 찾을 때, 이에 부합하는 프랑스어 단어가 아니라 영어 단어가 자동적으로 떠오를 수도 있다. 이러한 사실을 깨닫는다면 이를 거부하거나 적합한 프랑스어 단어를 계속해서 찾을 수도 있을 것이다. 이 경우, 잠시 멈추거나 지연시킴으로써 발화의 생산 과정이 지체되는데, 이를 통해 언어 간섭 현상이 일어났다는 사실을 알 수 있다. 그리고 이때, 글을 쓰는 속도가 느려지는데, 사실, 이러한 약간의 지체는 대개 잘 느끼지 못한다. 또한 발화자가 자신의 머릿속에서 떠올린 다른 언어와 관련된 단어나 관용어구가 자신의 발화 안으로 통합된다는 사실을 깨닫지 못하는 경우 문제가 발생되는데, 이 경우 작성된 발화는 서투르거나 문법적으로 혹은 의미적으로 부정확할 수 있다(예를 들어, 가짜 동족어(비슷해 보이지만 뜻이 다른 단어)와 관련될 때). 발화의 이해 과정에서는 이러한 현상이 더 눈에 띄지 않는데, 이미 읽은 발화의 의미 해석에 오류가 있을 수 있다. 가짜 동족어는 전문 텍스트 번역에 특히 위험한 장애물이다. 또한 관련 분야에 전문가가 아닌, 언어적 또는 언어 외적 지식이 취약한 번역가에게 이는 이중고이기도 하다.

앞서 은유적인 방식으로 소개한 예를 활용하여 언어 간섭에 관해 설명해 보면 다음과 같다. 화자는 자신이 알고 있는 언어 지식들(어휘 단위, 어법, 문법적, 문체적, 화용론적 규칙)을 사용 빈도수에 따라 책상 근처, 혹은 멀리 저장한다. 자주 사용하는 지식은 바로 활용할 수 있게 가까이에 저장하고, 그렇지 않은 지식은 더 멀리 저장해 놓는다. 능동적인 이중 언어 화자의 언어 간섭 현상은 두 언어에 관한 자료들을 책상 근처 선반이나 동일한 선반에 두었기 때문에 드러나는, 즉 일반 화자보다 더 자주 자료들을 선택함으로써 발생하는 단점과도 같다. 외국어 지식이 거의 없고 이를 사용하지도 않는 단일 언어 화자에게는 이러한 위험이 더 낮다. 그 이유는 외국어에 관한 지식을 그가 자주 사용하는 모국어와 관련된 지식보다 더 멀리 저장하기 때문이다.

게다가, 언어 간섭 문제에 특히 민감한 회의 통역사들에게는 흔히 능동언어가 수동언어보다 언어 간섭 현상에 더 큰 영향을 미치는 원인으로 알려져 있다(예를 들어, Déjean Le Féal, 1978). 책상과 책장의 은유를 통해 이러한 생각을 표현해 보면, 일련의 규칙을 상상해 볼 수 있다. 발화 생산 과정에서는 자료를 사용하고 나서, 새롭게 이를 사용하는 것에 대비하기 위해 책상 근처에 있는 책장에 이를 놓는다. 반면, 발화 이해의 과정에서는 자료를 사용하고 나서, 조금 더 먼 곳에 둔다. 이러한 은유적인 시각을 통해 생각해 보면, 두 언어를 능동적으로 사용한다는 것은 필요한 경우 자료를 꺼내어 쓸 때, 두 언어 간 혼동이 있을 수 있기에 책상과 가장 가까운 선반 위에 지식의 요소들을 두고 이를 도출하는 것이다. 이와는 반대로, 단 하나의 능동언어와 여러 수동언어를 사용하는 번역가는, 혼동의 위험을 최소화하기 위해, 능동언어에 관한 자료들은 모두 책상 근처에 두고, 다른 자료들은 더 멀리 저장해 놓는다.

이러한 차이로 인해, 하나의 능동언어와 하나 이상의 수동언어를 구사하는 번역가는 둘 이상의 능동언어를 구사하는 번역가보다 언어 간섭 영향을 더 적게 받는다. 이러한 원칙은 동시통역에서 매우 중요한 양상을 띠는데, 다음의 두 현상은 언어 간섭의 위험을 가중시킨다.

1) 동시통역의 위급한 상황은 도착어의 담화 생산 과정에서 일어난다.
2) 출발어의 담화 이해와 도착어 담화의 생산이 동시적으로 일어난다는 사실은 두 언어 내에서 발화의 부분들이 작동 기억에서 동시적으로 나타난다는 것을 의미한다.

따라서 가장 수준 높은 회의 통역사들은 가능한 한 모국어로의 BA(외국어→모국어) 동시통역을 수행하고자 한다. 하지만 순차통역(차후에 이를 설명하겠다.)의 상황은 다르다. 예를 들어, 순차통역에서는 출발어 담화의 모든 구절을 다 들은 후에 이를 노트 테이킹 하고, 연사의 담화가 끝난 몇 초 후에 재표현을 하기 시작한다. 이 경우, 작동 기억은 출발언어에서 들은 소리를 다루고 나서, 탈언어화된 의미들을 재표현한 것을 장기 기억으로 보낸다. 따라서 재표현 과정에서는 의미상의 재표현, 처음 통역을 할 때 노트 테이킹한 단어와 신호, 재표현을 위해 활용되는 능동적인 도착언어의 요소들만이 작동 기억에서 이루어진다. 그러므로 순차통역에서 언어적 간섭 위험은 동시통역보다 더 낮으며, 통역가들도 모국어가 아닌 언어로의 순차통역을 더 흔쾌히 받아들인다.

이러한 유추 과정을 통해 생각해 보면, 번역 분석과 신빙성 테스트를 거치지 않은 채, 원문을 읽어 나가면서 구절을 바로 도착어로 표현하는 경우, 작동 기억 내에서 이러한 구절은 출발어의 요소들과 도착어의 능동적인 요소들의 주요 흔적을 동시에 포함하고 있어서, 더 많이 혼동될 위험이 있다. 그러므로 4장에서 이미 제안했듯이, 재표현의 단계와 이해 단계를 분리하고, 원문 내용의 의미들을 재표현(탈언어화를 통해)하는 과정을 거친다면 이러한 위험을 줄일 수 있을 것이다.

5. 번역의 방향성

4장에서 언급하였듯이, 최상의 번역 품질을 목표로 하는 대부분의 번역가들이 고려하는 번역 원칙은 모국어로 번역하는 것이다. 이는, 외국어로 번역하는 것은 당연히 아무런 의미가 없다고 언급한 17세기의 Johann Gottlieb Herder(Beeby Lonsdale, 1996: 58) 참조)로부터 지속된 매우 오래된 규칙이기도 하다. Jean-René Ladmiral(1979: 50)에 따르면, "작문은 존재하지 않으며", 이는 인위적인 연습으로(1979: 49), "최고의 결과를 지나치게 기대하며 불합리한 요구 사항이 더 많다(1979: 48)(Kelly and coll., 2003b에 인용됨)."

영국의 주요 학자인 Peter Newmark에 따르면, 번역 교육에서는 모국어로 번역하는 것만이 자연스럽고, 정확하며, 최대한 효율적으로 번역할 수 있는 유일한 방식이며, 이를 통해 독자에게 즐거움을 선사할 수 있다(Newmark, 1988: 3). 그와 동일한 관점에서 스페인의 García Yebra(1983: 348, Kelly and al., 2003b)는 모국어로 번역(BA 번역)하는 것과 동일한 수준으로 모국어가 아닌 언어로 번역(AB 번역)하는 것은 일부 완벽한

“이중 언어 사용자”(물론 그들도 한계가 있겠지만)를 제외하고는 거의 불가능하다고 주장했다. Mona Baker(1992: 64)는 모국어가 아닌 화자의 관용어적인 표현은 모국어 화자와 전혀 다르며, 외국어로 번역하는 대부분의 번역가들이 관용어 표현에서 모국어 화자와 동일한 언어적 감수성에 도달한다는 것은 기대할 수 없는 일이라고 언급했다.

모국어로 번역하는 작업에서 번역가에게 요구되는 사항들은 직업 윤리 규정 내에 대개 법제화되어 있다. 예를 들어, 영국의 번역가 협회에서는 전문적인 법정 직업 윤리 규정이 있으며(Baker, 1993: 64 참조), 유네스코 나이로비 지사에는 번역가들의 사회적, 법률적 지위를 개선하고 보호하기 위한 법정 추천 사항들이 있다(1976). 이에 따르면 최적의 작성 작업은 모국어로 번역할 때에만 수행된다는 것인데, 이는 앞서 언급한 언어 간섭에 관한 견해들과도 동일한 입장이다.

하지만 이러한 규칙을 존중함에도 불구하고, 번역 시장의 요구 사항에 맞는 언어 조합을 지닌 번역가가 부족한 수많은 나라에서는, 외국어로 번역하는 번역가들도 상당수를 차지한다. 그 결과, 이에 관한 다수의 논문들이 발간되었다(이 주제에 관해 요약한 Kelly and coll., 2003; Hatim, 2001, 164~168). 원칙상으로는 외국어로 번역한 결과물이 모국어로 번역한 결과물에 비해 더 낮은 품질이어야 할 것이다. 하지만 현실에서 꼭 그렇지만은 않다. 사실, 이러한 통념과는 달리, 경험 많은 번역가들도 모국어로 번역하는 상황에서 수동언어를 충분히 숙달하지 못하거나 일부 단어 용법이나 표현법 또는 의미에서 불완전한 지식으로 인해 여러 오류들을 보이기도 한다. 이러한 단점은 독자의 이해를 어렵게 하며, 모국어 번역이 가져다주는 장점들을 무로 돌아가게 한다.

화용론적인 시각에서 슬로베니아의 N. Kocjiancic Pokorn는 번역이 의사소통의 문제이므로 번역 품질 평가에서 그 분야의 독자들의 반응을 고려해야 한다는 생각에 기반하여, 독자들에게 번역가들이 모국어로 문학 작품 번역을 수행했는지를 질문하였다(Kocijancie Pokorn, 2003). 그의 연구 결과에 따르면, 독자들은 번역가 중 누가 모국어 화자인지를 명확히 인식하지 못했다. 하지만 이러한 결과와 관련하여 우리는 다음과 같이 더 확고한 논증을 요구할 수도 있다. 모국어 화자가 아닌 번역가를 확인할 수 없다는 사실이 모국어 화자와 그렇지 않은 번역가 간에 번역 품질 차이가 없다는 사실과 꼭 관련된 것은 아니다. 또한 이러한 차이를 감지하기에 응답자들이 충분한 언어적 감각을 갖추고 있지 않았을 수도 있으며, 그들에게 던진 질문들이 단순히 번역의 일부 특징들에만 초점이 맞춰져 있었을 수도 있다.

그럼에도 이러한 연구 결과는 특별한 사실, 즉 모국어 화자가 아닌 번역가가 수행하는 번역이 반역이라는 것을 입증할 만한 주요 원인은 없음을 시사한다.

번역가 교육에서 특히 학사와 석사 과정 동안에는 모국어로 번역을 수행하는 것이 중요하다. 이는 다음과 같은 두 가지 이유에서이다. 먼저, 번역 학습자가 외국어에서 본인이 부딪힐 수 있는 어려움들을 인식하고, 아직 숙련되지 않았기에 불완전한 번역문을 작성할 수 있다는 사실을 깨닫는다면, 그들에게 번역의 어려움을 알게 하고, 이를 피하거나 맞서 대항하기 위해 적절한 전략들을 훈련시키는 것이 중요하다. 모국어에서 외국어로 번역하는 학습에서 학습자는 외국어에서 모국어로 하는 번역의 원문 이해 과정에서 겪을 수 있는 동일한 어려움들을 인식하지 못할 수 있으며, 외국어의 모든 섬세한 뉘앙스를 알지 못하므로 외국어로 작성한 발화에 나타나는 자신의 취약점을 깨닫지 못할 위험이 있다(이에 관해서는 Hansen, 2002b 참조). 모국어로의 번역에서 교육자는 학습자가 이미 지니고 있는 언어 지식들을 바탕으로 재표현할 수 있게끔 학습자의 노력을 더 이끌어 낼 수 있겠지만, 외국어로의 번역 학습에서는 교수자에게 이보다 더 많은 신중함이 요구된다.

두 언어 방향(BA 번역, AB 번역)의 번역을 모두 필요로 하는 국가의 번역 시장에서는 외국어로의 번역(AB 번역) 교육을 배재할 수는 없다. 하지만 이러한 경우, 교수자는 학습자에게 최적화된 번역 전략(특히, 모국어 화자와의 그룹 번역)을 제안하고, 이러한 번역에서 일어날 수 있는 여러 위험과 한계점들을 강조해야 할 것이다.

6. 번역 언어의 가용성

지금까지 언급한 사항들을 기반으로, 언어를 숙달한다는 개념은 복잡한 현실을 포함하고 있다는 결론을 도출해 볼 수 있다. 이는 현실적인 일부 상황이 고정된 것이 아니라 늘 변화한다는 사실에서 비롯된다. 초창기 번역 활동에서 수동언어를 잘 숙달한 번역가는 시간이 지남에 따라 수동언어를 "잃어버릴" 수도 있으며, 반대로 외국어 실력이 충분치 않았던 번역가가 자신이 구사하는 외국어가 명확한 수동언어로 될 수 있을 정도로 외국어 실력을 늘릴 수도 있다. 차후에 분석하겠지만, 이러한 규칙은 잘 알려진 언어들(영어, 프랑스어, 독일어, 스페인어 등)에서뿐만 아니라 국가, 지역, 언어 사용역, 전문 언어 등과 같은 다양한 변인들과

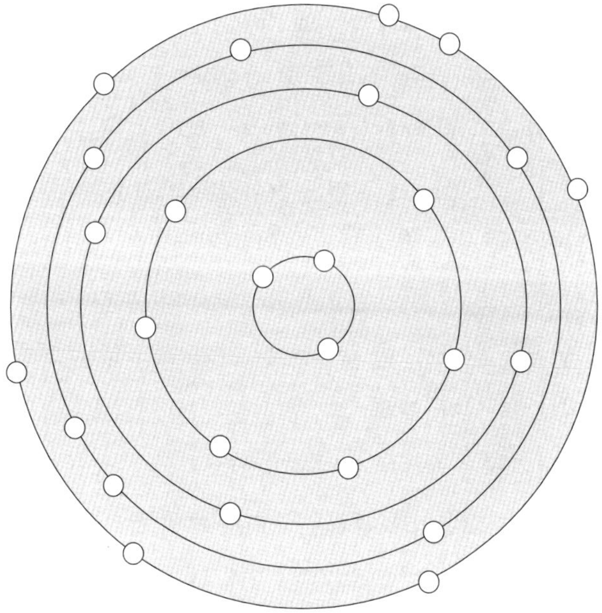

그림 6.2. 언어 가용성 중력 모델

관련된 사회 방언에도 적용된다.

보이오티아(고대 그리스 도시국가) 사람들은 언어 숙달도의 여러 변화들을 습득과 망각이라는 두 가지 활동으로 유형화하였다. 하지만 현실에서 이는 더 복잡하며, 언어 가용성의 개념에 기반한다면, 상세한 분석이 필요하다.

편의상, Niel Bohr(표 6.2)의 원자(原子)(고대 그리스 자연 철학에서의) 모델을 떠올리게 하는 중심 원들로 구성된 중력 모델의 형태로 언어 가용성의 개념을 소개해 보겠다.

이 모델에서, 어휘, 통사적, 또는 그 외의 각 언어 지식은 궤도상의 중심에 있거나 멀리 떨어져 있게 된다. 중심선을 축으로 한 근접성은 언어 가용성을 나타내는데, 중심선에 가까울수록 가용도가 높다. 실제로 이러한 모델은 화자의 언어 지식들 중 즉각적으로 떠오르는 이미지에만 적용된다. 그 이유는 차후에 설명하겠지만, 여러 요인들의 가용성이 변하기 때문이다. 각 언어에는 적어도 말하기와 쓰기라는 두 시스템이 있다. 특히, 단어와 통사가 별로 다르지 않은(가끔씩은 거의 다를 바 없는) 언어들을 말하고 쓰는 경우, 읽고(특히 중국어와 일본어처럼 표의 문자들을 지닌 언어들 내에서) 쓸 줄 모르는 거의 교양 없는 화자들도 몇몇 단어들은 알 수도 있다. 말하기와 듣기에서 언어적 요소들을 인식하고 생산하는 신체 작용은 동일하지 않은데, 글쓰기의 이해 과정은 이미지의 분석을 통해, 말하기의 이해 과정은 소리 신호의 분석을 통해 수행된다. 글쓰기에서 생산 과정은 손으로(혹은 기계로), 말하기는 발성기관을 통해 실행된다. 말을 인식하고 생산하기 위해 무의식적으로 글을 쓸 때, 혹은 그 반대의 경우를 가정해 보더라도, 그 과정은 동일하지 않다.

번역가에게 가장 중요한 것은 능동언어의 가용성이다. 사실, 이러한 가용성은 늘 고정되어 있지 않으며, 짧은 기간 안에 급격히 변할 수도 있다. 예를 들어, 스트레스 상태이거나, 집중도가 떨어진 상태이거나, 더 단순하게는 피곤한 상태여서 일시적으로 언어 가용성이 낮아질 수도 있다. 이처럼 특정 상황으로 인한 어휘적인 제약 현상은 잘 알려져 있다. 반대로, 명확한 맥락과 상황 내에서는 언어적 지식들을 활성화할 수도 있고 이를 통해 언어 가용성의 수준 또한 높일 수 있다.

언어 지식의 가용성에서 이러한 변화들에 기반한 일반적인 두 법칙은 다음과 같다. 첫 번째 원칙은 원심에서의 일탈로, 이는 필요하지 않은 지식(발화를 이해하고 생산하기 위해)의 사용 가능성이 전혀 없는 경우이다. 중력 모델에서 이러한 지식들은 시스템의 외곽에서 벗어나 있다. 두 번째 원칙은 구심 효과인데, 이는 모델 안에서 필요한 지식의 중심을 향해 이동하는 언어 가용성의 논리를 그 전제로 한다. 이 모델에 비추어 볼 때, 정신적 외상이 있는 사람을 제외하고는 일반적인 사람은 비교적 늦게 시스템의 중심에서 벗어나는 편이다. 몇 주, 몇 달, 몇 해 후에 사신의 모국어에서 적절한 단어들을 찾기 시작하면서 필요한 지식을 감지하기도 한다. 지식의 사용과 관련된 구심 효과의 예를 들어 보자면, 오래전에 잊은 단어를 텍스트 안에서 파악하고 즉시 이를 재사용할 수 있는 경우, 구심 효과는 매우 빠르고 즉각적으로 일어날 수 있다.

앞서 소개된 책상의 은유와 동일한 시각에서 언어 가용성의 능동성은 다음과 같은 방식으로 표현해 볼 수 있다. 일정 시기 동안 사용하지 않은 자료는 점차 책장에서 더 멀리 놓게 될 것이며, 가장 가까이에 있는 책장은 더 자주 사용하는 자료들로 채울 것이다. 자료를 재사용할 때는 책상 근처에 이를 정리할 것이기에, 더 빨리 이를 참조할 수 있을 것이다.

이러한 규칙들은 우리가 이미 알고 있는 사실이긴 하지만, 정확한 실험 연구로 도출된 결과는 아니다. 물론 이는 규칙적으로 관찰될 수도 있다. 하지만 상황과 유형에 따라 화자의 지식 측면에서 언어 가용성의 득과 실을 예측하는 것은 어려울 수 있다. 예를 들어, 기껏해야 몇 달 동안 다른 나라에서 거주한, 즉 어떠한 자국민과의 만남도 없었던 일본인이 지인에게 편지를 쓸 때 잊힌 일본어 한자(kanji) 철자를 다시 생각해 내기 위해 사전을 참조하는 것처럼, 일회적으로 언어 가용성을 잃는 경우의 몇 가지 측면만을 측정할 수 있지 않을까?

위에 언급된 원칙들은 왜 언어 사용이 언어를 잊지 않기 위한 하나의 치유책이 될 수 있는지 보여준다. 또한 이러한 원칙을 통해 모국어를 포함하여 번역과 관련된 언어 실력을 유지하는 것은 번역가가 지니고 있는 지식의 가용성을 보존하기 위해 중요하다는 사실을 깨달을 수 있다. 통역과는 반대로 번역은 인지적인 압박이 없다. 이러한 압박은 다시 돌이킬 수 없는 즉각적인 결정을 요구하는 것인데, 통역과는 달리 전문 번역가들은 일관된 번역 속도를 유지한다. 번역가는 고객에게 전달하기에 앞서 모든 번역들을 다시 보고 쓰기 위해 항상 많은 시간을 투자하지는 않는다. 초고 번역은 주어진 텍스트의 기반이자, 대개는 하나의 틀이 된다(이는 번역의 수정 후에도 그렇다). 그러므로 다양한 표현력을 유지하고, 횡설수설하는 듯한 서투른 언어로 표현하지 않으려면, 번역가가 어휘, 통사, 관용어구의 측면에 매우 풍부한 지식을 갖추는 것이 중요하다. 실제로, 자신의 모국어 실력을 유지하는 데 큰 노력을 기울이지 않아서 점차적으로 모국어 실력이 퇴보한 몇몇 망명한 번역가들도 심심찮게 볼 수 있다. 이러한 번역가들은 정확하게 번역하는 능력은 유지할 수 있겠지만, 독자는 그들이 수행한 번역이 다소 현실성이 떨어진다고 느낄 수도 있다. 능동언어에서 번역가가 지니는 언어 요소들의 가용성이 상대적으로 높은 경우, 출발 텍스트의 구성이나 어휘 선택에서 비롯한 언어 간섭 현상을 더 잘 배제할 수 있을 것이다.

7. 번역가의 언어 숙달 원칙들

전문 번역 학교의 교수자들이 늘 지적하듯이(예를 들어, Gravier, 1978 참조), 언어를 충분히 숙달하는 것은 번역의 전제조건이지만, 전문 번역

학교의 목표는 언어 교육이나 언어 숙달이 아니다. 또한 충분한 언어 숙달이 가장 높은 수준으로 언어를 구사한다는 것을 의미하는 것은 아니다. 번역가는 본인의 초창기 언어 수준을 넘어 점차적으로 언어 실력을 향상시킬 수 있다. 2년 이상 기간의 번역 교육 프로그램에서 근본적인 문제들이 아닌 그때그때마다 학생들의 부족한 점들을 보충해 주는 것을 중시하는 것은 당연하다. 다수의 번역 교수자들은 학생들의 낮은 언어 수준을 불평한다. 필자는 INALCO의 일본어-프랑스어 과학 번역에서 학생들의 프랑스어 수준에 관한 논문(Gile, 1984b)에서, 프랑스인 학생들이 주로 범하는 부적합한 어휘, 구어체와 문어체의 혼동, 구두점(이에 관해서는 Ballard, 1996 참조), 과거 분사 일치 등과 같은 프랑스어 취약점에 관해 언급한 바 있다. 이러한 논문이 출간되고 20년이 지난 후에도 다른 대학의 프랑스 학생들에게서 이와 같은 프랑스어의 취약점을 자주 확인했다.

7.1. 능동언어 숙달

모국어의 초기 학습은 번역 교육을 받기 이전에, 즉, 중·고등학교에서, 경우에 따라서는 작문과 관련된 직업 활동 수업이나 여타 교육에서 이루어진다. 이전 장에서 여러 번 반복하여 강조했듯이, 높은 수준의 번역 능력에 이르기 위해서는 무엇보다도 모국어를 잘 작성할 수 있어야 한다. 문법적으로 결점이 있거나 문체적인 감각이 결여되어 있다면 미래의 번역가가 되기 위한 좋은 징조는 아니다.

하지만 대나수의 학생들은 부적합한 어휘 사용, 한정적인 표현 방식에서 비롯한 여러 취약점을 번역에서 보이고 있다. 이러한 부족한 점들을 메우기 위해서는 그들이 이를 잘 파악할 수 있도록 교수자가 작문 수업과 충분한 번역 연습을 통해 학생들의 결과물을 수정해야 한다. 번역과 별개로 이루어지는 작문 수업은 번역 연습에서처럼 다른 언어로 작성된 텍스트가 없어서(언어 간섭의 가능성이 없다.) 학생들의 도착어 지식을 활성화시키기에 매우 유익하다.

높은 수준의 언어 능력을 지녔지 모국어 화자가 아닌 사람과 "진정한 이중 언어 화자"(C. Thiéry(1975)는 교양 있는 모국어 화자가 모국어 화자로 간주할 수 있을 정도로 언어를 잘 구사하는 이중 언어 화자를 "진정한 이중 언어 화자"로 부른다.)에 관한 흥미로운 사실을 언급해 보도록 하겠다. 먼저 언어 실력이 뛰어나면서 모국어 화자가 아닌 사람은 대개 학업을 마치기 위해 혹은 타지 근무 차 장기간 외국에서 체류하면서 그 나라의 언어 지식을 훌륭한 수준으로 습득한 외국인이다. 그들은 보통 어떠한 발음 문제(글쓰기에서 이는 큰 문제가 되진 않는다.)도 없으며, 완벽하게 제2 언어를 구사한다는 인상을 줄 수 있다. 하지만 번역에서는 예상 밖의 취약점을 보이는데, 예를 들어, 몇몇 표현의 부적합한 사용, 가짜 동족어, 부자연스러운 연어 표현, 언어 간섭에 의한 여러 표현들 등을 들 수 있다. "진정한 이중 언어 화자"는 주로 2개 국어를 사용하는 가정에서 자랐거나, 자신이 구사하는 언어들과 관련된 각 나라에서 일정 교육을 받은 사람으로, 거의 모국어 화자와 동일하게 두 언어를 자유자재로 구사하며, 어떠한 발음상의 문제도 없다. 그들 역시 일상 대화는 전혀 문제가 없어서 어떠한 언어 간섭 현상도 나타나지 않지만, 번역 시험이나 특히 통역 시험을 치를 경우(통역에서는 언어 간섭 현상이 주요한 문제이다. 본고의 뒷부분 참조) 수많은 언어 간섭 현상을 보인다.

이러한 두 부류의 사람들 모두 출발 텍스트에 대해 훌륭한 이해도를 지니고 있다는 것을 보증할 수 있다면(4장에서 그 이유를 설명했듯이, 언어적인 수준의 이해가 반드시 관련된 텍스트의 의미를 완벽한 이해한다는 것을 의미하지는 않는다.), 수동언어의 측면에서는 그들 모두 장점이 있다고 생각해 볼 수 있다. 하지만 이와는 반대로 그들 모두 언어 간섭 현상의 위험이 높으므로, 작문 수업을 통해 언어 실력을 유지할 필요가 있다. C. Thiéry(1975)의 회의 통역사들을 대상으로 연구한 "진정한 2중 언어 화자"에 관한 논문에서, 국제회의 통역사 협회의 공인된 A등급(구사하는 두 언어 모두 모국어 수준이거나 모국어와 거의 동등한 수준)에 해당되는 통역사들이 언어 실력을 유지하기 위해 굉장히 노력한다는 사실에 주목했다.

외국어로의 번역(AB 번역) 교육에서는 번역가에게 필요한 언어 숙달 수업을 고려해 볼 수 있다. 모국어 화자를 대상으로 하는 언어 완성 수업과는 달리, 외국어로의 번역 수업을 최적화하기 위해서는 무엇보다도 학생들의 취약점을 진단하고 이를 수정하는 방향으로 나아가야 한다. 대다수의 AB 번역에서 학생들이 모국어나 외국어와 관련하여 보이는 특별한 취약점을 프로젝트 연구를 통해 다룰 필요가 있으며, 이러한 연구에 기반하여, 더 효과적인 방안으로 언어 숙달 프로그램을 조정해야 할 것이다.

7.2. 수동언어 숙달

번역가는 번역과 관련된 모든 언어에 충분한 실력을 갖춰야 하며, 번역 품질을 유지하고 수익을 창출하기 위해 신속하고 신뢰할 만한 작업을 수행해야 한다.

수동언어와 관련해서 번역가에게 요구되는 사항들은 능동언어에서보다 덜 엄격한 편이다. 그 이유는 수동언어와 관련된 잠재적인 취약점들은 번역할 텍스트와 관련된 외부적인 자료로 쉽게 보충될 수 있기 때문이다. 그러므로 높은 수준의 수동언어 지식을 갖추기 전이라도 시간적인 여력이 충분히 있고, 좋은 품질의 관련 자료들을 지니고 있다면, 일부 텍스트 유형에서는 번역을 시작할 수 있다. 교육적인 측면에서는 번역 교육 프로그램 내에서, 특히, 프랑스의 LEA과정에서, 1년 혹은 2년 기간의 번역 입문 수업과 언어 숙달 수업 개설을 고려해 볼 수 있다. 물론 높은 수준의 단기 교육 프로그램에서는 이러한 수업이 문제시될 수도 있다. 사실, 이러한 방식이 전혀 문제가 없는 것은 아닌데, 가장 먼저 언급되는 문제점은 학생들이 언어 문제와 번역 문제를 혼동할 수 있다는 것이다. 그러므로 학생들이 수동언어에 충분한 실력을 갖추지 못한 경우, 그들이 겪게 되는 여러 문제점들을 잘 이해하고 좋은 방향으로 나아갈 수 있도록, 전문 번역의 원칙들을 숙지하고 있는 숙련된 교수자가 관련 교육을 수행하는 것이 바람직하다.

8. 번역가의 언어 숙달을 위한 실제적인 전략들

8.1. 능동언어와 수동언어

번역가의 언어 숙달에 중요한 첫 번째 원칙은 수동언어와 능동언어 실력의 향상도가 다르다는 것이다. 특히, 수동언어는 이해의 측면과, 능동언어는 생산의 측면과 관련되는데, 앞서 언급했던 견해를 통해 다음과 같이 이러한 차이의 원인을 쉽게 도출해 볼 수 있다.

– 첫째, 수동언어는 이해 단계에만 사용되므로, 번역 생산에서는 수동언어 사용을 필요로 하지 않는다.
– 둘째, 수동언어가 번역 생산에 사용한다면, 능동언어와 더 많은 언어 간섭 현상을 불러일으킬 수 있다. 이는 특히나 통역에서, 더 특수한 분야로는 인지 부하[1]의 정도가 심한 동시통역에서 제기되는 문제이다.
– 셋째, 출발어와 도착어 간 합치되지 않은 부분들에서 비롯하는 어려움들을 피하기 위해, 그리고 가능한 한 넓은 범위 안에서 여러 번역 방법들을 활용할 수 있도록, 번역에서의 능동언어 실력 향상의 목표는 세련되고 풍부한 번역을 수행하는 데 있다(번역에서 적절한 문체를 간파하는 능력은 중요하다). 수동언어 실력 향상의 목표는 이와 다르다. 능동언어로의 통역은 수동언어로의 통역과는 달리, 통역 생산을 위한 언어적 가용성을 강화시키는 것과 관련된다.

따라서 번역가와 통역가 모두 수동언어에 높은 이해력을 갖추었더라도, 이를 표현할 때는 적합하지 않게 말하거나 쓸 수도 있다.

---

1 [역주] 인지 부하(cognitive load)는 학습이나 과제 해결 과정에서의 인지적 요구량을 말한다. 어떤 정보가 학습되기 위해서는 작동기억 안에서 정보가 처리되어야 하는데, 작동기억이 처리해 낼 수 있는 정보의 양보다 처리해야 할 정보가 많으면 문제가 생기며 인지부하가 생기게 된다(https//ko.wikipedia.org/wiki/%EC%9D%B8%EC%A7%80_%EB%B6%80%ED%95%98).

8.2. 능동언어로의 작성 능력을 보강하는 방법

능동언어 훈련은, 번역가가 명확한 표현과 논리적인 측면 및 어휘, 문체적인 수정에서 드러나는 나쁜 습관들을 "철폐"함으로써 실력을 유지하고, 능동언어의 좋은 글쓰기 감각 능력을 강화하며, 어법과 어휘적인 측면에서 사용 가능한 지식을 풍부히 하는 것이 그 목표이다.

전문가들은 능동언어로 작성된 서로 다른 유형의 자료와 신문에서 발췌한 좋은 품질의 텍스트를 정독하면서 자연스레 이러한 훈련을 하게 된다. 번역 교육 프로그램 내에서 몇몇 교수자들은 문학 텍스트 독해를 학생들에게 추천하기도 하는데, 작가들의 언어는 다채로우며, 그들이 쓴 풍부한 어휘와 잘 구성된 문장들을 통해 많은 것을 배울 수 있기 때문이다. 이는 흥미로운 주장이긴 하나 다음의 두 가지 한계점이 제기될 수 있다.

첫째, 부차적인 측면에서 보면, 대부분의 정보 텍스트 번역에서는 문학 작품에서 드러나는 풍부한 어휘 표현을 찾을 수 없다. 둘째, 더 실제적인 측면에서 보면, 정보 텍스트와 문학 텍스트의 어법 간에 상호 간섭 현상이 일어날 수 있다. 이는 일부 "문학" 전공 학생들에게서 나타나는 현상이기도 한데, 기술 텍스트 번역에서 문학적인 용어와 표현들을 활용하는 것은 일반적인 문체에 적합하지 않아 독자에게 거북함을 줄 수도 있으며, 문학 작품을 참조하는 경우에도 역효과를 불러일으킬 수 있다.

학습자의 언어 지식을 능동적으로 고취시키기 위해서는, 전문 교수자의 지도하에, 분석, 종합, 요약, 설명, 논술 형식의 자발적인 작문 훈련(앞 문장 참조)을 시행하는 것이 바람직하다고 생각한다. 프랑스어 교수자들과 작문 테크닉 관련 교수자들도 번역 교육에서 그들이 맡아야 할 임무가 있다.

8.3. 전문 언어 학습

전문 번역은 동일한 언어를 사용하지 않는 그룹 내에서 의사소통을 용이하게 하는 것에 주안점을 두는 서비스이다. 이러한 시각에서 보면, 전문 번역가는 개인적인 선호도에만 맞춰 텍스트를 작성할 수는 없을 것이다. 대부분의 경우, 번역가는 자신의 생각과 맞지 않더라도 수신인의 선호도에 맞춰 텍스트를 작성해야 하며, 고객의 규범이나 지시 사항을 따라야 한다(고객은 독자를 설득하지 못하거나 텍스트의 명확성이 낮아지더라도, 정통을 고수하거나 어떤 특정 스타일을 주장할 수도 있다). 또한 번역가는 수신인이나 전문 분야와 관련된 하나 혹은 여러 개의 사회 방언을 배워야 한다.

전문 언어에서 좋은 표현 능력은 관련 분야의 텍스트 독해를 통해 습득할 수 있다. 프랑스어 교수자나 작문 테크닉 교수자들은 일반적으로 비전문적인 텍스트의 작문 능력 향상에는 도움을 줄 수 있지만, 전문 언어 작문 훈련 교육에는 적합하지 않다. 게다가 교육 연수 프로그램을 제외하고는 전문 번역에서의 관련 분야 전문가 또한 전문적인 작문 수업을 수행하기는 어렵다. 실제 번역에서는 번역가가 관련 분야의 전문가인 경우를 제외하고는 번역 문제를 해결하기 위해 검색을 통해 얻은 자료들을 주의 깊게 읽거나 경우에 따라서는 전문 감수자나 고객의 번역 감수를 통해 작문 실력을 향상시킬 수 있다.

개인적인 경험에 비추어 보면 번역 학습자들은 전문 언어를 빨리 배우는 편이다. 주어진 분야에서 그들이 수행하는 번역의 양에 따라, 경우에 따라서는 단지 몇 달 이내에 전문 언어를 숙달하기도 한다. 동시에 그들은 전문 언어의 개념, 추론 방식, 잠재된 이론적 또는 기술적인 요소들을 배우고, 가끔씩은 마치 그 분야의 전문가처럼 인식하기도 한다. 번역 실제에서, 이러한 방식으로 습득된 지식은 일반적으로 피상적이고 단편적이다. 법률 번역가가 법조인이 될 수는 없으며, 의학 관련 번역가가 의사만큼의 능력을 습득할 수는 없다. 번역학 문헌에서 이러한 차이에 관한 일례를 들어보면, 과학 용어를 검색하지 않은 번역학자이자 번역가들이 작성한 수많은 논문들의 내용은 상당한 결함을 내포하고 있었다(Gile and Hansen, 2004 참조).

9. 통역과 언어들

일반적인 사람들처럼 번역가들도 번역 능력의 측면에서 번역가와 통역가의 언어 실력에 대한 요구 사항이 굉장히 다르다는 점을 대개는 인식하지 못한다. 통역이 말을 말로 번역하는 것이라면(말과 수화로 의사소통이 이루어지는 수화 통역을 제외하고), 번역은 글을 글로 번역하는 것이다(글을 읽으면서 말로 번역하는 문장 구역과 같은 몇몇 예외들을 제외하고는). 통역은 동시통역과 순차통역으로 나뉜다. 동시통역에서는 통역가가 화자가 말하고 나서 약 몇 초 후, 즉 거의 동시에 말을 하는 경우를 제외하고는 먼저 말을 듣고 즉시 이를 재표현한다. 순차통역에서 화자는 담화의 일부를 말하고 나서, 통역가가 이를 통역하는 동안 멈춘다. 이어서 화자는 담화의 새로운 부분을 말하고 통역가가 통역하는 동안 멈추는데, 이러한 방식이 연속적으로 이루어진다. 회의 통역가들은 담화의 부분들(각 부분은 단어나 문장 차원이다.)이 '문장에서 문장으로 계속 이어지며' 몇 분 동안 혹은 더 길게 멈춤 없이 진행되는 '진정한 순차통역'을 일반적인 순차통역과 구분한다.

요구되는 능력과 소질에서 통역과 번역을 나누는 가장 근본적인 특성은 다음과 같다.

1) 통역에서 의사소통은 문어체와 구별되는 어휘, 통사, 언어마다 특징적인 문체, 특히 소리에 의한 구어체로 이루어진다. 이해 과정에서 담화를 인식하기 위해서는 글쓰기의 경우처럼 이미지를 통해서가 아닌 소리를 통해 언어 요소들(모음, 자음, 음절, 어휘 단위 등)을 식별하는 것이 필요하다. 또한 듣기에서 이러한 이해의 특수성은 별개로 분석되어야 한다.
2) 통역에서 커뮤니케이션은 시간적인 압박을 강하게 받는다. 번역가와는 반대로, 통역가는 원본을 더 잘 이해하기 위해 원본을 다시 읽거나, 도착 텍스트를 개선하기 위해 도착어를 다시 읽고, 자료를 참조할 시간이 없다. 통역가는 일단 화자의 원문을 들으면, 즉시 발화로 이를 표현해야 한다. 즉, 원문으로 다시 돌아갈 수는 없는 것이다. 어려움에 직면하더라도(특히, 표현에서) 즉시 결정을 내려야 한다.

통역가는 인지 처리의 단계에서 시간적 압박을 받는다. 실제 연설은 1분당 100에서 200단어 혹은 1초당 여러 음절의 속도로 이루어진다. 그리고 이때, 작동 기억의 제한된 용량이 이에 개입한다(앞서, 작동기억을 책상으로 비유했다). 통역가의 머릿속에 있는 어휘와 관련된 언어 요소들이 언어적 차원에서 화자의 담화 내에 이러한 요인들이 개입하는 속도와 동일하게 사용될 수 있을 정도로 충분한 가용성을 지닌다면, 언어적 수준에서의 이해 과정은 수행될 수 있다. 이와는 반대로 통역가가 지니는 언어적 요소들의 가용성이 충분치 않다면, 작동 기억에 계속 쌓여서 빠르게 포화상태에 이를 것이다. 그 결과, '잊음'으로 인식됨에 따라 이해 과정에서 손실이 일어나고, 앞서 설명된 메커니즘을 통해, 관련된 단어를 충분히 이해하지 못했다는 인식으로 표현되어 알고 있는 정보를 다루지 못할 수도 있다.

이러한 문제는 특히, 동시통역과 '진정한 순차통역'에서 발생한다. '진정한 순차통역'에서 화자는 최소 몇 문장들로 이루어진 부분들을 말한다. 관련된 정보의 많은 양으로 인한 장기 기억에서 드러나는 잠재적인 취약점들에 일시적으로 대처하기 위해, 통역가는 들으면서 동시에 노트테이킹을 한다. 하지만 노트 테이킹 역시 해당 용량만큼의 처리 용량을 소비하므로 들을 때 사용 가능한 처리 용량은 줄어든다. 그러므로 인지부하 정도가 높아지고, 포화 상태가 될 위험이 증가하게 된다(Gile, 1995a, b). 문장에서 문장으로 이어지는 순차통역에서는 동시통역보다 정보의 양이 더 적어서 꼭 노트 테이킹을 할 필요는 없다. 동시통역에서는 문제가 더 복잡하다. 이때에도, 통역사는 노트 테이킹을 하지 않으며(몇몇 숫자와 고유명사와 관련된 부분들을 제외하고는), 출발 담화를 듣는 동시에 도착어로 담화를 말해야 한다. 인지 부하의 정도는 다음의 세 활동이 누적되는 효과로 인해 높아진다.

– 원문 담화 이해, 정보를 충실하게, 그리고 도착어에서 언어적으로 받아들일 수 있고 일관성을 띠도록 담화를 즉각적으로 표현, 특히, 언어 간섭의 위험과 관련된 도착 담화의 조정.

순차통역에서는 수동언어의 가용성이 매우 중요하다. 동시통역에서는 이와 더불어 능동언어의 가용성도 중요하며, 두 언어를 분리할 수 있는 능력이 요구된다. 게다가 통역가가 원문 담화를 잘못 이해했거나 잘못 발음하는 경우 혹은 도착 언어에서 적합한 용어를 찾아야 하는 난관에 직면했을 때 몇 초 동안 포화 상황에 이르지 않기 위해서는 비록 최적의 해결책을 가지고 있지 않더라도 문제에 빠르게 대처해야 한다. 특히 필요하다면 효율성을 고려하여, 가장 우아한 표현이나 정확한 단어를 추구하는 것을 포기할 수 있어야 하며, 빠른 결정 능력을 갖춰야 한다. 또한 언어적인 차원에서 자신에게 부족할 수 있는 부분을 상쇄하기 위해, 억양, (일시적) 중지, 음의 장단 요소들을 활용할 수 있어야 한다.

이러한 일부 노하우는 화자의 근본적인 성격이나 재능과도 관련되지만 이를 위해 번역과 관련된 언어 실력을 갖추고 유지하는 것 또한 중요하다. 번역가와는 달리 통역가는 다음과 같은 두 가지 측면이 특히 중요하다.

– 수동언어로 원문을 이해하고 능동언어로 생산을 하기 위해 높은 언어 가용성을 유지하는 것
– 지역적 방언의 억양과 외국인의 억양에 익숙해지는 것

이러한 특수한 문제들을 더 잘 이해하기 위해서는 언어의 이해 과정의 중심인 형태(글쓰기)와 소리(말하기)를 감각적으로 인식해야겠지만,

이러한 소리와 형태는 언어적인 요소들과 일대일 대응의 방식으로 일치하지는 않으며, 해석해야 한다는 사실을 염두에 두어야 한다. 글의 작성 방식은 개인마다 다르다. 그러므로 손으로 작성된 텍스트는 명확하지만, 활자를 인식했던 제1세대 소프트웨어는 상대적으로 성공률이 낮으며, 가장 최근에 만들어진 소프트웨어조차도 100% 성공률을 달성할 수는 없으므로 인쇄된 활자가 균일하지 않은 경우도 있다. 장기 기억에 저장된 지식들 및 상황과 문맥에 따라, 들은 소리를 빨리 분석해야 하기 때문에 글보다 담화를 이해하는 것이 더 어렵다. 그 이유는 주로, 억양, 운율, 익숙하지 않은 구문들에 관해 분석이 수행되는데, 이것이 인지적인 측면에 더 부담되기 때문이다. 따라서 통역가는 처리 용량에서 이해 비용을 줄이기 위해, 다양한 종류의 억양과 더 일반적으로는 모든 말하기 방식에 익숙해져야 한다.

이러한 사실로부터, 통역에서 가장 적합한 수동언어 숙달 방식은 독해가 아니라 듣기라는 것을 알 수 있다. 또한 통역가가 다양한 스타일, 억양, 목소리를 지닌 화자들의 통역을 수행하면서 수동언어 실력이 향상된다. 하지만 통역가가 최소한의 자격 조건을 지니려면, 수동언어를 구사하는 나라에서 체류한 경험이 있거나, 수동언어와 관련된 나라의 라디오를 듣는 것과 같은 다른 방법들을 찾아야 한다. 인터넷이 발달함에 따라 거리가 먼 국가의 언어 실력도 얼마든지 늘릴 수 있다.

번역가와 통역가의 언어 능력은 비교 불가능하다. 그 이유 중 하나는 좋은 번역가가 꼭 좋은 통역가는 아니기 때문이다. 능동언어와 수동언어를 훌륭하게 작성하는 번역가가 수동언어로 표현된 별로 빠르지 않은 담화조차도 이해하지 못하거나, 통역하지 못할지도 모른다.

10. 대조 언어학과 번역 학습

대부분의 전문 번역 교수자들은 대조 언어학의 관점과 전혀 반대되는 번역의 측면들을 인식한 적이 있을 것이다. 사실, 대조 언어학은 번역에 별로 적합하지 않은 이론처럼 여겨지기도 하는데, 그 이유는 능력 있는 번역가는 출발 텍스트를 분석하고 탈언어화하여 메시지로부터 번역을 수행하며, 관련된 두 언어 간의 차이와 유사성은 전혀 신경 쓰지 않기 때문이다. 또한 개인적으로는 대조 언어학에서 언급되는 언어 간 '등가'를 학생들이 그대로 수행할까 걱정스럽다. 이러한 언어 간 '등가'가 도착 텍스트에서 수용 가능한 것이라면, 그 등가는 대개 부적합한 것이거나 오류를 포함할 수도 있으며, 출발 텍스트의 비평적 독해, 도착 텍스트의 비평적 다시 읽기, 표현 과정 등을 무시하는 것이기도 하다.

실제에 비추어 보면, 이러한 비관론에 관한 근거가 없는 것은 아니다. 학생들은 중등교육 나아가 그 이상의 교육 동안 언어 수업에서 배운 "등가" 규칙의 적용으로 오류와 실수를 자주 범한다. 반면에 대조 분석을 통해 번역 관련 언어들 간의 몇몇 언어문화 차이를 학생들에게 깨닫게 하는 것은 유익하다. 필자는 일본어-프랑스어 기술 과학 번역 수업에서 이러한 방식을 사용하여, 제기된 문제의 여러 요인들을 학생들이 알 수 있게끔 하였는데, 이는 매우 유용한 방법이었다. 일본어 수업에서 학생들이 배운 'ga'의 변화형은 반대의 뜻(프랑스어의 'mais(그러나)'처럼)을 지니는데, 그들은 자주 이러한 반대의 의미를 배제하고 이 단어를 활용했다. 학생들은 적절한 해석에 이르기 위해 일본어 텍스트를 잘 분석해야 했다. 그들은 모든 부분을 전부 열거하지 않는 경우에만, 'et(그리고)'

의 뜻에 해당되는 'ya'의 변화형이 사용된다고 생각했는데, 이는 완전한 열거, 즉 해당되는 모든 부문을 전부 열거할 때에도 사용될 수 있다. 또한 그들은 상위 개념이나 하위 개념들을 열거할 때 논리적 범주를 혼합하여(예를 들어, 직접 회로들과 특별한 유형의 직접 회로들을 함께 나열) 열거하였다.

이러한 대조 작업을 통해 학생들은 텍스트의 부적합한 해석을 피할 수 있는 방법을 습득했고, 신빙성 테스트를 더 효율적으로 적용할 수 있었다(4장 참조).

그렇다면 비교 언어학 수업에서 대조 언어학을 가르쳐야 할까? 이보다는 오히려, 번역 연습 문제를 통해 학생들이 관련된 언어 조합들 중에서 가장 적합한 번역어를 찾고 스스로 깨달을 수 있도록 학습하는 것을 제안하고 싶다. 대다수의 전문 번역 교수자들은 출발어와 도착어의 특성을 비교한 대조 언어학에 기반을 둔 번역 학습을 고려하고 있다. 하지만 이러한 이론은 거의 효과적이지 않으며, 번역 학습의 저해 요인이기도 한데, 꼭 필요한 의미 분석에서 학생들의 관심을 돌리거나, 창의적인 표현을 방해할 수도 있다.

11. 결론

앞서 여러 장을 통해 언어지식을 번역가 능력의 기반이 되는 요소 중 하나로 언급했다면, 본 장에서는 번역가에게 요구되는 언어 숙달과 관련된 특징들을 보여주었다. 특히 번역가는 번역의 출발점에서 작문 기술과 능동언어를 숙달해야 하며, 자신이 모르는 사회 방언도 종종 표현해야 하므로, 우리가 출발어에서 말할 수 있거나 말해야 하는 것, 또한 도착어에서 말할 수 있거나 말해야 하는 것들 간의 차이에서 비롯되는 여러 난관들을 극복할 줄 알아야 한다(Jakobson, 1959). 그러므로 번역가는 지속적으로 능동언어와 수동언어를 숙달하고 실력을 유지하는 노력이 필요하다. 이번 장에서 알 수 있듯이, 번역가는 언어 외적 지식의 분석을 통해 자신의 부족한 점들을 보충해야 하며 수동언어와 능동언어 간의 언어 간섭 현상을 주의해야 하므로 높은 수준의 언어 능력이 필요하다. 하지만 다른 한편으로는 번역가가 자신의 수동언어들을 꼭 완벽하게 다 알아야 할 필요는 없다고 생각한다. 이러한 특성들은 언어 학습 및 서로 다른 유형의 번역 훈련과 관련지어 숙고해 보아야 할 것이다.

제7장

번역 교수법의 실제적 요소들

1. 서론

이 책의 첫 장에서는 번역 과정 중심 교육의 개념들을 소개하였다. 이러한 관점에서 시작하여, 학생들을 독자로 상정하고 그들이 전반적인 내용을 파악할 수 있도록, 그 다음 장들에서는 번역 교육의 이론과 방법론적인 토대를 설명하였다. 이번 장에서는 특히 교수자를 대상으로, 앞서 언급한 방식들을 적용하기 위해 실제적으로 고려해야 할 사항과 제안에 관해 이야기하고자 한다. 물론, 번역 교육의 완벽한 프로그램을 소개하지는 않을 것이다. 사실 1장에서 이미 언급했듯이, 이러한 프로그램들의 양상은 너무 다양하므로, 각 경우에 적합한 부분만을 통틀어 최적화된 것으로 언급했다. 이 주제에 관한 문헌들로는 Delisle, 1980; Dollerup and Loddegaard, 1994; Kiraly, 1995; Kussmaul, 1995; Dollerup and Appel, 1996 ; Freihoff, 1999; Gouadec, 2000 등을 들 수 있으며, Lebende Sparchen, Meta, Traduire, TTR 등의 전문 잡지에 이러한 주제의 논문이 많다. 본고에서는 번역 교육의 핵심 사항으로 간주할 수 있는 몇몇 권고 사항들, 즉, 학습자가 이해할 수 있고 훈련할 수 있는 개념, 모델, 기반이 되는 방법론적인 요인들, 번역 연습 등을 제안하고자 한다.

2. 이론과 모델

과정 중심 교육은 학생들이 수행한 방식을 최적화하면서 번역 과정에 중점을 두는 방식이다. 본고의 1장에서는 학습자에게 기초적인 개념들을 제안하고, 교수자의 교육적인 효과를 높이고자 몇몇 개념과 방법 교육을 주장하였다. 이전 장들에서 소개된 개념 및 모델들은 상대적으로 단순한 방식이기에 학습자가 이를 이해하는 데 시간과 에너지를 별로 소비할 필요가 없을 것이기에 효율적인 방식이라고 생각된다. '의미 이론'과 '스코포스 이론'은 이보다 더 단순하고 규범적이지만 덜 체계적이므로 본고에서 언급한 개념이나 모델들과 유사한 기능을 수행할 수 있을 것이다. 하지만 반대로 Vinay와 Darbelnet(1958)가 프랑스어와 영어 간에 비교 문체론식으로 분류한 번역 전략들을 번역 방법으로 수업 시간에 활용한다면 별로 유용하지도 않고, 나아가 학습자가 번역을 단순히 언어적인 등가로 간주하게 될 수도 있어서 학습의 저해 요인이 될 수도 있다.

수업에 처음 도입할 수 있는 방법으로는 번역 품질의 텍스트적, 텍스트 외적 기준들과 의사소통 모델(2장), 정보 발화의 정보 구성과 분석, 아이디어를 표현하는 연습(3장), 연속적인 모델(4장) 등을 제안할 수 있다. 또한 정보들의 출처 분석과 적합한 정보 습득 전략의 소개(5장)를 통하여, 학생들에게 도착어에서 참조할 수 있는, 텍스트 형태의 부족한 정보 자료들을 제공해 줄 수 있다(이 책의 뒷부분 참조). 학생들은 언어적 개념들, 특히 언어 숙달에서 인지적인 측면(6장)을 학습함으로써 스스로 언어 숙달 혹은 언어 간섭에 관한 의문을 제기해 볼 수 있고, 번역 학습자는 통역에 입문할 수도 있을 것이다.

시간적으로 더 여유가 있고, 이론적인 측면을 더욱 완벽하게 숙고하고자 한다면, 물론 단기간의 교육 과정에서는 너무 많은 시간을 소비해서는 안 되겠지만, 일부 이론들을 번역 연습의 형태로 학생들에게 가르칠 수도 있을 것이다. 전문 번역 연습에서 필자는 학생들에게 언어의 이해와 생산 메커니즘, 여러 유형의 기억들과 같은 개념들이 설명되어 있는 심리 언어학이나 심리학 텍스트를 자주 제공한다. 이러한 텍스트들을 분석하고 관련 참조 문헌을 읽어 나가면서 학습자는 적절한 정보들을 습득할 수 있고 교수자 중심의 대형 강의에서 학습한 부분을 보충할 수 있다.

3. 텍스트와 실력 향상

모든 번역 교육 프로그램에서 가장 먼저 수행하는 학습은 번역 연습이다. 몇몇 교육 기관에서는 다음과 같은 여러 훈련을 실시한다.

– 작문 테크닉, 텍스트 분석, 번역 감수, 자료 검색, 어휘 사전 준비, 번역 계획 관리, 다양한 소프트웨어 활용 등

하지만 이는 보충적인 훈련일 뿐이며, 주된 학습은 번역 연습이다. 그러므로 학생들이 번역할 적합한 원문 텍스트와 교재의 선정 작업이 매우 중요하다.

3.1. 텍스트들

전문 교수자들 간의 합의가 이루어져야 할 첫 번째 원칙은 번역에서 제공되는 텍스트들이 실제 번역 현장과 관련되어야 한다는 점이다. 의학 혹은 법률 번역 교육에서 신문 기사에서 발췌한 일반적인 내용이든, 아니면 전문적 성격의 텍스트든 간에, 이를 작성한 저자들은 대개 '만들어진' 텍스트가 아닌 '진짜' 텍스트를 활용할 것을 권장한다. 이러한 규칙은 다음의 두 가지 사실을 입증하는 것이기도 하다.

- 첫째, 인위적인 텍스트 안에는 번역 과정을 그르칠 수 있는 부적합한 요인들이 있을 수 있다.
- 둘째, 장래 전문 번역가가 될 학생들이 전문적인 환경에서 접하게 되는 텍스트 유형들에 익숙해질 수 있다.

또한 교수자가 전문적인 환경에서 번역한 현장 텍스트와 이미 학생들을 대상으로 활용한 텍스트는 다음과 같은 주된 장점을 지닌다.

- 교수자는 이미 학생들이 어려워할 부분을 알고 있으며, 이러한 어려운 점들에 학생들의 수준에 맞게 가장 적합한 해결책을 선택하고, 각 문제에 가장 합당한 해결 과정을 학생들에게 소개할 수 있다. 하지만 새로운 텍스트 안에서는 드물게 쓰이는 전문 용어들, 문법 구조, 특히 긴 문장이나 언어적인 다양성과 같은 주요한 요소를 제외하고는 학생들이 어려워할 부분을 정확하게 예측하기 어렵다.

융통성 없는 규율로 이러한 규칙을 변형해서는 안 된다. 예를 들어, 번역가는 몇백 단어 남짓의 아주 짧은 텍스트는 거의 번역하지 않는다. 하지만 이와는 반대로 학생들에게 수천 단어의 텍스트 번역을 제안하는 것은 불가능하다. 더군다나 특히 교육 초기에는 이러한 방식이 바람직하지 않다. 사실, 더 깊이 있게 텍스트를 다루기 위해서는 교육 초기에 많은 시간을 투자해야 한다. 특히 교수자가 학생들의 번역 전체에 걸쳐 건설적인 피드백을 주기를 원한다면 더욱 그러하다. 게다가, 몇몇 긴 텍스트의 번역만으로는 학생들이 수업 동안 다양한 경험을 습득할 수 없다.

새롭게 번역을(특히, 전문 번역)을 가르치는 동료들은 적합한 텍스트를 찾는 방법을 필자에게 자주 물어본다. 사실 몇 년 전부터 인터넷 덕분에 이에 관한 해결책이 매우 간단해졌다. 단순히 검색할 분야(의학, 법학, 과학 혹은 기술 등)에서 적합한 핵심 단어들을 선별하여 인터넷상의 검색 엔진을 통해 이러한 주제를 다루는 웹 사이트를 찾고, 이러한 사이트상에서 번역 연습에 적합한 텍스트를 선별하면 된다. 동일한 방식으로 웹 사이트상에서 출발어 및 도착어로 쓰인 관련 참조 문헌들을 찾을 수 있는데, 이를 인쇄하여 학생들에게 자료로 나눠 주면서, 적절한 정보를 습득하는 좋은 비법을 알려줄 수도 있다.

번역 초기 과정에서는 전문 텍스트를 다루기에 앞서, 시사적인 주제에 관한(특히 국제 정치와 같은) 신문사의 짤막한 기사나 문서를 텍스트(100자에서 200자)로 활용해 볼 수 있다. 전문 번역 학습에서는 과학이나 기술 분야의 입문서들, 전문적인 잡지 기사문들, 웹 사이트상의 텍스트들을 발췌하여 사용할 수도 있다.

3.2. 실력 향상

일반적으로 번역 교육 프로그램의 근간이 되는 원칙은 어려움이 증가하면 실력이 향상된다는 것이다. 초급 학생들은 상대적으로 단순한 텍스트를 다루지만 점차 지식과 노하우를 요하는 텍스트에 직면하게 된다. 이에 관해서는 다음과 같은 두 가지 사실들을 언급해 볼 수 있다.

첫째, 텍스트의 전문성 정도가 항상 번역의 어려움과 높은 상관관계를 지니고 있는 것은 아니다. 이전 장에서, 거의 전문적이지 않은 혹은 비전문적인 텍스트 예를 통하여 이러한 종류의 텍스트도 이해하고 재표현하는 데 충분히 어려울 수 있다는 점을 언급한 바 있다. 또한 잘 작성된 매우 단순하고 전문적인 텍스트의 경우, 전문 용어에 관한 문제만이 유일한 어려움일 수 있고, 이는 적합한 정보 자료의 도움으로 쉽게 해결할 수도 있다. 그러므로 추정되는 어려움과 출발 텍스트의 전문화 정도를 따로 떼어놓고 생각할 수는 없으며, 적합한 자료 출처나 도구를 학생들에게 제공한다면 굳이 교육 초기부터 전문적인 텍스트를 제공할 필요가 없다. 또한 이러한 방식을 통해 초급자의 경우, 특히 문과 학생들의 경우, 전문 번역을 너무 심각하게 받아들이지 않을 수 있다는 장점이 있다.

둘째, 과정 중심의 교육 초기 단계에서는 관련 노하우의 정확한 개념에 집중한 다음, 차후 단계에서 전체를 통합하기 위한 다른 개념의 단계로 나아갈 수 있다. 예를 들어, 학생들은 재표현에서 잘못된 의미들이 드러날 가능성을 최대한 줄이기 위해, 번역에 앞서 텍스트를 읽고 그 의미를 학생들이 고찰해 볼 수 있는 방식인 신빙성 테스트(6장 참조)를 통해 개별적으로 번역해 볼 수 있다. 이러한 관점에서 볼 때, 교수자는 학생들에게 어떤 다른 문제가 없는 부정확하고 모호하거나 논리성이 결여된 문장을 포함한 텍스트를 번역하게 하거나, 학생들에게 이러한 문제점들을 일깨울 수 있도록 문제의 문장만을 번역하도록 제안해 볼 수도 있다. 다른 학습 단계에서는 학생들에게 적절한 지식을 습득하는 방법에 집중할 수 있게 하고, 전문 용어나 개념에 큰 어려움이 있는 텍스트를 학생들에게 제공할 수도 있다. 즉, 어려움의 증가 원칙이 늘 효과적인 능력 향상을 가늠하는 유일한 기준은 아니다.

번역가들 간에 합의가 이루어져야 할 두 번째 원칙은 문맥에서 벗어난 발췌본이 아닌 하나의 전체 텍스트를 선별해야 한다는 점이다. 하지만 이러한 원칙을 따르는 것은 쉽지 않다. 그 이유는 짤막하면서도 "완전한" 텍스트는 거의 없기 때문이다. 앞서 설명했듯이 학생들은 대개 여러 페이지나 수십 페이지의 긴 텍스트를 번역하는 것에 별로 흥미가 없다. 관련 문맥을 설명하면서 발췌된 텍스트를 학생들에게 제공한다면 이러한 문제를 피할 수도 있다. 예를 들어, 교재에서 일련의 짧은 구절들을 연관된 페이지와 기능(책의 도입부, 관련된 산업의 역사에 관한 장에서 발췌, 상품을 제조하기 위해 사용된 기계의 기능을 설명하는 장에서 발췌, 결핵 치료제의 두 가지 처치 유형에 해당되는 각 그룹의 환자들의 반응에 관한 조사 연구의 결론에서 발췌 등)에 관한 설명을 삽입하여 학생들에게 제공해 볼 수도 있을 것이다.

이러한 방식은 책에서 발췌한 부분들뿐만 아니라, 넓은 범위의 텍스트 번역 연습 문제에도 적용할 수 있다. 앞서 설명하였듯이, 최근 인터넷의 발전 덕분에 텍스트들을 검색할 수 있는 가능성이 증가하고 있다. 이는 또한 언어, 주제, 품질 수준의 다양성과 더불어(인터넷상에서, 특히 개인의 웹 사이트상에서 출간된 수많은 자료들은 시중에 출판된 텍스트와는 달리 선별 과정을 거치지 않는다.), 학생들의 준비 과정을 용이하게 하기도 한다(오류를 범하는 것을 방지하고자 꼭 수작업을 통해 텍스트를 베낄 필요는 없다).

또한 이와 동일한 텍스트 유형들을 정보 자료 검색이나 분석 훈련에 활용해 볼 수도 있다. 이러한 유형의 텍스트들이 전문 번역과 관련되는 경우에는(서로 다른 번역 품질을 보여주는 이중 언어나 다중 언어의 다양한 웹 사이트를 찾을 수도 있다.) 번역 감수 훈련에서 이를 활용해 볼 수도 있다(이러한 훈련의 장점에 관해서는 Ammour, 2002 참조).

한 학기 혹은 한 해의 수업 마지막 단계에서는 각 학생들에게 더 긴 텍스트의 번역 작업에 더욱 현실적인 아이디어를 제공하기 위하여 보다 일관성 있는 번역 프로젝트를 기획해 볼 수도 있을 것이다. 이러한 번역 프로젝트는 수업 마지막 단계인(대개는 시험) 평가의 기반이 될 수도 있다.

4. 번역 작업 도식

모든 수준과 유형의 교육 프로그램에서, 번역 훈련의 기본적인 개요는 항상 다음과 같다. 교수자는 출발 텍스트를 학생에게 제공한다. 학생들은 이를 번역한다. 학생들의 번역물을 교수자가 수정하고 논평을 남긴다.

이렇게 획일적인 과정에는 수많은 차이점들이 감춰져 있다. 아래 도식은 필자가 초급 번역 학습 수업에서 시행한 것으로 초급 학습자에게 적합하다고 생각한다.

표 7.1. 학생 번역물의 처리 과정 도식

교수자의 준비 과정(교수자 연구실에서) – 텍스트들의 초기 검색 작업 – 출발 텍스트 선별 – 문제점들을 찾고(사전 작업) 도착어로 번역 ↓ 학생들에게 출발 텍스트 전달 ↓ 학생들의 번역 – 번역의 문제와 의사결정에 관한 보고서 ↓ 교수자에게 학생들이 작성한 도착 텍스트를 전달 ↓ 교수자의 학생의 도착어 텍스트 읽기 및 수정 학생들의 문제들의 총론 준비 ↓ 수업에서의 작업 – 진단된 문제들의 일반적인 총론 소개 – 칠판에 적은 한 학생의 도착 텍스트에 대한 공동 작업 (학생들과의 도착 텍스트에 대한 자유로운 비평 후 충실성을 기준으로 이를 비평) – 학생들의 도착 텍스트들을 돌려주기

4.1. 텍스트 길이와 연습 속도

첫 번째 문제는 번역 훈련의 속도에 관한 것이다. 어떤 교수자들은 번역 양에 더욱 중점을 두므로, 실제로 번역을 하고 경험을 쌓는 것이 번역 학습을 위한 가장 나은 방식이라는 관점에서, 텍스트를 연속적으로 빠르게 번역하는 학습을 선호한다. 만약 교수자가 학생들이 차후에 버리기 힘든 나쁜 습관을 그대로 두지 않고 좋은 틀을 갖춘 방식으로 번역 경험을 습득해야 한다는 점을 전제로 수업을 진행하는 경우라면, 이러한 주장은 적합하다고 생각한다. 기초적인 노하우를 습득하는 번역 교육 초기에, 학생들이 직면한 문제들의 모든 측면을 이해하고 이러한 문제들을 피하거나 해결하기 위해 적용된 가장 나은 전략들을 소화하게 하는 것은 매우 중요하다. 그러므로 이러한 초기 교육 과정 동안, 전통적인 대학 교육 프로그램에서는 한 주에서 15일 정도, 집중 수업에서는 며칠 정도의 기한을 주고, 학생들에게 매우 짧은 텍스트들(길이가 더 긴 텍스트에서 발췌할 수 있는 대략 150~200자의 텍스트들)을 연속적으로 번역하도록 제안해 볼 수 있다. 물론, 실제 번역 현장에서 쓰이는 적당한 길이의 출판된 여러 문서들을 제공해 볼 수도 있다.

4.2. 번역의 문제와 의사 결정에 관한 보고서

교수자는 학생들이 이러한 짤막한 텍스트의 번역을 더 깊이 있게 수행할 수 있도록, 텍스트의 마지막에 혹은 주석 형태로 그들이 부딪힌 어려움과 이를 해결하기 위해 적용한 전략들을 보고서 형식으로 기술하는 작업을 번역과 함께 수행하도록 제안할 수 있다. 이러한 체계적인 보고서(번역의 문제와 의사 결정에 관한 보고서(CRIPD))는 다음의 두 기능을 지니고 있다.

- 첫째, 학생들이 번역 과정의 여러 측면과 요소들을 이해하고 이에 관심을 가질 수 있다는 것.
- 둘째, 교수자가 학생들 개개인이 습득한 지식과 취약한 부분은 무엇인지 진단하도록 도울 수 있다는 것(번역의 문제와 의사 결정에

관한 보고서에 관해서는 Gile, 2004 참조).

기초적인 노하우를 습득하는 것이 아닌 번역 숙달에 중심을 두는 차후 단계에서 교수자는 더욱 긴 텍스트를 다루거나 기한을 더욱 짧게 할 수도 있을 것이다.

4.3. 수업에서의 번역

교수자는 수업에서 번역을 준비하기 이전에 자신이 직접 각 텍스트를 번역해 보고, 어려운 부분들을 분석한다. 학생들의 번역물과 문제 해결 과정 보고서들을 모아서 이를 연구하고, 코멘트를 주석에 남기면서, 학생들이 어려워하는 점과 교수자 자신이 관찰한 문제점들에 관한 총론을 준비할 수 있다.

수업에서 자신이 적은 논평과 번역물을 학생들에게 돌려주기 전에, 학생들의 어려운 점과 질문에 응답하고, 이해 과정에서의 문제점과 관련된 출발 텍스트의 요인들을 설명한 총론을 소개해 볼 수 있다. 또한 오류와 실수를 지적하는 대신 흥미로운 점에 관한 일반적인 코멘트를 줄 수도 있으며, 다른 한편으로는 학생들이 제안한 좋은 해결책을 칭찬하면서 제시할 수도 있다. 사실 칭찬을 받으면 학생들은 비판적인 코멘트를 더 쉽게 수용하므로 비인간적인 비판 방식이 아닌 개별적으로 칭찬을 하는 것은 더 나은 교육 방식이 될 수 있다.

정량적인 측면에서 중요한 점은 학습자가 자신의 번역을 홀로 준비하고, 교수자는 학습자의 번역 감수를 단독으로 준비해야 한다는 것이다. 질적인 측면에서는 학생들에게 동기를 부여하고 그들을 지도하기 위해,

교수자와 학생 간에 공유할 수 있는 부분인 교수자의 코멘트와 평가, 그리고 수업에서 함께 소통하는 시간(기술의 발전 덕택에 이메일로도 교수자와 학생이 교류할 수 있으므로 이러한 시간은 증가되었다.)이 특히 중요하다. 이전 장에서의 설명과 모델에서 보여주었듯이, 학생들을 지도하는 방식은 한편으로는 개념적인 성격을 띠며, 교수자 중심의 대형 강의에 적합할 수도 있다.

다른 한편으로는 학생들을 개별적으로 지도하는 방식이 교수자가 작성한 코멘트를 통해, 나아가 학생들의 번역물 내에서 이루어질 수 있다. 수업에서 교수자와 학생 간의 직접적인 교류는 상호작용이 중요한데, 동일한 질문에 대해서도 몇 분 안에 서로 의견을 교환할 수 있으며, 메시지를 더 잘 전달하기 위해 그룹 활동을 활용해 볼 수도 있다. 본고에서는 다음의 두 과정을 제안하고자 한다.

4.3.1. 독립적인 텍스트로서의 번역문 검토

수업에서 교수자는 한 학생에게 자신이 미리 준비한 번역(혹은 자신의 번역에서 몇 문장을 발췌)을 칠판에 쓰게 하고, 다른 학생들에게는 이러한 텍스트를 번역물이 아닌 하나의 독립적인 텍스트로 간주하여 분석하게 하여, 언어적, 논리적 품질의 측면에서 그들이 인식하는 모든 취약점과, 명료성이 결여된 문장을 지적하도록 제안해 볼 수 있다. 이를 통해 교수자는 학생들에게 원본을 알지 못하는 번역문 수신인의 상황을 분명하게 인식시킬 수 있으며, 학생들은 원본과 자신의 번역을 비교하면서(이 두 언어적 시스템이 작동기억에서 활성화될 때), 모호하고 부적합한 표현들의 효과를 더 잘 깨달을 수 있다. 필자의 경험에 비추어 보면 칠판에 자신의 번역문을 작성한 학생들도 이를 분석하는 동안 자신의 번역물을 되돌아 볼 수 있다.

학생들은 이러한 작업을 처음 할 때, 대개 출발 텍스트에서 따로 떨어져서 번역물만을 분석하거나 잘못된 의미나 오역을 지적하는 것을 어려워한다(즉, 칠판에 적힌 번역물을 독립적인 텍스트로 보지 않고, 원본과 관련하여 이를 판단한다). 하지만 이러한 방식의 몇 가지 규칙들만을 다시 명시한다면, 학생들은 도착 텍스트에만 집중하여 분석할 수 있다. 또 다른 문제점은 학생들이 동료의 번역을 비평하는 것을 주저한다는 것인데, 교수자가 감점을 준다거나 죄책감을 느끼게 하는 태도를 취하지 않고 그들에게 용기를 준다면 이는 빨리 해결될 수 있다.

이러한 연습을 할 때 대개 학생들은 언어 오류나 실수, 명료성의 결여, 텍스트가 말하고자 하는 바, 그 주제에 관해 알고 있는 지식 간의 불일치, 텍스트의 비논리성 등을 지적한다. 그들은 모든 문제를 지적하지는 않는다. 그리고 문제점의 중요도를 고려해 본다면, 그 학생이 지니는 모든 문제점을 지적하고 토론하는 것이 항상 필요한 것도 아니고 바람직하지도 않다. 만약 지목된 학생의 번역물이 오류투성이라면, 대부분의 학생들이 범하지 않은 수많은 오류를 한 시간이나 혹은 한 시간 반 동안 지적하기보다는 그 번역물이 이러한 연습에 적합하지 않다는 점을 명시하고 다른 학생의 번역물로 변경하여 분석하는 것이 더 적절하다.

4.3.1.1. 형태상의 취약점

언어적인 실수나 오류와 관련해서는, 학생들이 별로 중요하지 않은 취약점들을 비판할 때마다 제기되는 문제들 중에서 단어나 구절이 부적합하거나 서투르다고 생각되는 부분은 무엇이고 그렇지 않은 부분은 무엇인지 질문하는 것이 유익하다. 항상 일정 부분들만 언어적으로 부적합한 비율이 높은데, 이러한 확인을 통해 학생들은 동일한 나이와 계층에서도 언어적 규범이 다양하다는 사실을 깨달을 수 있다. 이와 같은 인식이 중요한 이유는 다음과 같다.

- 학생들은 단 하나의 "좋은 프랑스어"(혹은 영어, 독일어, 스페인어 등)란 없으며 개인어와 사회 방언도 존재하고, 자신의 번역이 수신인의 사회 방언에 어느 정도 적합해야 한다는 사실을 깨달을 수 있다.
- 실제 전문 번역과 관련된 마인드를 미리 준비할 수 있다. 학생들은 감수자가 고려하는 규범은 자신이 생각하는 것과 다를 수 있으며, 언어적 요구 사항도 자신이 개인적으로 선호하는 것과 일치하지 않더라도 정당화될 수 있다는 점을 확인할 수 있다.
- 과정 중심 교육에서 학생들은 자신의 프랑스어에 대한 교수자의 비평과 코멘트를 너무 심각하게 여기지 않을 수 있으며, 절대적인 규범이 아닌 상대적인 규범에 기반을 두고 유연하게 생각하므로, 교수자가 전통적인 유형으로 번역 수정을 하더라도 권위적인 느낌을 덜 받게 되며, 상처도 덜 받는다.

이러한 번역 연습에서 범하게 되는 언어적인 실수와 오류는 대개 매우 부적합한 용법에서 비롯된 것일 확률이 높으며, 언어 간섭에 의한 표현, 그리고 출발 텍스트 없이 칠판에 작성된 번역문에서 학생들이 발견한 부분들과 관련되어 있다.

언어적인 문제점이 발견되면(합의에 의한 것이 아닐 지라도), 교수자는 학생들에게 이를 개선할 수 있는 방안을 질문해 볼 수 있다. 그 후 모두의 능동적인 참여를 통해 토론이 이루어질 수 있는데, 필자의 경험에 비추어 볼 때, 학생들이 항상 지적하는 도착어 작성 문제는 대개 상응하는 단어나 표현이 아닌 문체적인 측면에서 수용 가능한 문장의 단어나 표현에 관한 것이라는 점이다. 그러므로 번역 과정 중심에서 그룹 활동이 이루어지는 동안, (특히 자신의 번역물을 소개한 학생이 자신의 선택을 방어한다면) 교수자는 규범적인 “사실”이 아닌 개인적인 선호도로 자신의 견해를 표현하고, 여러 학생의 동의를 이끌어 내는 것이 바람직하다고 생각한다. 과정 중심의 교육 이후에 결과물 중심의 교육을 수행하는 것이 바람직하며, 이 경우 교수자는 더 많은 영향력을 지니게 된다.

4.3.1.2. 내용상의 취약점

번역문의 내용에서 학생들의 입장은 전문 번역 독자들의 입장과는 다르다. 학생들은 출발 텍스트를 알고 있으며, 독자들은 조립식 가구를 맞추는 것처럼 어떠한 사용에 있어 텍스트를 통해 얻을 수 있는 정보적인 측면에만 관심을 둔다. 반면, 학생들은 이러한 정보가 아닌, 출발 텍스트가 도착 텍스트에서 변경되는 번역 연습에 중점을 둔다. 다음과 같이 서로 다른 두 경향을 생각해 볼 수 있다. 수업에서 함께 번역물을 비평하는 학습은 학생들이 독자가 인식하는 현실에 부합하지 않는다는 점과 정확성 및 일관성이 결여된 도착 텍스트의 효과를 깨닫게 하므로 매우 효과적이다. 학생들은 수업 시간 동안 자신의 번역물과 칠판의 번역물을 통해서 이러한 부족한 부분을 파악할 수 있지만, 번역물의 독자들은 대개 원본을 제외하고 번역문만을 살펴보므로 이러한 효과를 인식하지 못한다.

4.3.2. 충실성의 검토

일단 평가 과정을 거쳐서, 경우에 따라서는 독립적인 텍스트로 상정한 칠판에 적힌 번역물을 개선하는 작업을 마치면, 출발 텍스트와 도착 텍스트 간의 합치성에 관해 견해를 표명할 학생을 지목해 볼 수 있다. 이 경우, 학생들은 칠판에 작성된 번역물에서 거의 불명확하고 비논리적이라고 지목된 많은 구절이 의미 오류와 관련된 것인지 확인한다. 이러한 작업을 통해 다음과 같은 결론을 도출할 수 있다. 첫째, 학생들이 번역을 읽을 때 내용 면에서 어색한 구절들을 확인했다면, 이는 출발 텍스트를 잘못 읽거나 해석했을 가능성이 크다. 둘째, 번역의 충실성의 측면에서 칠판에 적힌 번역물의 평가를 통해 지적된 문제점들을 다시 읽고 새롭게 분석하면서(이는 5장에서 언급한 번역의 연속적인 모델에서의 신빙성 테스트이기도 하다.) 다시 번역물을 확인하는 작업은 매우 유익하다.

칠판에 자신의 번역을 작성한 학생은 이러한 충실성의 분석 작업 동안 자신이 직면했던 어려움과 관련한 번역 방식을 설명할 수 있다. 나아가, 이 분석 작업은, 학생들의 입장에서는 고유한 해결책들을 제안해 볼 수 있고 교수자의 입장에서는 이에 관해 논평할 수 있는 기회이기도 하다. 이러한 협력을 통한 토론에서는 개개인의 대립이 약화되며, 능동적이고 건설적인 분위기가 형성될 수 있다.

이 경우, 전통적인 교수자의 '수정'은 필요하지 않다(이러한 방식은 학생들이 교수자의 번역을 단 하나의 해결책으로 간주할 우려가 있다). 그러나 학생들이 이를 필요로 하는 경우, 교수자는 학생이 제안한 좋은 해결책과 교수자가 가장 적합하다고 여기는 학생의 해결책을 선별하여 학생들에게 상기시키면서 자신의 번역을 언급할 수도 있다. 하지만 이 경우, 교수자는 이러한 방식이 자신의 번역을 하나의 비결로 여기는 수동적인 학습이 아닌, 학생들이 그들 스스로 내용의 측면에서 좋은 해결책을 찾을 수 있다는 점을 고취시키기 위함이라는 것을 강조해야 한다.

5. 오류와 실수의 개별적인 진단과 치료

이러한 집단 학습은 매우 생산적인 활동일 수 있지만, 교수자는 개별적으로 특별이 어느 한 학생의 번역에 관한 문제들을 다룰 수도 있다. 이러한 개별적인 번역 문제에서 해당 학생에게 발화의 규칙에 기반한 도식 유형을 제안해 볼 수도 있다. 그리고 이러한 도식을 통해 대다수의 문제를 해결할 수 있지만, 이는 단순히 참고용일 뿐이다. 물론, 이러한 도식은 상황에 따라 적합할 수도, 관련 내용을 풍부히 할 수도 있다.

5.1. 의미 오류의 치료

의미 오류들은 일반적으로 다음과 같은 원인들로부터 비롯되는데, 이는 본고의 4장 내용의 결과이기도 하다.

1) 출발어의 불충분한 지식
2) 불충분하고 세심하지 못한 출발 텍스트 읽기
3) 출발 텍스트의 저품질
4) 도착 텍스트로의 불충분한 재표현
5) 작문에서의 “무의식적인” 오류

6) 수용 가능한 충실성의 규범과 관련된 판단 오류
7) 도착어의 불충분한 지식
8) 적절한 정보 습득 문제

이러한 오류들의 일부는 신빙성 테스트를 통해 정정할 수 있다. 따라서 교수자가 의미 오류를 찾으면, 학생에게 본인이 작성한 번역문이 납득할 만한 것인지를 질문해 볼 수 있다. 만약 그의 대답이 부정적이라면 문제시 되는 부분을 출발 텍스트와 관련하여 다시 읽게 할 수 있는데, 학생들은 이러한 다시 읽기 과정을 통해 스스로 오류를 찾을 수 있다.

만약 신빙성 테스트를 통해 어떠한 오류도 발견하지 못했다면 원본과의 비교를 통한 분석에서도 오류는 도출되지 않을 것이다. 사실, 학생들은 출발 텍스트를 꼼꼼히 다시 읽고 나서야, 출발 텍스트와 도착 텍스트 간의 정보적인 내용을 비교해 보는 작업을 통해 대부분의 오류들을 찾을 수 있다. 만약 그렇지 않은 경우라면, 아마도 언어적 혹은 언어 외적인 지식의 부족으로 인한 오류가 발견될 수도 있다. 그러므로 교수자는 학습자가 습득한 정보의 품질을 확인하고(본고의 뒷부분 참조), 가능성 있는 여러 오류를 학생들에게 설명할 수 있어야 한다.

만약 출발 텍스트를 잘 이해한 한 학생이 원문과 본인의 번역본 간에 차이를 인식하고 있다면, 교수자는 그 학생에게 본인의 해결책을 정당화할 수 없는 것으로 여기는 것이 아닌지 물어 볼 수도 있다(학생이 작성한 번역문이 저자가 언급한 일반적인 정보 이상으로 흥미를 끌 수도 있고, 독자의 관심을 다른 곳으로 돌릴 수 있는 거의 부적절한 정보를 저자가 언급했었을 수도 있다).

표 7.2. 의미 오류 치료

교수자: 의미 오류 발견
교수자: "도착 텍스트가 적합한가"

학생: "아니오"

교수자: 도착 텍스트에서 오류가 어디에 있는지를 살펴보세요.

학생: "네"

교수자: 도착 테스트에서 오류 여부를 살펴보세요.

학생: 도착 텍스트를 다시 읽기

학생: 오류의 수정

학생: 오류를 찾지 못함

교수자: 출발 텍스트와 도착 텍스트 간의 차이가 있습니까?

학생: "아니오"

교수자: 언어나 지식들에 있어 자료 검색

언어적 문제가 있다면 이를 설명

지식의 문제가 있다면 자료들을 보고 설명하기

학생: "네"

교수자: 수용할 수 없는 부분의 설명

5.2. 언어 오류와 실수 치료

형태의 취약점은 일반적으로 다음과 같은 이유에서 비롯된다.

1) 도착어의 불충분한 숙달
2) 출발어에 의한 도착어의 순간적인 오용
3) 도착어로 재표현을 할 때, 출발 텍스트의 언어적인 구조와 거리를 두고 고찰할 수 없는 번역가의 더 근본적인 무능력
4) 섬세함이 결여된 불충분한 재표현과 도착어로 산출된 발화의 수용 가능성의 확인 부족

교수자가 학생의 번역본에서 위와 같은 오류를 찾은 경우, 제일 먼저 그 학생에게 자신의 번역본에서 고려했던 도착어의 언어적인 측면들을 물어 볼 수 있다. 만약 그 학생이 교수자가 확인한 오류가 언어적으로 수용 가능하다고 응답한다면 교수자는 그의 번역문에서 언어적 규범에 맞지 않는 구절들을 보여줄 수 있다.

표 7.3. 언어 오류와 실수 치료

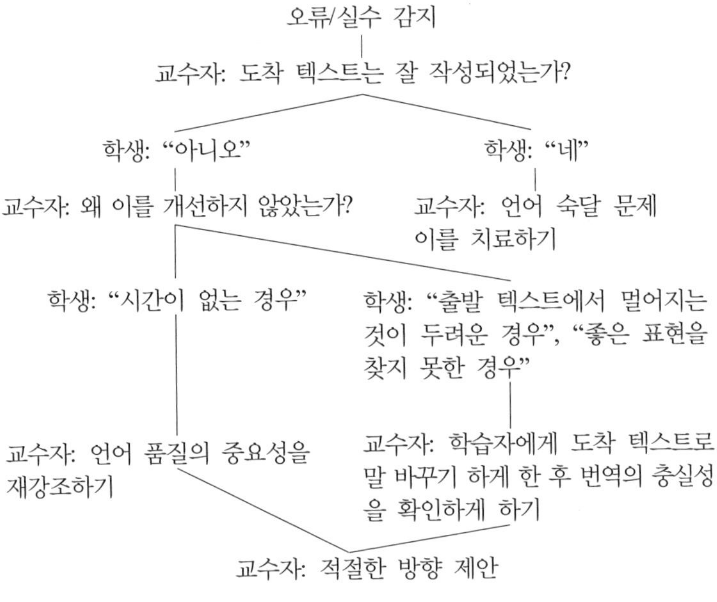

또한 그 학생이 자신의 텍스트가 어색하다고 느낀다면, 교수자에게 번역본을 다시 제출하기 전에 어떠한 부분을 그렇게 인식했는지를 질문할 수도 있다. 학생이 부정적으로 응답하는 경우, 교수자는 그에게 처음에는 번역의 각 단위별로, 나아가 전체적인 번역 차원에서 수용 가능성 테스트를 수행할 필요성을 상기시킬 수도 있다. 만약 학생이 번역을 했을 당시에 자신의 번역에 관한 결점을 인식하고 있었다면, 왜 이를 개선하지 않았는지 물어볼 수 있다. 만약 그가 시간이 부족했다고 응답한다면(동일한 그룹의 다른 학생들은 이와 같은 문제점이 없는 경우), 번역 작업의 중요성에 동의할 수 있도록, 번역문의 언어적 품질의 중요성을 상기시켜 볼 수도 있다. 대개 학생들은 자신의 번역문이 취약한 이유가 출발 텍스트의 충실성을 중시하면서 도착 텍스트로 적절하게 표현하는 것이 어려웠기 때문이라고 이야기한다. 따라서 그때마다 필자는 학생들에게 원문을 참조하지 않고, 번역문의 부적절한 문장들을 말 바꾸기(문장 변환) 하게 한다. 언어적으로 수용 가능한 문장들로 변환하는 과정을 마치면, 학생들과 함께 원본의 정보적인 내용과 어색하다고 느끼는 문장의 정보가 동일한 것인지를 확인하고 나서, 그들에게 말 바꾸기로 이 문장을 대체해 보도록 제안한다. 이와 더불어, 교수자는 학생들에게 처음 표현한 문장이나 표현 등을 재표현하기 위한 좋은 방법들을 제안하면서 도움을 줄 수도 있다.

5.3. 전문 분야의 용어와 용법상의 결점 치료

일반적으로(교수자가 접근 가능한 적절한 자료들을 확실히 알고 있다는 전제하에) 전문 분야의 용어와 용법상의 결점들은 부적합하고 잘못된 자료 선택과 자료 오용에서 비롯된다.

교수자는 이러한 결점들을 치료하기 위해, 학생이 사용한 정보 자료들을 명시하도록 제안해 볼 수 있다. 검색한 자료들이 신뢰성이 없는 것으로 확인되면 그 학생에게 자료들의 특성과 신뢰성 여부를 질문해 볼 수 있다. 만약 부정적으로 응답한다면, 교수자는 더 검색을 하지 않은 이유를 묻고 적절한 정보 습득의 중요성을 강조할 수 있다. 특히, 신뢰성 있는 하나의 출처에서 습득한 모든 정보를 확인할 필요성을 상기시키는 것이 중요하다. 만약 학생이 정보 출처의 신뢰성 여부를 알지 못하는 경우, 교수자는 신뢰성의 기준을 제시해야 할 것이다.

6. 과정 중심 단계에서의 평가

과정 중심 교육 초기 과정에서는 학생들이 수행한 각 번역 연습의 방식과 결과를 구분하는 것이 중요하다. 사실 이 단계에서 학생들은 모든 도구를 숙달하지 못하며, 필요로 하는 모든 지식을 갖추고 있지도 않으므로, 설사 완벽하게 교육 방식을 수행했을지라도 부정확하고 모호한 번역 결과물을 산출할 수 있다. 따라서 이러한 학습 과정에서 그들에게 중요한 것은 번역 품질을 중시하는 태도와 적합한 노하우를 습득하는 것이며, 교수자는 학습자가 자신의 번역 결과물이 만족스럽지 않더라도 좋은 번역 방식을 수행하도록 그들에게 용기를 북돋아 주고, 동기를 부여해야 한다. 교수자는 학습자의 번역 결과물이 부적합하더라도 코멘트를 덧붙이는 방식으로 번역 방식과 결과를 분리한 평가를 수행해 볼 수 있다.

6.1. 개별적인 오류와 실수의 평가

전통적으로 교수자는 학생들이 범한 오류나 실수를 기준으로 번역을 평가해 왔다. 오류 계산을 통한 부정적인 측면에 초점을 맞춘 이러한 평가는 긍정적인 평가보다 더 용이하게 측정 가능한 번역 품질의 준거를 제공할 수 있다는 사실에 바탕을 두고 있다. 하지만 이러한 방식은 심리적이고 기술적인 측면에서 여러 단점을 보여준다.

먼저, 심리적인 측면에서 이러한 평가는 학습자를 수동적으로 만들 수 있다. 따라서 이 경우 학습자는 가능한 한 출발 텍스트에 더 가까이 다가가, 경우에 따라서는 꼭 필요한 대담한 결정을 내리는 것을 배제함으로써 오류를 줄이고자 노력할 수 있다. 이러한 학습자의 소심한 위축으로 인해 학습자는 창조적인 해결책을 발견하고 수행하는 기쁨을 느낄 수 없으며, 언어적 창의력, 번역 능력 향상이 저하된다.

현재, 기술적인 측면에서 오류와 실수의 가중률에 관해 교수자들 간에 합의가 잘 이루어지지 않고 있다. 먼저, '오류'의 개념에 관한 문제가 제기될 수 있는데, 오류의 구분에 모두가 다 동의하는 것은 아니기 때문이다. 예를 들어, 어떠한 평가자는 원본의 한 요소를 생략하는 것을 반복을 피하거나 번역문의 독자가 적합하다고 느끼게 할 수 있는 합리적인 전략으로 간주할 수도 있겠지만, 다른 평가자는 이를 충실성의 부족으로 판단할 수도 있다. 이러한 상이성은 출발 텍스트의 여러 요소들을 도착 텍스트에서 설명하고, 수정하거나 약화시켜야 하는지, 또는 반대로 강화시켜야 하는지에 대한 번역가의 결정에서도 드러난다.

명백한 오류가 있는 경우, 중대한 오류의 가중률 또한 합의에 이르기 어렵다. 어떤 이들은 원본의 내용과 번역본의 내용 간 거리에 따라 이를 결정할 수도 있는데, 이 경우 오역은 잘못된 의미보다 더 심각한 오류로, 잘못된 의미는 의미의 변화보다 더 문제적인 오류로 간주될 수 있다. 또 다른 교수자들은 중대한 오류가 독자에 따라 달라질 수 있다고 생각할 수도 있는데, 이러한 두 관점은 사실 양립 불가능하다. 독자가 즉각적으로 인식하는 심각한 오류가 더 중대한 오류로 간주될 수 있다는 관점에서는 약간의 의미 변화와 같은 오류는 눈에 띄지도 않을 것이다. 과정 중심 교육에서 오류의 기능은 드러나지 않은 과정과 지식에 대한 준거이다. 물론 번역 평가를 할 때 교수자는 학생들에게 본인의 번역물을 읽는 독자가 느낄 수 있는 잠재적인 효과를 생각하게 하고, 작성된 문제 해결 과정 보고서에서 그가 취한 해결책들이 독자의 시각에도 적합한 것인지를 물어볼 수 있을 것이다. 하지만 이와 달리 전문 번역 평가에서는 독자에 미치는 번역의 효과가 평가의 핵심사항이 될 수 없다.

또한 오류 감점에 익숙하지 않은 학습자에게 심리적으로 미칠 수 있는 영향을 고려해 본다면, 교육 초기에는 오류의 "중대성"을 언급하는 것을 피하고 이를 "삭제할 오류" 정도로 명시하는 것이 바람직하다. 오류보다는 번역 과정에서의 취약점으로, 예를 들어, 신빙성 테스트 내에서 적합한 정보의 습득 절차와 수용 가능한 테스트를 통한 결점으로 학습자에게 언급해 볼 수 있다.

또한 과정 중심 교육의 관점에서 중대한 오류의 등급에 관해서는, 예를 들어 과정 요소의 불이행, 불완전하거나 부정확한 이행, 온전하게 이행했으나 결함이 있는 경우 등으로 이야기해 볼 수 있다.

예를 들어, 구절을 이해하고 용어를 번역하는 데 감각을 갖춘 번역가들조차도 번역 과정의 구성 요소에 해당되는 적절한 정보 습득의 측면에서는 모든 정보를 찾을 수는 없다. 어떠한 확인 절차 없이 단순히 이중언어 사전만을 활용한다면 적절한 정보를 찾기에는 부족할 것이다. 또한 적합한 여러 자료들을 참조했지만, 정보가 소개되는 문맥이나 정보 자료의 신뢰성이 충분치 않다는 것을 확인했다면, 이는 번역 과정을 잘 이행했으나 결함이 있는 경우에 해당된다.

번역 과정이 결여되어 있고, 번역 과정을 불완전하게 이행하는 경우에는 문제의 원인에 따라 교수자가 학습자에게 그 중요성을 이해시키고 동기 부여를 위해 그 과정을 새롭게 설명해 볼 수 있을 것이다. 번역 과정의 구성 요인들을 정확하게 수행하지 않았고, 약간의 결점이 있는 경우에 가장 효과적인 방법은 교수자가 학습자에게 보충적인 설명을 제공하는 것이다. 번역 과정을 구성하는 요인들을 불완전하게 이행했다고 해서 꼭 오류나 실수를 범하는 것은 아니다. 학생들이 수행했던 적절한 정보 습득 방식을 생각해 보면, 가끔씩은 단순한 번역의 직관력만으로도 충분히 좋은 해결책을 찾기도 하고, 이중 언어 사전을 이용하여 정보를 검색하거나, 검색한 정보를 보충적인 자료를 통해 확인하면서 해결책을 도출해 내기도 하였다. 사실, 교수자가 평가하고 개선해야 할 점은 검색의 결과가 아닌 과정이다. 그러므로 이러한 학습에서 번역의 문제와 의사 결정 과정 보고서(CRIPD)는 매우 유용하다고 생각한다.

마지막으로 본고에서 권고하는 학습자에 대한 교수자의 태도는 관용주의에 입각한 것은 아님을 밝히고 싶다. 이와는 반대로, 학습자의 기분을 상하지 않는 선에서 그들 스스로 불충분한 부분들을 추적해 나갈 수 있도록 가장 적절하고도 엄격한 방법을 그들에게 제시해야 할 것을 제안한다.

6.2. 종합 평가

일부 예외를 제외하고, 프랑스 대학 시스템은 주로 점수화된 수치상의 평가 규범을 요구한다. 하지만 이러한 시스템은 과정 중심의 전문 번역 교육 평가에는 부적합하다. 언어 품질 평가나 교수자의 번역 충실성 규범에서는 개인 상호 간의 차이와 개인 내 변산도(個人內變散度)가 존재한다(동일한 감수자가 두 번 수정하거나 두 명의 감수자가 수정을 하는 경우 이러한 한계점을 확인할 수 있다). 또한 번역 결과물보다는 번역 과정을 정확하게 수치화하는 것이 더 어렵다. 평가표상에서 총점수를 매길 수 있도록 중대한 오류의 여러 등급에 따라 언어와 의미 오류에 감점을 부여하는 시스템 또한 과정 중심의 학습에는 부적절하다.

이상적인 상황이라면, 한 주에서 몇 주에 걸친 초기의 실력 증진 기간 동안에는 과정 중심의 총체적인 평가를 택하는 것이 바람직하다. 또한 과정 중심 평가에서는 프랑스의 전통적인 '평점'에 부합하는 등급을 활용해 보는 것도 유익하다('매우 우수', '우수', '양호', '보통', '불충분', '매우 불충분'). 또한 대학 교육 과정에서 수시 평가와 성적표가 요구된다면, 학교 교육에서 전통적인 점수 시스템인 "평점"을 활용하는 것도 하나의 방안이 될 수 있다. 이러한 시스템에서 "불충분"한 점수는 20점 만점에 8점에 해당하며, "매우 불충분"한 평점에 해당하는 점수는 6점이다.

전문적인 교육 과정에서 고객과 번역 수신인을 위해 번역가가 수행한 내용상의 작업은 일반적으로 드러나지 않는다는 사실을 학생들에게 깨닫게 하는 것은 매우 중요하다. 예를 들어, 고객과 수신인은 원문이 거의 명확하지 않은 경우, 번역가가 충분한 언어 외적 지식이 부족한 경우, 두 문화 사이에 언어, 문화상으로 불일치되는 부분이 많은 경우 등의 상황에서 번역가가 검색하고 분석하며 결정을 내리기 위해 쏟은 노력의 정도를 알지 못한다. 하지만 이와는 반대로 번역물의 마감 기한 지연, 철자 오류, 전문 용어의 오용, 자신의 규범과 일치하지 않는 문장 등은 쉽게 인식한다. 그러므로 만약 그들이 첫 페이지에서 단 하나라도 철자 오류를 발견한 다면 나머지 부분이 훌륭하더라도, 번역에 대한 전반적인 반응은 부정적일 수 있다.

7. 결과물 중심 단계에서 평가

1장에서 이미 언급하였듯이, 과정 중심의 방식이 교육 과정 초기에는 큰 장점을 지니지만, 전체 교육 과정을 보장하기에는 충분치 않다. 전문 번역 교육 과정의 마지막 단계에서 평가자는 학습자가 번역 과정을 잘 숙달했는지를 결정하는 것이 아니라 학위를 얻고자 하는 지원자가 "시장에 투입"될 수 있을 정도로 충분히 보증된 방식과 번역 결과물을 수행할 수 있는 능력을 갖추었는지를 결정해야 한다. 학습자가 과정을 잘 숙지했지만 언어적으로 심각한 문제나 언어 외적 지식에서 다수의 취약점을 지니고 있다면 평가 결과는 부정적일 수 있다. 그러므로 과정 중심 방식에서 점진적으로 결과물 중심의 방식으로 교육의 중심이 옮아가야 한다. 또한 이러한 결과물 중심 교육에서는 앞서 언급하였듯이, 과정 중심 교육에서 제한을 두었던 텍스트의 길이도 점차적으로 변경해야 하며, 학습자가 번역 방식을 충분히 숙지하고 있다면, 과정 중심 교육에서보다 더 다양하고 더 많은 양의 텍스트 번역을 통해 경험을 쌓게 해야 한다.

각 학교마다 정해진 학업 과정의 기간은 교육 기간, 상황, 목표에 따라 다르다. 참조로 3년 혹은 4년간의 전문 교육에서는 결과물 중심 방식으로 나아가기 전에, 처음 1년간의 입문 단계에서 과정 중심의 평가에 중점을 두는 방안을 고려해 볼 수 있다. 이와는 반대로, 몇 달에서 1년간의 집중 교육에서는 가능한 한 빠르게 교육 과정을 변경하는 것이 바람직하다. 비전문적인 대학 교육에서는 모든 기간 동안 과정 중심 교육을 시행하는 것은 어려울 것이다. 특히, 대학 교육의 제1기 과정에서는 더욱더 그러할 것이다. 하지만 언어 교육의 일부로 번역 교육을 실시하는 경우에는 학생들의 언어적인 결점과 관련하여 더 엄격하게 교육을 시작하는 것이 필요하다.

교육의 중심이 번역 결과물 방식으로 돌아오게 되면, 학습자는 언어 지식과 보충해야 할 언어 외적 지식을 이전보다 더 빠른 속도로 습득할 수 있다. 그러므로 이때, 평가 방식은 오류와 실수를 감점하는 결과물 중심으로 변경되어야 한다. 이러한 관점에서는 언어 오류를 범주화하여 서로 다르게 점수를 부여하는 전통적인 대학의 교육 방식을 별 문제 없이 활용해 볼 수 있다. 물론 의미 오류에서 중대한 오류의 가중률 여부는 이때에도 여전히 문제가 제기될 수 있다.

교육의 마지막 단계 평가는 전문 교육 여부에 따라 형태가 다를 수 있다. 전문 번역 교육의 수업에서(동일한 프로그램 내에서 수행되는 작문 수업, 정보 도구 활용 수업, 언어 숙달 수업 등과는 달리) 마지막 단계의 번역 평가는 아마도 학습자의 수준과 지식을 평가하기 위한 가장 효율적이고 전통적인 방식으로 실시되어야 할 것이다. 이러한 평가의 대상은 학습자가 개별적으로 자신의 집에서 수행한 하나의 번역 프로젝트 형태일 수도 있고, 관련된 교육 기관에서 시행되는 규범에 따라 대학의 교실 안에서 수행되는 하나 혹은 그 이상의 번역물일 수도 있다.

전통적인 유형의 번역 시험과 관련하여, 비전문적인 번역 교육 기관에서도 수업 동안 습득한 방법론을 고려하여, 학습자가 충분히 검색할 수 있도록 모든 자료들을 제공하는 것이 중요하다. 학생 수가 상대적으로 많은 경우, 각 학생에게 미리 참조할 텍스트와 자료를 준비해 오도록 제안 해 볼 수 있다. 만약 가능하다면, 학생 인원과 관련 시설 여부에 따라 컴퓨터실에서 시험을 치르는 방식도 고려해 볼 수 있다.

학습자가 자신의 집에서 준비한번역 프로젝트 방식은 큰 장점을 지닌다. 물론 학습자가 커닝을 할 수도 있고 전문 번역가에게 도움을 요청할 수도 있기 때문에, 이론상으로는 덜 신뢰가 갈 수도 있겠지만 번역 수업에서 번역한 번역물의 품질과 집에서 수행한 번역-시험은 큰 상관관계가 있다. 물론 교수자는 학습자가 전문가를 동원하여 보충 설명을 얻거나 도착어에 적합한 용어를 물어보는 가능성만은 배제하게 할 수도 있다. 하지만

– 전문가에게 문의하는 방식도 적합한 지식 습득의 일부이며 집에서 수행되는 번역 프로젝트에서 이러한 방식을 꼭 비난해야 할 이유는 없다.
– 번역의 문제와 의사 결정 과정 보고서에서 학생들은 자신이 활용한 자료에 기반하여 해결책을 정당화한다. 그러므로 전문가에게 의뢰하고 싶은 "욕구가 생길지라도", 본인이 선택한 해결책들을(단순히 경험에 의거한 것일지라도) 자료를 통해 고증하고 정당화해야 한다.
– 제3자에게 번역을 의뢰하여 자신의 결정을 정당화하거나 제3자의 견해를 다시 취하는 것이 아니라, 필연적으로 나타나는 문제점들과 이를 피하는 전략을 통해 재표현하는 작업은 학습자 스스로 작업할 수 있도록 용기를 북돋아 줄 수 있다고 생각한다.

필자의 경험으로는, 학생들이 작성한 수백 개의 번역물 가운데, 집에서 작업한 번역물의 평가 결과가 교육 프로그램 내 형성 평가의 결과와 확연히 다른 경우는 단 한 번 있었다.

8. 적절한 지식 습득 교육

적절한 지식 습득 교육에서는 이론적이고 개념적이거나 특별히 기술적인 문제들을 다루지는 않는다. 이러한 교육에서는 주로 학습자에게 동기를 부여하고 관심을 고취시킬 때 여러 어려움이 생길 수 있다. 교육 초기에 대부분의 초급 학습자들은 학교 교육 내에서 작문과 번안 연습에 길들여져 있어서, 번역을 위해 필요한 보충적인 지식들을 습득해야 한다는 인식을 하고 있지 않다. 그들에게 언어 훈련은 학교 교육 내에서 이루어지는 것이며, 부족한 언어 지식은 이중 언어 사전만을 찾으면 되기에 언어 외적 정보는 거의 중요하지 않다. LEA과정의 2, 3, 4학년 학생들을 대상으로 한 Laurant Lagarde(2002)의 연구에 따르면 전반적으로 학생들은 어휘나 전문 용어적인 문제를 인식하지 않았으며, 대개는 도착어에서 그 용어가 존재하는지는 확인하지 않은 채 출발 텍스트의 전문 어휘들을 단순히 직관적으로 번역하고 있었다.

학생들의 관심을 이끌어 내는 첫 번째 방법은 번역 품질의 변수나 전문 번역 서비스 비용과 관련된 내용을 소개하는 대형 강의에서 적절한 지식의 습득을 제안하는 것이다(2장 참조). 이러한 강의를 통해, 교수자는 독자이자 수신인이 그 분야의 전문가일 때, 부정확하고 부적합한 전문 용어로 번역하는 것은 번역가가 그 분야의 전문가가 아니라는 사실을 보여주는 하나의 지표이며, 그 결과 번역가의 신용도가 떨어질 수 있고, 도착 텍스트에서 주어진 정보가 명확하더라도 독자는 이러한 사실에 언짢을 수도 있다는 점을 학생들에게 상기시킬 수 있다. 필요한 경우, 학생들에게 구체적인 상황을 보여줄 수 있는데, 예를 들어 정보적으로는 명확하지만 학생들이 이미 알고 있는 분야(학습자가 다른 수업에서 이미 공부했거나 이전에 번역해 본 경험이 있어서 전문 용어에 친숙한 분야)에서 부정확한 전문 용어들을 포함하는 번역을 수업 시간에 소개해 볼 수도 있을 것이다. 일단 학습자가 독자의 입장에서 이러한 부정확한 전문 용어들을 직접 확인하게 되면 그 분야의 독자-수신인의 생각을 더 잘 이해할 수 있을 것이다.

적절한 정보 습득을 위한 학습자의 동기 부여를 위해서는 교수자가 반복적으로 학습자에게 이를 상기시키거나, 나아가 총점수를 통해 불충분한 점은 평점을 부여하면서 중압감을 유지시킬 수 있어야 한다. 부적합한 전문 용어를 사용하는 경우, 의미적으로나 문체적으로 명확해 보이더라도 부적절한 번역을 이끌 수 있다는 점을 학습자에게 알려 줄 수 있다.

또 다른 방식은 학습자가 직면한 각 문제에서 어려웠던 점에 관해 보충 설명을 하거나 혹은 설명 없이 각 어휘나 전문 용어의 문제들을 해결하기 위해 사용된 자료들을 명시하는 것이다. 이러한 과정(번역의 문제와 의사 결정 과정 보고서)을 통해 학생들은 더 심혈을 기울여 번역에 임할 수 있고, 교수자에게 이는 학습자를 진단할 수 있는 최선의 도구가 될 수 있다. 하지만 이러한 방식은 번역 교육, 교수자의 성격, 수행되는 교육 기관에 따라 수용 여부가 달라질 수 있다.

적절한 정보 습득 교육에서 중요한 부분은 전자 형태의 전문 용어 자료만 사용하는 것을 지양하는 것이다. 사실, 학습자는 단순히 이러한 자료만을 활용하는 것에 만족할 수도 있다. 본고의 5장에서 언급했던 전문 용어 자료의 한계와 관련하여 학습자에게 이론적인 설명을 하는 것도 방법이겠지만 이것만으로는 그들을 납득시키기에 충분치 않을 것이다. 따라서 예증을 통해 이를 보충해 볼 수 있다고 생각한다. 예를 들어, 학습자에게 수업 동안 사전과 다른 유형의 자료들로 작업하게 한 후 사전의 취약점을 확인하게 해 볼 수 있다(경제 텍스트 번역에서 사전의 유용성에 관해서는 Gile, 1995a: 156~158에 요약되어 있다). 사전은 모든 것을 담고 있지 않으며, 사전의 정보들이 꼭 신뢰성이 있는 것도 아니다. 인터넷상에서 찾은 참조 텍스트들이 가장 넓은 정보 범위를 포함하고 있다는 사실을 학습자가 알게 된다면 젖 떼는 과정(해묵은 습관을 버리는 과정)이 더 수월해질 수 있을 것이다.

9. 교수자 교육과 연합

9.1. 전문가인가? 대학 교수자인가?

과정 중심 방식 번역 교육의 성공은 결과물 중심 교육보다는 교수자의 번역 능력, 태도, 행동 등에 달려 있다. 전문 번역 학교에서 일반적으로 교수자는 전문 번역가이며 번역 시장을 잘 알고 있는 사람으로 간주한다.

전문 교육의 교수자들이 이러한 능력을 갖춰야 하는 것은 중요하다.

그 이유는 시장을 잘 아는 전문 번역가만이 학생들에게 일의 구조, 고객과 동료와의 관계, 실제 가격, 견적, 관계망을 통한 작업 등에 유용한 지침 사항들을 알려 줄 수 있기 때문이다. 하지만 모든 교수자가 이러한 능력을 갖출 필요는 없다. 이전 장들에서 언급했듯이, 번역의 방법론적인 규칙에 관해서는 시장 지식을 알지 못하더라도 가르칠 수 있다(교수자가 시장 지식을 잘 알고 있는 경우, 번역가로서 자신이 지니고 있는 풍부한 자료들을 보여주는 데 오히려 제약이 될 수도 있다). 학습자가 어떠한 중압감 아래 번역 작업의 전문적인 상황을 너무 현실적으로 설정하면서 습득할 수 있는 자료들을 고려한다면, 자신의 능력을 최대한 발휘할 수는 없을 것이다. 또한 이론상으로 보아도 비전문적인 교육에서 시장에 관한 정확한 지식은 학습자에게 별로 유용하지 않다.

실제적인 측면에서 보면 전문 번역가를 지망하는 학생들에게만 대학 교수자보다 전문 번역가의 지식이나 충고가 더 유용하다. 대학 교수자는 (전문 번역가보다 더 많은 시간을 투자할 수 있는 시간적인 장점을 꼭 고려해 보지 않아도) 자신의 언어적 지식과 교육적인 경험을 통해 학습자가 지식과 노하우를 향상할 수 있는 기반을 다지고 넓히는 데 공헌할 수 있다. 하나의 동일한 프로그램 내에서 이러한 두 관점들을 조정하는 것이 대개 어렵다. 그 이유는 대학 교수자들도 대학 외부의 번역 시장에 충분히 진출해 있기 때문이다.

또한 이러한 두 범주의 교수자들 모두 두 세계의 규범과 규칙들을 습득할 수 있는데, 문제는 바로 태도적인 측면에서 제기될 수 있다. 더 정확히 말해, 전문 교육 내의 전문 번역가들이 대학 교수자들을 존중하고 그들의 교육에 관한 생각을 수용할 수 있는지, 그리고 대학 교수자들이 전문 번역의 규칙을 수용하고 작문과 번안 훈련에 이를 적용할 수 있는지의 여부이다. 비전문적인 교육의 문제는 전문 번역의 방법론적인 규칙에서 대학 교수자들이 학생들과 자신에게 도움이 될 만한 부분들을 도출할 수 있는지, 그리고 전문 번역가가 전문적인 번역과는 다른 규칙과 규범들을 받아들일 수 있는지의 여부이다. 만약 그들이 긍정적인 태도를 보인다면 이러한 혼합된 그룹은 조화를 이루며 상생할 수 있겠지만, 근본적인 몇몇 차이점들은 쉽게 해결될 수 없을 것이다.

9.2. 교수자 교육과 화합

전통적인 대학 교육의 구조 내에서 본고에서 설명한 규칙과 개념들을 도입하는 것은 단과대나 학과의 취지에 달려 있다. 학과장과 학장은 다양한 언어에서의 번역 방법론처럼 다방면의 수업과 관련된 공통적인 수행 방식이나 시험 방식에 관해 합의점을 함께 모색해 볼 수 있을 것이다. 이러한 합의가 부재한다면 교수자마다 방법과 요구 사항, 평가 기준이 각기 다를 수 있기에 학습자는 혼돈스러울 수도 있다.

만약 긍정적인 합의가 도출된다면 대학 교수자들의 교육도 빨리 시행될 수 있다. 하루나 이틀 정도의 연수 프로그램을 통해, 경험 많은 교수자가 본고에서 언급된 방법들과 관련된 번역 방식이나 개념, 모델 등의 지식을 전수해 줄 수도 있을 것이다. 하지만 차후 이러한 방식의 활용 여부는 개인의 의지에 달려 있다고 생각된다. 경우에 따라서는 새로 온 동료들을 위해 경험 많은 교수자를 “교수법 조언자”로 지목해 볼 수도 있을 것이다.

10. 언어와 번역 교육 난관들

10.1. "언어 차원에서의 등가"의 부담

번역 수업을 맡은 대학의 언어 전공 교수자들도 번역가는 아니지만 전문 번역이 한 언어에서 다른 언어로의 대어역식 치환 방식이 아니며 각 언어 내의 생각을 번역하는 방식이 하나만 있는 것도 아니라는 사실을 잘 알고 있다. 하지만 어떤 교수자들은 본인이 작문과 번안 수업에서 배운 규칙들을 선호하면서, 주로 어휘, 관용어, 문장 측면에서의 등가 규칙에 중점을 두고 있다(이러한 등가에 기반하여 번역된 부분이 어색할지라도). 또한 교수자가 이처럼 수업에서 이론상의 등가 규칙을 번역에 적용하는 경우, 원본의 의미를 번역하는 학생들이 선택한 여러 해결책들을 오류나 실수로 감점 처리하는 경향이 있다. 앞서 이러한 측면의 단점을 설명했지만, 외국어와 모국어 간의 비교를 통한 대조 언어학에 기반한 학습은 학습자로 하여금 모국어에서 주조한 틀에 자신이 학습한 외국어의 단어, 구조, 용법들을 통과시키면서 도출된 결과들을 적절한 것으로 인식하게 하는 한계를 지니고 있다. 사실, 두 언어 간의 유사한 표현 방식에서는 각 언어의 "특유성"을 구성하는 고유한 방식이 있다. 그러므로 학습자가 습득한 모든 요소들을 모국어에서 이미 알고 있는 기준들로만 결부시킨다면 그가 배우고 있는 외국어의 언어와 문화에 고유한 측면들을 간과할 위험이 있다.

그러므로 교수자는 가능한 한 본인이 습득한 언어적 등가 방식에서 벗어나 학습자에게 다양한 "문맥적인 등가어(출발 텍스트의 정확한 문맥 내에서 단어나 표현의 등가)”를 찾도록 강조하면서, 교수자의 “권위적인” 수정 방식을 배제하고 번역의 문제에서 학습자가 취할 수 있는 모든 적합한 해결책을 동원하도록 제안해 볼 수 있다. 그리고 이는 번역 교육에서 무엇보다 중요한 사항이라 생각된다.

10.2. 지나치게 규범적인 태도

교수자는 좋은 해결책을 알고 있고 이를 학습자에게 지적하고 수정하는 것이 전통적인 교수자의 권위라고 생각한다. 이러한 권위를 중시하는 교수자는 대개 학습자의 번역물을 수정하고 평가하는 데 개인적인 규범을 강요하는 경향이 있다. 물론 주어진 언어에 높은 수준의 언어적인 능력을 지녔다면 그들의 조언을 통해 학습자의 실력은 향상될 수 있을 것이다. 하지만 번역은 여러 다른 전문 언어 내에서 수행되는 것이므로, 어떤 교수자도 그 모든 것을 다 알지 못한다. 따라서 오히려 학습자들이 적절한 참조 문헌 검색을 통하여, 교수자가 알지 못하거나 관련된 사회 방언의 적합성을 판단하지 못하는 어휘나 표현의 번역들을 찾을 수도 있다. 즉, 전문 분야 번역에서는 교수자만이 “진정한” 실력의 소유자는 아니기에, 교수자가 단순히 언어 전문가로서의 역할만을 수행한다면, 그의 가치는 낮아질 것이다.

11. 번역 교육에서의 통역 교육

수많은 번역 교육 프로그램에서 통역 교육도 실시하고 있다. 경우에 따라서는, 통역 입문 교육을 통해 학습자가 통역의 전문성도 쌓을 수도 있고, 학습자가 수행 통역(외국 관광객의 관광 통역, 공장 방문객 통역 등)과 같은 기본적인 능력의 훈련을 습득할 수도 있을 것이다. 또한 순차 통역의 기초적인 능력을 갖추는 것은 번역가에게는 강점이 될 수도 있다. 사실, 통역은 속도가 빠른 번역이므로 더 많은 제약을 지니고 있다. 즉, 다시 되돌릴 수 없고, 외부 자료들을 참조할 수 없기에 즉각적으로 대처하는 능력이 필요하다. 그 결과 몇몇 어려움들은 증폭되기도 하는데, 번역 교육의 마지막에 이러한 방식을 활용해 볼 수도 있다.

본고에서 제안하는 통역 입문 수업의 횟수는 3~4회 정도이다. 각 수업에서 두 명 내지 세 명의 학생들은 아주 즉흥적이거나 덜 즉흥적으로 발언하고, 다른 학생들은 이를 통역하는 방식이다. 적절한 주제를 선택하여, 모든 학생들이 2~3분간의 발언을 준비하게 할 수 있다. 경우에 따라서는 노트 테이킹을 제안할 수도 있는데 이러한 노트 테이킹은 완벽한 문장을 포함해서는 안 되며, 문맥에서 분리된 각 단어로 제한되어야 한다. 교수자는 이를 확인해야 하며(이러한 제약 사항에 관해서는 차후 언급하겠다.), 먼저 한 학생에게 담화를 발언하게 하고 나서, 다른 학생에게 이를 통역하도록 제안해 볼 수도 있다.

모든 학습자가 코멘트를 줄 수 있는 협동적인 형태로 이러한 훈련이 수행된다면, 이는 학습자가 통역의 여러 현상들을 깨달을 수 있는 최선의 방식이 될 수 있다. 첫째, 대부분의 학습자-화자들은 대중 앞에서 발표하는 데 각기 다른 습관을 지니고 있다. 그들은 주저하기도 하고 단어를 찾기도 하며, 잘못 시작해서 혹은 비문법적인 문장들을 말해서 더듬기도 한다. 수업에서 학생들은 대개 입을 삐죽거리거나 코멘트를 통해 자신의 담화가 불만족스러웠다고 이야기한다. 부적합한 몇몇 구절에 관해 수업에서 논의할 때, 교수자는 삭제해야 할 일관적이지 않은 부분들을 지적하고, 그들이 말하고자 하는 목적에 더 적합한 단어들을 제안해 볼 수도 있는데, 이 경우 학습자는 자신의 담화를 개선할 수 있기에 이를 확실히 인정하고, 기꺼이 받아들일 것이다. 둘째, 이러한 훈련을 통해 학습자는 출발 담화를 듣고 이를 재표현할 때 나타나는 발화의 결점 중 주의력 결핍으로 인해 발생되는 누락이나 모호한 부분들을 깨달을 수도 있다. 이에 관해서는 단일 언어의 통역 학습(프랑스어를 프랑스어로 통역, 영어를 영어로 통역 등)을 시행하는 것이 효과적이다. 그 이유는 이러한 통역 학습은 한 언어에서 다른 언어로 바꾸는 구절을 포함하고 있지 않으며 부딪히게 되는 어려움들도 언어 간에 발생할 수 있는 문제에 의한 것은 아닐 것이기 때문이다. 회의 통역의 수많은 교육 프로그램에서 단일 언어 통역 학습은 준비 학습에 속한다. 그 이유는 통역을 통해 습득할 수 있는 노하우가 언어적인 측면이 아니라 인지적인 측면에 주로 해당하기 때문이다(예를 들어, Feldweg, 1980 참조).

통역 연습을 하면서, 번역에서 이미 알고 있는 사실을 일반화해 보는 것도 충분히 유용하다. 예를 들어, 저자들은 자신의 텍스트를 최적화하기 위해 필요한 조건이나 작성 능력, 시간 등의 조건에서 항상 최적의 상황에 있지는 않다. 만약 번역문의 작성에 약간의 개선점만을 덧붙이는 경우, 이를 적절하다고 생각해 볼 수 있을까? 수업 동안 학생들이 수행한 말하기나 쓰기 형태의 코멘트를 통한 비평에 관해 생각해 보면, 통역을 경험해 본 후에야 자신이 받은 코멘트를 더 쉽게 받아들이는 것 같다. 통역을 할 때 몇몇 언어적 실수를 저지르더라도, 화자의 담화를 이해하기 위해서는 담화에 집중할 필요가 있다. 그리고 이러한 수행에서 분석이 중요하다는 점은 번역에서 의미 가정의 신빙성을 확인하면서 원본의 각 번역 단위를 체계적으로 분석할 필요성이 있다는 사실과 유사하다(4장).

실제 수업에서는 꼭 필요한 분석을 위해 충분히 길이가 긴 부분을 학생들로 하여금 통역하게 하는 것이 중요하다. 문장 단위로 순차통역을 수행하게 하는 경우에는 잘 이해하지 못한 채로 주어진 부분을 일관된 전체로 만들 필요성도 못 느끼면서, 단순히 기억에 의존하여 통역할 가능성이 있다. 또한 교수자가 학생-화자가 통역을 너무 어렵게 표현하거나, 담화의 생산 과정에서 직면한 어려움을 감춰야 하는 상황을 피하고자 모든 문장들을 읽지 못하고 외운 발화를 제대로 표현하지 못하는 것은 아닌지 확인하는 것이 중요하다.

마지막으로 번역 교육 프로그램에서 동시통역 연습은 시행하지 않기를 충고하고 싶다. 사실 순차통역에도 익숙하지 않은 학생들이 동시통역 훈련을 하는 경우, 원본 담화의 일관성을 깨닫지 못하고, 표현에서도 언어적인 취약점을 깨닫지 못한 채 단어 대 단어 식으로 표현할 위험이 있다. 이는 대부분의 전문 통역 학교에서 순차통역 학습을 확고히 한 후에 동시통역 교육을 시행하는 근본적인 이유이기도 하다.

12. 결론

본고의 첫 장과 이번 장을 읽는 독자들은 심리학적 견해들이 이 두 장을 어느 정도 차지하고 있기에 조금은 당황했을 수도 있을 것이라 생각한다. 이전 장들에서 보았듯이(특히 4장과 5장에서), 번역 품질은 번역가가 꼭 알아야 하는 점이자 자신이 들인 노력의 대가이며, 자신이 원하는 것에 따라 달라질 수도 있다. 교육적인 태도와 관련하여 학생들이 분석, 검색, 작성 작업에 기쁨을 느낄 수 있고, 작업의 고생스러운 면을 한정지을 수 있다면, 교수자는 학생들이 번역 작업을 좋아할 것이라는 희망을 가질 수 있고, 최적의 학습과 학습자의 번역 품질이 유지될 수 있도록 이끌 수 있을 것이다.

모든 교육 활동의 결과는 학습자, 교수자, 교과 과목, 그리고 이러한 모든 요소의 상호작용에 따라 달라진다. 또한 교육의 총체는 항시 예측할 수 없는 행동의 복잡한 시스템이기도 하다. 본고에서 언급한 실제 번역 교육을 위한 추천 사항들은 교수자로서 개인적인 경험에 기반한 것이므로 어떠한 특정 방식에 속한다고 생각한다. 사실, 본고에서 제안한 각 추천 사항들이 모든 교수자-학생-교육 기관의 입장에서 가장 나은 선택임을 증명할 수는 없다. 독자이자 교수자들은 아마도 이 중 자신에게 맞는 가장 적절한 방법을 찾으려고 시행해 보다가 화가 날 수도 있을 것이다.

제8장

번역학의 개념

1. 서론

실제로, 번역학자들을 제외하고는 대학 공동체의 일원 중 극소수만이 번역학이 어떠한 학문인지 알고 있으며, 그들 중 대부분은 이를 번역 실제와 혼동하고 있다. 대학의 번역학자들은 일반적으로 번역을 연구하는 대학의 학문이나 번역 과학(독일어로는 Übersetzungswissenschaft)으로 번역학을 정의하고 있지만, 번역학 관련 책들을 분석해 보면 상당 부분 이러한 정의에 부합하지 않으며, 오히려 전문 서적에 해당됨을 알 수 있다. 이러한 전문 서적들은 주로 번역가들과 교수자들이 자신의 직업을 기술하고 이를 분석하거나, 바람이나 하소연을 표명하기도 하고, 번역 단체나 연합에 관해 질문하는 등의 내용으로 구성되어 있다. 다른 분야의 서적들과 비교해 보면, 엔지니어, 판사, 전산 전문가들이 편찬한 "서적"의 경우, 연구와는 관련 없는 수많은 테크닉과 관련된 간행물로 이루어져 있다. 즉, 연구는 별로 중요치 않은 부문인 것이다. 반면 상당수의 의학 서적은 테크닉과 연구의 측면을 모두 포함하고 있으며, 특히 수학 서적은 대개 연구 부문으로만 구성되어 있다.

번역학에서의 직업적인 측면은 번역과 번역 교육 연습에 관한 실무 서적들이나, Babel이나 Lebende Sparchen과 같은 학술지들, 프랑스 번역가 협회(SFT, Société française des traducteurs)와 세계적인 수준의 번역가 국제연합 단체(FIT, Fédération internationale des traducteurs)를 통해 알 수 있다. 또한 이에 관해서는 프랑스 번역가 협회의 Traduire 잡지, Jean Maillot (1969), Daniel Gouadec(본고의 참조문헌 참조)과 같은 저자들의 문헌들을 떠올려볼 수 있다. 하지만 이번 장에서는 번역을 연구 대상으로 하는 대학의 학문이라는 더 한정된 의미 안에서 번역학이라는 용어와 번역학 용어 관련 파생어들을 사용할 것이다. 게다가, 현재 점차 증가하고 있는 번역학자의 대부분은 "번역을 연구 대상으로 여기는 과학적인 분야(James Holmes의 번역학(Translation Studies)의 의미)"로 번역학이 정의되기를 바랄 것이다. 하지만 현실은 이와 다르다. 과학적인 방식(자연 과학과 실험에 기반한 인문학의 공통적인 규범을 기준으로 어떠한 가치 판단 없이 과학적인 방식을 고려해 보고자 한다.)과 비교해 보면, 번역학에서 인문학에 더 근접한 방식들을 찾아볼 수 있는데, 몇몇 사람들은 이러한 방식을 영어로는 "liberal arts(문과)"로, 프랑스어로는 "littéraire(문과)"(넓은 의미에서)로 명명하고 있다. 이는 이론적인 구상, 규칙성 연구, 체계적인 사실 관찰에 기반한 연구들보다 더 많은 예와 고찰을 토대로 한 번역 담론과 관련된다. 이러한 연구로는 Paul Bensimon이 오랜 기간 동안 지휘하고 책임을 맡은 Palimpsestes라는 프랑스 잡지의 훌륭한 논문들을 들 수 있다.

번역에 관한 고찰은 고대로부터 시작되었는데, 번역학에서 과학적인 방식이 도입된 때는 1960년대에 이르러서였다(Robinson, 1997b 참조).

이 장에서는 번역 사회학을 이해하기 위해 번역학 관련 저명인사들이나 번역가 교육의 관점에서 가장 적합한 학자들을 논하면서 시간을 끌기보다는 두 경향(고찰을 통한 번역 담론과 과학적인 방식의 번역학)에 관한 몇몇 개념들을 예증을 통해 소개해 볼 것이다.

2. 번역학의 특성과 기능

대학에서 '번역학'이라 불리는 학문의 기준과 관련하여 대부분의 사람들은 회의적이고 모순적인 반응을 보인다. 번역 과학은 무엇에 관심을 두는 학문인가? 번역학은 언어학에서 이미 연구된 부문들과는 다르다. 그렇다면 번역학에서는 무엇을 연구해야 하는가? 이에 관한 첫 번째 응답은 동시대의 번역의 입지에 있다. 예를 들어, 번역학은 구체적이며 일상적인 활동과도 관련되어 있는데, 번역은 문화예술 분야(번역된 소설과 영화, 더빙 혹은 자막 TV 시리즈물 등)과 경제, 과학 기술 분야에 보편적으로 편재해 있다. 하지만 모든 번역이 항상 이상적인 형태는 아니다. 대개 오류와 실수를 포함하고 있으며, 번역의 생산에서 번역문의 길이가 너무 길 수도 있고 비용이 높을 수도 있다. 그리고 이러한 결함만으로는 번역의 문제와 문제의 원인 및 결과 연구, 번역 결과물 향상을 위한 용어 연구 등의 타당성을 입증하지 못한다. 번역 과정과 생산은 언어적인 측면뿐만 아니라 전문가 교육, 번역 도구, 방식, 배포, 편성 방식, 작업 방법 등과 관련된 경제적, 정신적 요인에 따라 다르다. 실험을 통해 일부는 관찰 가능하고 일부는 조정할 수 있는 번역 과정에 기반하여 출발 텍스트와 도착 텍스트 자료를 연구자에게 제공한다면, 번역학을 과학적 연구로 고려해 볼 수 있는 것은 아닐까?

1979년 번역학에 입문할 당시에 필자는 정확한 요구 사항에 부합하는 해결책만을 연구하였다. 예를 들어, 개념적이고 실제적인 교육 도구로 과학 기술 번역 교육을 준비한 덕분에 수업을 합리적으로 수행할 수 있었다. 게다가 번역학 분야의 연구를 시작한 동료들은 필자에게 큰 동기 부여가 되었다. 사실, 번역학 연구를 부정적으로 생각하는 일부 번역가들은 지금까지 번역학자가 번역가에게 크게 기여한 부분이 없다고 생각한다. 이 질문에 관해서는 이 장의 마지막에서 다시 검토해 보도록 하겠다. 여하튼 사회-경제 환경에서의 서비스 제공이나 문맥을 고려하지 않은 언어활동으로 번역을 극히 추상적으로 개념화하는 것을 넘어설 때, 번역에 관한 어떤 연구 문제도 환상이 아니라는 사실이 더욱 명백해질 것이다.

3. 역사적 회고 –번역학 탄생 이전의 번역에 관한 고찰들

번역사를 연구하는 번역학자들은 주로 고대의 텍스트들을 고증해 왔다. 예를 들어, 특히 중세의 Cicéron, Horace, Sénèque, Pine le Jeune 등과 19세기까지의 Saint Jéôme, Saint Augustin, Saint Thomas d'Aquin, Roger Bacon, Érasme, Luther, Étienne Dolet, du Ballay, Dryden, Leibritz, Alexandre Pope, Samuel Johanson, Novalis, Goethe, Schleiermacher, Humboldt, Shelley, Schopenhauer, Nietsche 등 문학, 철학, 종교적인 학자들의 분석을 들 수 있다. 번역사에 관한 저명 학자들의 저서 대부분은 수필, 번역 방법(예를 들어, S. Bassnett(1991), Robinson(1997b), 더 완벽한 분석을 위해 Mona Baker(1998)의 지휘로 출간된 『Routeledge Encyclopedia of Translation

Studies』)에 관한 규범적인 논증을 다룬 것이었다.

Steiner(1975)는 (서구의) 번역에 관한 문학 역사를 네 시기로 나누었다. 첫 번째 시기는 번역 실제에 기반한 성찰의 시기인데, Cicéron와 Horace의 원칙부터 Alexender Fraser Tytler(1791)의 번역 규칙에 관한 논평에 이르는 기간이다. 두 번째 시기는 Larbaud(1946)의 'Sous l'invocation de saint Jérôme'(이론적이고 해석적인 경향으로 특징지을 수 있는) 출간에 이르는 시기까지이다. 세 번째 시기는 1940년대에 자동 번역에 관한 초기 출간물에서부터 시작하여 의사소통 이론과 구조주의 언어학이 시작된 시기까지이다. 네 번째 시기는 1960년대에 시작되는데 이는 해석학의 회기 시점이기도 하다(Bassnett, 1991: 40).

번역을 연구 대상으로 관심을 갖기 시작한 시점은 1950년대와 60년대이다. 초기의 번역학자들은 주로 언어학자들이었는데 그중 가장 잘 알려진 학자로는 Roman Jakobson(1959)와 J. C. Catford(1965)를 들 수 있다. 프랑스어권에서는 Georges Mounin(1955, 1963)과 Jean-Paul Vinay & Jean Darbelnet(1958)을 떠올려 볼 수 있는데, 그들은 출발어와 도착어 간의 관계 및 언어와 그 언어가 지시하는 현실과의 관계를 중시하는 것을 너무도 당연시했으며, 의사소통 행위나 번역가 개인에 관한 고찰은 중요시하지 않았다. 하지만 현재 많은 사람들에게 현대 번역학의 아버지로 불리우는 Eugene Nida의 경우는 조금 달랐다. 언어학자이자 인류학자인 Nida는 미국 성경협회에서 일하면서 번역가들이 번역 작업을 향상할 수 있도록 도왔다(그 당시, 실무자와 이론가 간에 협업이 이루어졌다는 점이 주목할 만하다). Nida는 정확한 수신인에 따른 번역의 의사소통 목표를 처음으로 이론화한 언어학자였기에 번역의 개선 작업에서 번역 기능과 번역할 텍스트의 성격을 중시하였다. 성경 번역의 독자들 중에는 극지방 혹은 열대지방에 거주하는 사람들도 있고, 성서 텍스트의 비중이 높은 근동지역 사회에 살고 있는 사람들도 있을 것이다. 이러한 사실에 기반한다면 모두에게 텍스트의 메시지를 효과적으로 전달하는 것을 보증하기는 어렵다. 그러므로 Nida는 출발 텍스트와 도착 텍스트 간에 다음 두 등가 개념을 정의했다.

– 출발 텍스트의 형태를 재생산하는 것을 목표로 하는 형식적 등가.
– 수신인의 요구에 부합하는 것을 목표로 하는 역동적 등가.

이러한 혁신적인 개념들의 목표는 단순히 번역이 독자의 요구 사항에 적합해야 한다는 필요성을 인식하는 것이 아니라 번역의 형식적인 이론화에 새로운 개념들을 도입하는 데 있다.

언어학자들과는 다른 방식을 취한 이 기간의 다른 학자로는 Tchèque Jiří Levý(1967)를 들 수 있는데, 그는 번역가를 중심으로 번역 성찰을 처음 시도한 학자였다. 그는 게임(경쟁적인 상황에서 결정을 취해야 하는 두 명 혹은 여러 사람들의 이득과 손실로 간주되는) 수학 이론을 번역에 적용하면서 번역은 하나의 의사 결정과정이라고 주장하였다.

이를 토대로, Hatim(2001)이 강조했듯이(그는 "형식적인" 혹은 "역동적인", "문자 그대로의" 혹은 "자유로운", "원본 텍스트 중심" 혹은 "목표 텍스트 중심"(Ladmiral, 1979)이라는 두 관점 간에 균형을 이루는 연구와 더불어 출발어와 도착어 간의 언어적 차이에 기반한 연구를 수행하였다.), 번역학 연구가 철학, 종교, 문학, 실제 번역에 관한 성찰이라는 더 과학적인 방식으로 변화를 추구하게 되었음을 알 수 있다.

4. 번역학 분야의 탄생

더 과학적인 번역 연구로 전환이 이루어짐에 따라 번역학 관련 대학 교원의 수도 증가하게 되었다. 1972년에 James Holmes가 작성한 논문, "The name and nature of translation studies"은 1988년에 출간되었는데, 그는 언어학, 언어 철학, 문학 연구, 정보 이론, 수학, 논리학과 같은 다양한 분야에서 번역에 관심을 두고 있던 연구자들과 함께 번역 관련 분야를 고안해야 할 필요성을 강조했다. Holmes는 논문 서론에서 긴 논의를 통해, 이러한 새로운 분야 혹은 "분야의 이상향"을 영어식으로 명명하기 위해 "Translation studies (번역학)"라는 용어를 사용했다. 이 명칭은 프랑스어로 "Traductologie", 스페인어로 "traductología", 독일어로 "Übersetzungswissenschaft", 일본어로 "honyakuron"인데, 이러한 용어들은 애매모호한 측면이 있다. 관련 문맥을 고려하지 않는다면 아마도 이를 처음 접한 다수의 사람들은 번역의 과학적인 연구보다는 마치 번역 학습을 가리키는 것으로 해석할 수 있을 것이다. 하지만 이러한 사실에도 불구하고 국제적인 번역학 커뮤니티에서는 "Translation studies(번역학)"를 채택하였고, 영어로 된 출판 서적에서도 이러한 용어가 사용되고 있다. 사실, 새로운 전문 용어보다 더 중요한 것은 Holmes가 제안한 "경험 과학"으로 간주되는 번역학의 관점이다. 그는 이와 관련하여 다음과 같은 두 목표를 언급하고 있다.

1) 번역 현상을 기술하는 것
2) 그 현상을 깨닫기 위해 규범적이고 설명적인 이론들을 제안하는 것

사실, 번역학 분야에서 이러한 경험적인 연구는 오랫동안 학자들의

희망 사항으로만 남아 있었다. 1990년대 중반부터 번역학의 여러 분야에서 경험적 연구가 증가하기 시작했지만 별로 진전이 없었다. 현재에도 여전히 경험적인 연구나 이론적인 발전에 관한 연구보다는 에세이 형식으로 구성된 저서들이 더 많다.

Holmes 논문에서 특히 흥미로운 부분은 번역학을 크게 "순수" 번역학과 "응용" 번역학이라는 두 범주로 나누었다는 점이다. "순수" 번역학은 "기술적인" 번역학과 "이론적인" 번역학으로 구분되는데, "기술적인" 번역학은 현장에서 번역을 연구하는 것으로, "생산 중심(생산되는 번역 텍스트에 중점을 두는)", "기능 중심(텍스트보다는 도착 문화와 사회에서 번역된 텍스트들의 기능을 연구하는)", "과정 중심(번역 활동의 기반이 되는 인지 과정에 중점을 두는)"으로 나뉜다.

"이론적인" 번역학은 관련된 분야를 참조하여 기술적인 번역학의 결과물로부터 이론들을 생성하는 것이다. 그는 응용 번역학을 언어 학습과 번역 학습이 결합된 번역 교수법과 어휘, 전문 용어, 문법상의 방식들, 사회 문화적인 맥락에서의 번역 정책, 번역 비평 등으로 범주화하였다(표 8.1 참조).

표 8.1. James Holmes의 번역학의 영역에 관한 표에서 발췌
(이 도표의 네 번째 단계에 관해서는 본고에서 언급하지 않겠다.)

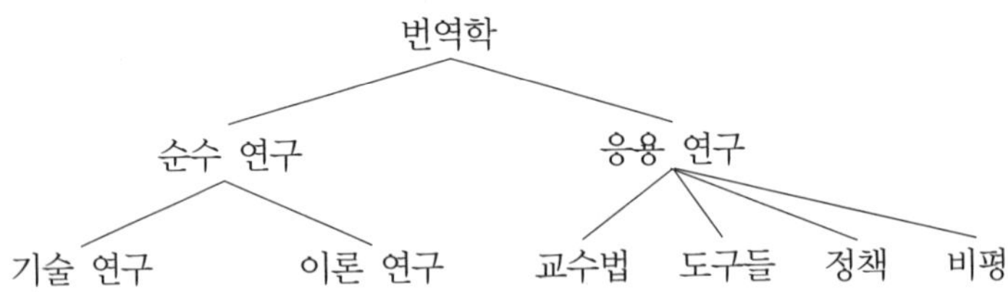

이러한 표는 단일한 방식으로 표현되어 있는데, 사실, 하나의 방식을 두 부류로 나누어 소개하는 방식은 범주들이 혼합되어 보일 수 있다. 번역 교수법과 실제 번역에서 응용 번역학 이론이나 기술 번역학의 관점은 존재하지 않는가? 왜 응용 번역학이 기술적인가? 왜 연구 분야에 기반한 하위 부류로, 예를 들어, 번역학을 번역과 통역으로, 번역을 문학 번역 혹은 이에 준하는 번역과 정보적인 번역으로, 정보적인 번역을 전문 번역과 이에 반대되는 개념인 일반 번역으로 범주화할 수는 없는가? 통역에서도 회의 통역, 법률 통역, 커뮤니티 통역, 수화 통역을, 번역에서도 영상 번역과 로컬리제이션 번역을 나누어 볼 수 있다. 또한 큰 줄기의 영역에서, 응용 연구와 동등한 입지의 근본적인 연구가 있을 수 있다고 생각한다.

표 8.2. 하위 부류로 구분된 번역학의 일부 영역 표
(표의 각 부문은 근본적인 연구와 응용 연구의 요소를 모두 포함할 수 있다.)

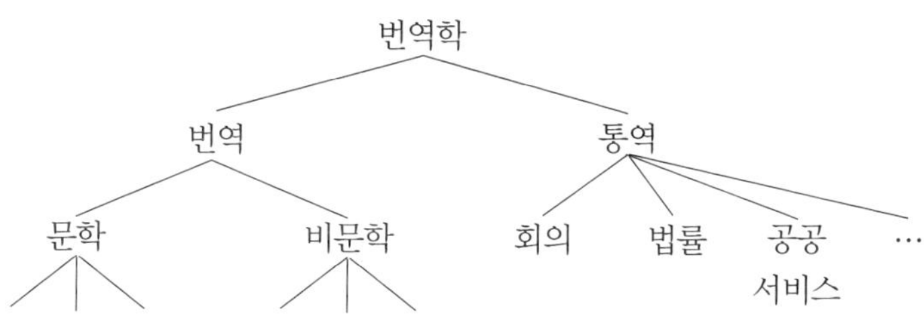

위와 같은 의문점과 한계점이 존재하는 것은 사실이지만, J. Holmes는 이러한 방식으로 번역학의 영역을 한 눈에 알 수 있게끔 처음으로 소개한 학자라는 점에서 의의가 있다. 최근 수십 년 간의 변화에 기반하여, 번역학에서 공통적으로 정의할 수 있는 핵심 사항들을 다음과 같이 정리해 보도록 하겠다.

1) 대학 학문으로서 번역학은 번역에 초점이 맞춰져 있다. 커뮤니케이션, 언어, 기호학, 문학 등은 각 번역학의 활동 영역과 관련되어 있기는 하지만, 이 모든 측면과 연계된 중심 연구의 대상은 번역이다.
2) 번역학은 언어학자, 사회학자, 심리학자, 기호학자, 철학자가 아니라 번역학자로 정의된 연구자 그룹(비록 그들이 번역학이 아닌 다른 분야의 교육을 받았고, 다른 분야에 속해 있을지라도)이 수행하는 학문이다.

번역학에서 사회학적인 기준에 의거하면, 예를 들어 자동 번역 연구자는 스스로 번역학자가 아니라고 생각할 수 있으며, 번역학 커뮤니티의 일원들도 이와 동일하게 인식할 수 있다. 사실, 그들은 언어학자이거나 전산 전문가이며 번역학자와는 별로 교류가 없다. 만약 그들을 번역학자로 간주한다면, 이는 하나의 사회적 통합이 될 것이다. 술어학자, 어휘론 연구가, 사전학자들도 마찬가지다. 그들 중 일부는 번역학회에 참석하기도 하고 전문 출판사의 번역학 모임에 오기도 한다. 하지만 일반적으로 그들은 번역학자로 인식되지 않으며, 번역학자들과의 상호 교류도 거의 없는 편이다.

대개 번역에 관한 언어학 논문이나 박사 논문은 두 언어 간의 어휘 단위나 문법 구조와 같은 유형의 번역에 관한 것이다. 이러한 주제에 관한 담론들은 번역학회에서 소개되거나 학회의 학술집으로 출간되기도 한다. 하지만 일반적으로 번역학자들(이러한 연구를 수행한 학자들의 동료이기도 한)은 이러한 연구를 수행한 학자들의 관심사가 번역가 개인이나 번역에서의 의사 결정이 아닌 언어와 관련되는 경우, 혹은 그들이 참조한 문헌들이 언어학에 집중되어 있는 경우에, 그들을 번역학 커뮤니티의 일원으로 인식하지 않는다. 번역학회에서 자신의 분야와 관련된 문헌들만을 참조하고 방식을 고수하는 사회학자, 심리학자, 언어학과 교수들도 그들과 마찬가지이다. 결과적으로 번역학을 하나의 분야로 정의하는 것은 사회학적인 측면에서 매우 중요하다고 생각한다.

앞서 언급한 공통적인 핵심 사항들 이외에도 다음과 같은 번역학의 여러 특성들을 떠올려 볼 수 있다.

1) 번역학은 여러 분야와 연구 방법들이 교차하고, 상호작용하는 학제 간 학문(Snell-Hornby and al., 1994)이다. 이러한 측면에서 연구된 번역 현상이나 영역에서 가장 두드러진 분야는 언어학(언어 텍스트적, 화용론적인 측면에서의 재표현과 관련된), 비교문학, "문화 연구", 인지 심리학(특히 회의 통역 연구에 있어서), 사회학이다.
2) 번역학은 매우 상이한 학문이다. 그 이유는 번역학의 학제 간 성격과 번역 분야 및 현상의 다양성, 이러한 다양성을 연구하는 관점들(번역 과정, 번역 생산, 학습, 어려움, 수신인을 통한 번역 수용, 전문 협회 등) 때문이다. 이러한 사실로 인해, 특히 번역학 커뮤니티가 분열되거나, 일부 학자들은 별로 관심 없을 수도 있는 여러 다른 연구 방식에 의거한 하위 그룹의 단체들이 생겨나기도 한다. 이러한 분열 현상은 연구에서 다른 패러다임의 학파 간에(특히 "과학"과 "문학", 응용 연구를 중시하는 실무 번역학자와 근본적인 연구 법칙을 요구하는 "이론가들" 간에) 긴장을 조성하기도 한다. 그러나 번역학회와 전 세계의 번역학 박사 과정(벨기에 루벵(Louvin)의

가톨릭 대학, 스페인 타라고나의 Rovirat I Virgili 대학 등의 CETRA 프로그램)에서 여러 그룹 간의 상호활동은 학제 간 통합에 기여하고 있다.

3) 언어학자, 심리학자, 생물학자, 물리학자, 역사가들과는 반대로, 대부분의 번역학자들은 자신의 분야와는 다른 명칭의 학과에 속해 있다. 대부분의 교수자-연구자들의 소속은 문학이나 비교문학, 언어학, '문학 연구' 등의 학과이다. 프랑스에서는 대학 과정에 번역 학부가 없는데, 대학 내에 존재하는 특수한 번역기관은 대개 전문 번역 교육 프로그램이나 '통번역 학교' 등이다. 하지만 이러한 전문 프로그램이나 전문학교들은 특히 파리, 제네바, 하이델베르크, 조지타운과 같은 지역에서, 번역 이론이나 연구에 별로 관심이 없는 실무 번역가들로 구성된 교수진들을 기반으로 높은 수준의 실무 능력을 목표로 하고 있다. 1980년 이래로, 유럽과 아시아의 지정학적인 변화와 국제 교류의 급증으로 인해, 대학 내의 번역 교육 프로그램이 빠르게 급증하였다. 그 예로, 번역학과, 번역 조직, 번역 단과 대학(특히, 스페인의 경우) 등의 출현을 들 수 있다. 이러한 변화와 더불어, 보다 더 넓은 시각에서 소통하기 위한 여러 대학들로 구성된 회의 개최와 대학 환경에 고유한 여러 요구 사항들로 인해 번역학 연구가 더 강화되었다. 또한 이미 존재하는 대학 학문으로서의 번역학을 연구하는 번역학자들뿐만 아니라 전문 번역학교 내에서 번역학을 연구하는 학자들이 점차 증가하고 있다. 하지만 이러한 변화는 아직 미완성의 단계에 있다. 대학 내에 제도적인 토대가 구축되어 있지 않아서, 번역학자들은 주로 담론이나 출판물, 학

자들의 모임, 상급 교육 기관, 대학 국제 연합 등에서만 주로 활동하고 있는 실정이다. 국가 내 번역학의 입지가 취약한 경우, 관련 국제 교류를 더욱 강화하거나, 커뮤니케이션에서의 신기술 덕분에 이전 세대는 알지 못하는 편리함과 더불어 국제적인 프로젝트를 실현하고 교류를 맺고 있다. 예를 들어, Rovirat I Virgili 대학의 새로운 번역학 박사 과정 프로그램에 참여하는 학생들은 여러 대륙에 거주하고 있는데, 그들은 원거리로 참여하고 있으며, 집중 세미나 참석을 위해 일 년에 두 번만 타라고나에 모인다.

4) 과학적 측면에서 볼 때, 번역학 연구의 품질 수준은 매우 다양하다. 어떤 학자들은, 예를 들어 언어학, 비교 문학과 같은 자신의 본 연구 분야에서 오랜 기간 경험을 거쳐 탄탄한 교육을 받았기에 이를 토대로 자신의 연구를 번역학 연구로 우회한 사람일 수 있다. 또 다른 학자들은 어떠한 준비 과정 없이 번역 실무를 바탕으로 이미 존재하는 출판물들을 읽으면서 이를 토대로 스스로 공부한 사람일 수 있다. 또한 하나의 분야나 여러 방법에 관한 교육을 받은 번역학의 "이민자들"은 그가 이미 교육받은 부문과는 다소 거리가 먼 방법들을 활용하기도 한다. 언어학을 공부한 몇몇 번역학자들이 인지 심리학과 관련된 실험을 하거나, 몇몇 문과 교수들이 관련 교육을 받지 않았지만 경험적인 사회과학 방식들을 적용하기도 한다.

현재, 번역학자가 아닌 교수자들이 번역학 박사 과정의 논문을 지도하거나, 번역학 연구 교육을 받은 적이 없는 교수자들이 석사 논문을 지도하는 경우가 많을 것이다.

게다가 현재 번역학의 수많은 회의, 관련 논문집, 잡지에는 저자들의 수요에 비해 실을 수 있는 공간이 많다. 그러므로 논문의 품질 면에서 엄격한 선별 과정을 중시하지 않게 되고, 이로 인해 현재 우리는 수많은 잡지와 논문집에서 너무도 상이한 품질의 텍스트를 접하고 있는 것이 사실이다(Gile and Hansen, 2004 참조).

5. 언어학과 번역학

초창기 언어학 연구에서는 외국어와 번역 활동의 결과물을 중심으로 번역 문제를 논의하였는데, 이는 20년 이상의 기간 동안 이러한 방식의 텍스트 분석보다는 번역가 개인이나 행동에 중점을 두었던 현대 번역학자들에게 주된 비난의 대상이 되었다. 이러한 연구들 중에서도, 특히 Vinay와 Darbelnet(1958)의 『Stylistique comparée du français et de l'anglais(영어와 프랑스어의 비교 문체론)』이 주로 비판받았던 이유는 출발 텍스트와 도착 텍스트 간의 차이(영어로는 shift(전이))를 범주화한 비교 분석에서 번역에 이르는 과정이 고려되지 않았기 때문이다(예를 들어, Delisle, 1992; Hewson, 1993 참조).

현재 극소수의 번역학자들만이 언어적 시스템 간의 차이와 일치에 관해 연구하고 있는데, 예를 들어, 덴마크어의 언어적 구조와 단어를 어떻게 프랑스어로 번역해야 하는가, 또는 이를 프랑스에서 덴마크어로 어떻게 번역해야 하는가에 관한 연구는 점차적으로 번역학자들의 관심사에서 멀어지고 있다(물론 일부 예외도 존재한다. ─예를 들어, Korzen, 2004 참조). 이는 번안과 작문을 가르치는 외국어학과의 교수자와 번역학자들 간의 거리를 보여주는 것이기도 하다. 몇몇 번역학자들, 특히 Danica Seleskovitch와 그녀의 ESIT 제자들은 언어학이 의사소통의 모든 맥락에서 벗어나 언어에만 중점을 두고 있다는 이유로 이를 완전히 거부했다. 의사소통 상황을 고려하는 언어학의 최근의 동향(특히 텍스트언어학, 화용론에서)에도 불구하고, ESIT의 번역학자들은 이러한 주제에 자신들의 입장을 고수하고 있는 것 같다(Déjean Le Féal, 2002; Israël, 2002b; Laplace, 2002 참조). 사회학적 요인으로 설명될 수 있는 이러한 입장, 즉 주로 번역학의 독자성을 확인하고자 하는 이러한 그들의 의지는 번역학 커뮤니티 내의 전체 학자들이 동의하고 있는 것은 아니다. 예를 들어, 최근에 이르러 많은 번역학자들이 언어 텍스트적, 화용론적인 측면에 굉장한 흥미를 느끼고 있으며, 번역학에 적용 가능한 학문인 코퍼스 언어학에도 많은 관심을 보이고 있다(Meta(1998), 43(4) 참조. 특히, 이에 대한 보편적인 문제에 관해서는 본고의 뒷부분 참조).

다가올 미래에는 더욱더 기술 언어학의 장점들을 재발견할 수 있을 것이며, 대조 언어학적인 관점에서 번역가들이 부딪히는 문제들을 더 잘 파악하기 위한 범주와 분석 도구를 활용할 수 있을 것이다. 이는 특히 학생들이 출발 텍스트를 분석하고 도착 텍스트로 재표현하는 데 더욱더 도움을 줄 수 있을 것이다(학생들에게 언어 간 차이를 인식하게 하는 것은 대다수 대학의 교육적 목표의 일부이다. — 예를 들어, Hurtado Albir, 1996 참조). 이러한 도구들은 특정 언어들 간의 번역(예를 들어, 프랑스어-영어 번역, 이태리어-스페인어 번역, 스페인어-이태리어 번역 등)에서 제기된 문제들을 연구하는 데 특히 유용하다. ESIT의 학자들은 텍스트의 의미를 추출하여 보편적인 메커니즘과 관련된 다른 언어에서 이를 재표현할 것을 주장하면서 언어적 측면에서 번역 문제를 연구하는 모든 관점들을 다 거부하고 있다. 하지만 이러한 특정 언어들 간의(영어-독일어, 스페인어-프랑스어, 영어-프랑스어 등) 번역 교육 교재가 계속해서 출간되고 있으며, 관련 저자 중에는 현대 번역학계의 저명한 학자들도 있다(기능주의자들로는 Hansen, 1995; Schäffner, 2001; Adab, 1996). 결론적으로 번역학자들은 번역 방식의 기반이 되는 이해-재표현의 연속선상에서 보편적인 규칙을 일반적으로 수용하고 있기는 하지만, 기술적인 측면에서 언어학적 메커니즘을 설명하고 분석하는 연구에도 지속적인 관심을 표명하고 있다.

과학적인 관점에서는 자료를 상세히 분석하고 기술하는 것이 이론화의 선결조건이므로 이러한 관점에서 볼 때, 번역학 연구에서도 언어학적 분석이 더 명확해 보일 수 있다. 특히 ESIT 학자들의 거부 반응과 번안과 작문 교육 방식의 문제에서는 이러한 언어학적 분석 연구 내에서 하나의 돌파구를 찾을 수 있을 것이다. 번역학에서 코퍼스 언어학적 분석은 번역가들이 의미 발췌 방식과 재표현에서 겪게 될 수 있는 문제들을 더 잘 확인하고 분류하는 데 활용해 볼 수 있다. 예를 들어, 학생들의 경우, 언어 간섭 현상이나 관련 언어 내에서의 언어적 제약으로 인해 산출된 정보 등을 확인하는 작업을 통하여 부딪칠 수 있는 난관을 피하거나 극복할 수 있다. 그리고 이를 통해, 어떤 글쓰기 혹은 말하기 방식이나 어떤 정보는 특별한 의도를 드러내는 것이 아닌 한, 언어나 문화 내에서 특수하다는 것을, 그리고 학생들이 더 효율적으로 "탈언어화" 할 수 있도록 도움을 줄 수 있다는 것을 그들에게 보여 줄 수 있을 것이다.

6. 행위로서의 번역과 번역 규범

번역 학습과 교육에 관한 논의에 적합한 현대 번역학 사상의 근본적인 성격은 **행동**을 의미하는 **행위**로서의 번역 개념이다. 우리는 원본과 번역본의 비교 분석 및 언어 시스템 간의 유사점과 차이점의 분석을 통해 이러한 행위를 수행해 볼 수도 있을 것이다. 하지만 이러한 개념의 주요 출발점은 지식이나 노하우, 인지 능력, 그리고 몇몇 제약이나 규범에 따라 행동하고 동기 부여를 통해 활발히 활동하는 행위자("행동하는"의 의미가 담겨 있는)로서의 번역가이다.

이러한 측면을 이론화한 번역학자는 "번역 행위"로서 번역학적 접근을 시도한 독일인 Justa Holz-Mänttäri이다. 수많은 번역 교육학자들이 채택한, 이와 동일한 관점의 Hans Vermeer의 스코포스 이론은 번역의 "기능주의적인" 관점의 일부로 정의되고 있다.

번역 행위로서 번역을 고려하는 또 다른 학자는 번역학 연구와 고찰의 중심에서 번역 규범들 중 사회학적인 규범을 고려한 Gideon Toury (1995)이다. 그는 절대적인 기준이 아닌 규범을 통해 번역을 정의했으며, 번역가는 개별적인 선택을 취하는데 대부분의 선택에서 자신이 거주하고 일하는 사회 내에서 통용되는 규범을 따른다고 언급했다. 즉, 번역가는 어떠한 선택에 앞서, 이데올로기적, 정치적, 종교적 요소들에 따라 전략을 짜고, 결정을 내리게 된다는 것이다. 더 지엽적으로는, 봉급자로 일하거나 독립적으로 일하는 번역가인 경우에는 번역 계약을 의뢰하는 회사의 서면 심리나 내규 형태의 규범들을 따른다는 것이다. 프랑스나 퀘벡의 정부 단체에서는 번역에서 특정 신문사가 특정 독자에게 적합한 스타일을 요구하거나 특정 고객이 가능한 한 원문의 형태에 따라 엄격하게 재생산하는 것을 요구하는 경우, 프랑스어로 등가어가 존재한다면, 언어의 "순수성"을 따르기를 권장하고 있으며, 모든 영어 차용어의 사용을 금하도록 애쓰고 있다. Gedeon Toury가 표방하는 DTS(기술론적 번역학, Descriptive Translation Studies)학파는 역사의 여러 시기 및 사회 내에서 번역 행위에 잠재되어 있는 규범들을 찾고 분석하는 데 노력하고 있다.

7. 자국화와 이국화

현대 번역학에서는 한 언어 텍스트에서 다른 언어 텍스트로 객관적인 변환을 보증하는 투명한 번역가의 신화가 유명무실해지고 있다(Venuti, 1995). 또한 현대 번역학적 관점에서는 번역학자 또는 번역 독자가 속한 국가나 언어 공동체의 거시 사회학적인 수준과 그가 속한 계층인 미시 사회학적인 수준을 고려하며, 특히 더욱 강력하고 명망 있는 것으로 간주되는 문화권(대개는 식민지화하는 강대국들의 문화) 내의 번역 규범들을 더 취약하거나 지배받고 있는 문화권 내의 번역 규범들과 비교 분석한다. 미국인 Lawrence Venuti가 주장하는 흥미로운 가정에 따르면, 취약한 문화권에 속한 원문 텍스트들을 강한 문화권의 언어로 번역하는 경우에는 "자국화"의 경향이 있다. 즉, 강한 문화권에 속한 독자들에게 자연스러운 방식으로 작성하는 것이다. 반면에 강한 입지의 문화에서 생산된 텍스트를 더 취약한 문화의 언어로 번역하는 경우에는 출발 텍스트의 언어문화적 특성들을 유지하는 방식인 "이국화"의 경향이 있다. 이러한 가정은 여러 번역물들을 통해 확인해 볼 수 있는데, Venuti는 특히 그중에서도 일본의 경제적인 부흥과 더불어 일본인의 시각에서도 이러한 이미지가 각인됨에 따라, 이국적인 번역구절들을 자국화하는 번역으로 전환했던 1970년대 일본의 사례(Furuno, 2002)를 들고 있다. Venuti는 이론을 통해 그의 가정을 주장하기보다는 이데올로기적 여러 요인들에 기반한 자신의 견해를 통해 이러한 현상을 비난하였다.

8. 문화적 전환(cultural turn)

L. Venuti의 이러한 관점은 흔히 "문화적 전환"으로 간주되는 연구의 일부로, 번역의 관심사가 등가, 충실성, 언어 차이와 같은 테크닉상의 개념을 넘어 더 전반적인 방향으로 전환했음을 의미하는 것이기도 하다. 캐나다인 여성 번역학자인 Sherry Simon(1996)에 따르면, 번역은 단순한 전이가 아닌 진정한 창조적 산물이며 사회 내의 전체 담론과 텍스트상의 "의미를 배포하는 것"이다. 이와 동일한 관점의 다른 여러 학자들은 사회 정치 영역에 통합되어 능동적인 역할을 수행하는 번역을 강조하고 있다. 즉, 그들에게 번역은 넓은 의미에서는 정치적 담론이며, 특히 탈식민주의 상황에서는 역사, 정치, 이데올로기, 정체성을 관찰하기 위한 도구나 프리즘인 것이다. 몬트리올의 Concordia 대학의 Paul Bandia(2000)는 식민지 지배를 당하는 원문 텍스트의 문화에 번역이 미치는 영향력에 관심을 기졌는데, 그에게 유럽권 내의 아프리카 작품들은 그 자체로 번역물이었다.

이러한 연구들의 일부는 이데올로기적 담론과 관련되며, 다른 일부는 언어, 텍스트, 화용론적인 개념을 따온 언어학, 비교문학, 사회학과의 교차된 학제 간 성격에 기반을 둔 경험적인 연구를 수반한다.

9. 번역 과정에 관한 연구

번역가는 규범과 선호도에 따라 번역을 수행하는데, 이러한 그의 행동은 개인적인 차원에서 특히 인지 활동과 관련된다. 지난 20년간 번역학의 주요 연구 축은 번역에 개입되는 인지 과정 연구였다. 회의 통역 연구에서 이러한 연구가 1960년대부터 수행되었는데, 약 10년 전부터 인지심리학과 다른 인지 과학에서의 방법 및 이론이 이 연구에 크게 기여함으로써 연구의 주요 방향이 형성되었다. 번역에 관한 연구에서 이에 관해 처음으로(주요) 활용한 방법은 번역가의 뇌에 존재하는 "블랙박스"의 미스터리를 파악하기 위한 사고구술법(TAP, Think Aloud Protocols)이었다. Ericsson과 Simon(1982)의 심리학 연구에서 가장 처음 시작된 이러한 방식은 H. P. Krings(1986)의 번역학 연구에서 활용되었고, 그 후, W. Lörscher(1986)와 다른 연구자들, 특히 독일과 핀란드의 학자들(Tirkkonen-Condit, 1991; Kiraly, 1995; Tirkkonen-Condit and Jääskelänien, 2000)이 이 방법을 사용했다. 이는 번역가에게 번역을 하면서 그들이 생각한 것을 소리 내어 말하게 하는 방식으로, 관련 연구들은 현재 많은 연구자들에게 번역 전개에서 번역가가 결정하는 방식, 부딪히는 어려움들, 텍스트를 이해하는 방식 등에 관한 주요한 정보들을 제공하고 있다. 방법론적인 측면에서 이러한 접근은 간과할 수 없는 여러 가지 단점 또한 지니고 있는데, 이 중 다음 두 가지 단점은 여러 책에서 언급되고 있다. 첫째, 이러한 말하기 방식은 인식하면서 수행해야 하므로 자동적으로 이루어지는 번역 활동은 배제될 수밖에 없으며, 특히 인지 활동의 주요 부분은 자동적으로 이루어진다는 사실에 기초하여 생각해 보면 번역 과정에서 번역가의 부분적인 이미지만이 드러나게 된다.

둘째, 번역하는 순간에 이루어지는 구두 표현은 번역 간섭 현상을 통해 이루어질 수 있다. 또한 번역가는 정확한 상황에서 이루어지는 것처럼 보이는 번역 과정에서 거짓된 이미지를 보여 줄 위험이 있는, 겉으로 드러나지 않은 과정들을 변경할 수도 있다.

세 번째 단점은 번역가가 계속해서 말을 하다 보면 당면한 문제에만 집중하게 되고, 주요한 정보들은 손실될 수 있다는 것이다. 하지만 사고구술법을 통해 학습자-번역가와 전문 번역가 간의 몇몇 차이점들을 확인해 볼 수 있다. 예를 들어, 학습자는 "지엽적으로" 짧은 단락만을 번역하는 경향이 있으며, 텍스트를 읽어 가며 부딪히는 문제들을 해결하는 데 상당한 시간을 소비한다. 반면 전문 번역가들은 전체적인 텍스트 기능에 관해 정보를 얻기 위해 일정 시간을 소비하며, 지엽적인 문제를 해결하는 데 학생-번역가보다 시간이 더 적게 걸린다. 이러한 사고구술법 방식 기반 연구 덕분에, 과학적 번역 연구의 중심에 번역 전략이라는 개념이 도입되었다. 어떤 학자들은 번역 전략을 임무를 수행하는 번역가의 일반적인 접근으로, 다른 학자들은 번역 문제에 직면할 때 취하게 되는 지엽적인 결정으로 정의하고 있다. 차후에 그 이유를 설명하겠지만, 번역학에서 과학적 연구가 시작될 때부터, 전략 연구는 회의 통역 연구자들의 주된 관심사가 되어 왔다.

번역 과정 연구를 위한 또 다른 방식은 번역 시기에 관한 정확한 표시를 통해 원문 텍스트의 이해와 번역문의 수정, 휴지 기간 등을 기록하는 소프트웨어를 활용하는 것이다. 이와 관련된 연구들은 Translog(트랜스로그)로 불리는 특정 소프트웨어를 기반으로 코펜하겐에서 시행되었다. 예를 들어, G. Hansen은 시간에 제약을 두는 집단과 두지 않는 집단 두 그룹으로 나누어 번역을 수행하게 하면서 번역에서 시간적 압박감에 관한 실험을 시행하였다(Hansen, 1998, 1999, 2002a 참조). 번역 과정에 관한 여러 방식들의 한계를 인식했던 Hansen은 삼각측량법을 주장했는데, 이는 결과의 신뢰도를 높이고 일치와 차이를 파악하기 위해 한꺼번에 여러 방식들을 활용하는 것이다. 현재 몇몇 연구자들은 특히 학생들의 번역 과정에 대한 연구에서 다른 여러 방식으로 회고하는 형태의 실험을 시행하고 있다(Fox, 2000; Hansen, 2002c; Gile, 2004).

10. 번역의 보편적인 특성들

번역의 언어, 문화적인 특수성 이외에도 번역학자들의 관심사는 관련된 각 언어들과는 독립적으로 번역에 고유한 성격을 반영하는 경향들, 즉 번역의 "보편성"에 점차적으로 중점을 두고 있다. 그중 한 가지는 Shoshana Blum-Kulka(1986)의 번역문의 명료화에 관한 가정 연구로, 그는 번역문이 원문보다 더 명료한 경향이 있음을 주장하였다. 또 다른 번역의 보편적인 특성에 관한 가정은 저자보다 번역가가 독창적인 표현을 더 적게, 그리고 표준화된 규범을 더 자주 사용한다는 번역의 언어적인 표준화이다. 세 번째로 고려되는 잠재적인 번역의 보편성은 재번역에 대한 가정으로, 동일한 텍스트의 2차 번역이 1차 번역보다 덜 자연스러운 경향이 있다는 것인데, Mauranen과 Kujamäki(2004)은 이 주제와 관련된 첫 번째 논문 모음집을 출간했다.

11. 번역 품질 연구와 평가

Holmes가 번역학 분야별 개념 표에서 번역 비평을 응용 번역학의 하위 분야로 간주했듯이, 번역 비평은 대개 문학번역에 관한 번역학 문헌의 일부로 여겨져 왔다. 정보 텍스트 번역과 교수법에서, 이는 "비평"이라기보다는 오히려 정확한 요구 사항(번역의 장·단점을 확인하고 상대적으로 신뢰성 있는 평가를 위해 가중치를 부과하는)을 지닌 평가이다. 통역 분야에서 여러 학자들은 평가 도구의 개념화(Gile, 1983, 2003)부터 다수의 경험 연구에 이르기까지 상당한 노력을 기울여 왔다(예를 들어, Bühler, 1986; Kurz, 1989; Gile, 1990; Meak, 1990; Marrone, 1993. 또한 Collados Aís and coll., 2003에서 여러 문헌들과 종합적인 설명 등을 참조). 통역에서 이러한 품질 평가는 대부분의 경우, 통역 서비스 사용자의 기대를 측정하는 설문지나 인터뷰를 통해 시행되었다. 통역 생산물, 즉 도착 담론의 직접적인 평가 또한 종속 변수를 통역 서비스 품질로 간주하는 통역의 여러 측면에 관한 연구에서 이루어지고 있다. 예를 들어, 화자의 발화 속도, 통역사의 경험, 출발어-도착어의 짝 등 여러 변수들이 통역 생산물에 미치는 효과에 관한 연구들이 수행되어 왔다.

현재 번역 품질 평가 연구에 대한 관심사는 이보다 더 적다. Hannelore Lee-Jahnke의 지휘로 2001년에 출간된 Meta 46(2)의 특별 호에서는 "평가 변수, 방법, 교육적 측면"을 주제로 다루었는데 이것은 이 주제에 관한 소수의 논문 모음집 중 하나이다. 이 중 11편의 논문들은 번역 품질 평가에 관한 것이며, C. Waddington(2001)의 경험적인 연구(2학년 학생들의 번역 시험 결과 평가에 관한 연구)를 제외한 다른 논문들은 개념적인 성격의 연구이다. 즉, 경험적인 연구는 극소수에 불과하다. 주목할 점은, 통역의 경우와는 달리, 번역 평가에서 번역학자들이(일부 예외들, 특히 번역 사무소의 영업부 책임자인 Ørsted(2001)를 제외하고) 수신인들의 반응보다는 번역 생산물의 평가에 더 중점을 두고 있다는 사실이다.

번역이든 통역이든 간에, 품질 평가는 평가자마다 다른 반응과 관련된 문제에 직면할 수 있다. 한국 학생 166명을 대상으로 TV 통역에 대한 인식을 연구한 김신자(2004)에서는 그들 중 약 30%의 학생들만이 이에 관해 긍정적 혹은 매우 긍정적인 반응을 보였고, 조금 덜 긍정적인 학생들은 50%, 부정적, 혹은 매우 부정적이라고 응답한 학생들은 약 24%였다. 이러한 차이의 일부는 수신인들이 따르는 규범의 차이와 관련되어 있다. 언어적인 측면에서, 특히 평가자에게 번역을 소개하는 경우(예를 들어, 번역 수업 시간에 -7장 참조), 일반적인 어휘의 단어 사용과 문장 구조 및 표현의 수용 가능성에 관해 동일한 언어의 모국어 화자 간에도 빈번하게 차이점이 드러난다는 사실을 확인할 수 있다. 또한 충실성에 관한 판단은 서로 대립될 수 있다(예를 들어, 통역에 관한 Gile, 1999 참조). 또 다른 문제는 언어적 차원이든 충실성의 차원이든 간에 관련 규범에 어긋나는 부분들을 감지하는 평가자의 감수성과 연관이 있다 (Gile, 1985b, 1995c).

실험 구성을 달리함으로써 이러한 차이점들을 줄일 수는 있겠지만, 이로 인해 대개 연구의 타당성은 약화될 수 있다. 왜냐하면 오류 검색이나 확인만을 추구하는 평가자들의 반응은 실제 현장에서 번역을 활용하는 사람들의 반응과 일치하지 않기 때문이다.

12. 통역에서의 번역학

대다수의 연구자들이 말이나 글쓰기를 통한 번역을 주로 연구해 왔고, 통역의 특수한 성격과 차이점에만 주로 관심을 가졌기에 초기 번역학자들은 통역 연구를 인정하지 않았다(일부 학자들은 여전히 인정하지 않고 있다). 이전에도 많은 학자들이 글로 작성된 번역의 경우, 번역 가능성, 충실성, 등가, 번역이 사회에 미치는 영향력 등에 관심을 가지고 있었으며, 대다수의 문학 작품과 성경으로부터 시작하여 몇몇 주요 번역 작품들을 통해 이러한 의문점들을 풀어나갔다. 통역은 텔레비전에서 방영되는 대부분의 사건들을 제외하고는 소수의 청자에만 영향력을 미치는 것으로 제한된, 기억에서 점점 잊히는 현상이므로(1960년대 이래로), 번역과 동일한 가시성을 가지지 않으며 통역 생산물의 평가에서도 번역과 동일한 가능성을 지니고 있지 않다. 통역 연구자들은 특히 회의 통역에서 훌륭한 통역 비법을 파악하고자 통역 과정에 주된 관심을 두고 있다. 통역 연구자들과 번역 연구자들 간의 교류는 유럽 번역 연구 협회(EST, European Society for Translation Studies) 활동과 Louvain의 가톨릭 대학교의 José Lambert가 창시한 번역학 박사 과정, 국제 교육 프로그램인 CERA(이후, CETRA로 명칭이 바뀌었다.)에 여러 통역 연구자들이 적극적으로 참여함으로써 1990년대부터 시작되었다. 그 이후로도 계속해서 이러한 교류는 강화되고 있다. 현재 대부분의 번역학자 회의에 통역 세

션이 있으며, 수많은 번역학 박사 과정의 교육에 통역가들이 참여하거나, 통역의 측면이 수용되고 있다. 또한 번역과 통역을 연구하는 학자들은 여러 다른 분야, 특히 번역 이론과 연구 방법론에 상호 공조하고 있다(Schäffner, 2004, 이러한 공조에 관한 논문 모음집 참조).

통역에서의 번역학은 1950년대와 60년대에 통역가라는 직업에 관한 고찰과 실질적인 교재에 기반한 직업적인 측면에 중점을 두면서 시작되었다. 그 후 약 10년간 몇몇 인지학자, 심리학자, 심리 언어학자들이 특히 통역에서 제기되는 담화의 생산 문제와 무거운 인지 부하와 관련된 동시통역의 메커니즘 탐구에 관심을 기울였다. 초기의 연구자들은 특히 원본 담화와 통역가의 담화의 시간적 간격에서, 듣는 즉시 도착어로 발화해야 하는 동시성을 줄이고자 화자가 멈추는 동안 통역가가 취하는 행동에 흥미를 가졌다. 그 후, 약 15년간의 주요 흐름은 ESIT의 Danica Seleskovitch의 추진으로 몇몇 통역 교수자들이 통역에 번역학적인 관심을 보인 것이었다. 1970년대 말, 그녀의 명성은 이러한 연구에 굉장한 활력을 불어넣어 주었다. 하지만 80년대에 이르러 이러한 현상은 저하되었고, 1990년대 초반에 통역사인 Laura Gran과 신경 심리학자인 Franco Fabbro의 주도로 이 분야에 관한 실험에 의거하여 통역 과정에서 모든 세대의 학생들에게 학제 간 연구를 도입한 Trieste 대학의 통번역 학교의 활약으로, 통역 연구는 전환점을 맞이하게 되었다. 이러한 부흥의 움직임은 약 15년 전부터 다른 여러 나라들, 특히 핀란드, 스페인, 일본, 독일, 그리고 최근에는 중국(Zhong, 2000; Cai, 2002)과 한국으로 확대되었고, 관심의 폭도 넓어지고 있다. 예를 들어, 회의 통역 과정, 도착어 담화의 언어적 특성, 교육, 품질, 통역 역사, 사회 논리학적 문제, 법정 통역, 공공 서비스 통역, 미디어 통역 등을 들 수 있다. 동유럽에서는 특히 소련과 체코슬로바키아의 경우, 통역에 관한 학제 간, 그리고 경험적인 연구가 끊임없이 수행되고 있다(Gile, 1995b; Pöchhacker and Shlesinger, 2002; Pöchhacker, 2004). 하지만 서구에서는 이를 인정하지 않았다.

13. 번역 교수법에서의 번역학

전문적인 측면에서 번역 교수법에 관한 번역학은 교수자들의 경험과 아이디어 교환을 통한 교육 프로그램, 번역 문제, 번역 연습 등의 분석과 서술의 형태를 띠고 있다. 과학적인 측면에서 번역 교수법 연구는 교육 방식과 평가, 학생-번역가의 지식 및 노하우 향상에 관심을 두며, 입학 시험, 졸업 시험, 통과 시험을 검토하는 작업과 관련되므로 응용 연구에 속한다. 하지만 현재 이러한 과학적인 측면의 관련 연구들이 상대적으로 미약한 편이다. 몇 가지 예외로는 번역 능력을 연구하는 스페인의 PACTE그룹을 예로 들 수 있다(예를 들어, Beeby, 2000; Orozco, 2000 참조). 약 20여 년 전부터, 번역 교수법에서 이론화하는 연구(특히, 스코포스 이론과, 독일에서 시작하여 그 후 다른 나라들에서도 수행된 또 다른 기능주의 형태의 이론들)가 증가했다. 이러한 번역학적인 측면에서의 경험적 연구의 핵심은 서로 다른 수준의 학생들과 전문 번역가들 간의 번역 전략 연구와 번역 능력 비교였다. 교육 방식에 관해서는(이에 관해서는 많은 저시들이 있다.) 경험적 연구를 통해 평가되고 있지 않다(물론 Sawyer, 2001처럼 예외도 있다.)

번역 교수법에 관한 수많은 출판물에서 1980년대 중반 이래로 번역학자이자 교수자들이 동조하는 견해 중 하나는 대학 번역에서 언어적 방식만을 따르는 번안 및 작문 교수자들과 자신들이 구분되어야 한다는 점이다. 이에 관해서는 1장과 7장에서 이미 설명하였다.

14. 학제 간 연구

이번 장의 초입에서 이미 언급했고, 지금까지의 분석을 통해서도 명확하게 알 수 있듯이, 번역학은 학제 간 학문이다. 관련된 지식이나 적합한 방법론의 방식, 논의된 문제들에서 번역학의 범위는 매우 넓다. 즉, 번역학은 사회학, 언어학, 인지심리학, 신경언어학, 역사, 비교 문학, 철학, 교육 공학 등과 관련될 수 있다. 연구 대상이 번역인 경우를 제외하고 번역학의 하위 공동체 내에서 공통분모를 찾기란 어렵다. 번역학자, 그리고 관련된 분야의 연구자들조차도 번역학을 별도의 학문으로 간주할 수 있는지에 관해 지속적으로 문제를 제기하고 있다. 자신의 전공에 기반하여 번역에 관심을 지니는 언어학자들, 사회학자들, 심리학자들, 역사가들, 비교문학과 철학 전문가들도 있지 않는가. 사회적인 측면에서, 몇몇 통역 연구자들은 저명한 심리학자들의 인정을 받고 싶어 한다. 이러한 열망은 특히 그들이 자신의 연구와 관련된 다른 적합한 분야는 무시한 채, 심리학 연구에서만 절대적으로 혹은 거의 대부분 가져온 인용문들이나, 분석을 충분히 하지 않고서 심리학 방법들을 채택한 사실에서 알 수 있다.

다른 분야와는 독립적으로 학문의 정립이 가능한지에 관한 번역학의 독자성 여부는 사회적, 제도적 요소들, 그리고 이에 관한 본질적인 문제들과 관련되어 있다. 번역학은 현재 크게 확장되고 있다. 새로운 번역 교육 프로그램이 수많은 나라에서 출현하고 있고, 이미 존재하는 프로그램들도 과거보다 더 대학 시스템에 통합되고 있으며, 관련된 특정 직책도 증가하고 있다. 따라서 과거에는 생각지 못했던, 대학에서 번역학 분야와 관련된 직무를 맡을 가능성이 열리게 된 것이다. 게다가 번역학의 국제적인 성격으로 인해 다수의 젊은 연구자들이 번역학에 많은 관심을 갖게 되었고, 이를 통해 "번역학 분야의 연합(이러한 연합 아래 서로 다른 하위-공동체들이 제도적으로 공통의 인프라를 활용하면서 각자 자신의 길로 나아갈 수 있게 되었다.)"이 강화되었다.

필자는 번역학 연구 내 인용문 분석 방식이 유효한지에 관한 연구와 관련하여 유럽 번역 연구 협회 회원들(EST, European Society for Translation Studies)을 대상(모든 대륙에 걸친 회원들을 대상으로)으로 2004년 1월부터 3월까지, 1990년대 이래로 번역학 분야에서 가장 영향력 있는 6인의 학자는 누구인지에 관한 설문 조사를 시행하였다(결과 분석은 준비 중에 있다). 65명의 참여자들은 몇몇 주요 학자들만을 응답하였는데, 1위는 이스라엘인인 Gideon Toury(75%)였고, 그 다음으로는 독일인인 Christian Nord(51%), 미국인인 Lawrence Venuti(49%), 영국인인 Mona Baker(42%), 독일인인 Hans Vermeer와 미국인인 Eugine Nida(28%) 순이었다. 이러한 네 국가의 주요 학자들 6인은 5개의 서로 다른 학파로 구성되어 있다(Vermeer와 Nord는 동일한 기능주의자의 패러다임을 지향한다). 하지만 모든 나라, 모든 패러다임, 모든 경향이 혼종 되어 있는 38%에서 75%의 응답률에 해당되는 번역학자들은 이러한 6인의 학자들을 번역학계에 가장 영향력 있는 인물로 간주하고 있었다.

즉, 이러한 결과는 "기술적인" 측면에서 이질성이 존재하긴 하지만, 번역학 또한 충분히 강한 독자성을 지닐 수 있다는 것으로 해석할 수 있다.

번역학에서 학제 간 연구는 다음과 같은 두 부문에서 문제가 제기될 수 있다. 첫째, 관련 분야에서 얻은 지식과 노하우를 활용하기를 바라는 번역학자들은 일반적으로 이와 관계된 패러다임(특히, 실험적인 연구들) 안에서 연구 시행을 위해 필요한 교육을 받은 적이 없다.

둘째, 번역학과 관련된 분야들은 대개 사회적인 측면에서 번역학의 입지보다 더 높은 위치를 점하고 있기 때문에 번역학에 별로 관심이 없으며, 번역학에 관심을 두는 경우는 주로 고유한 분야 내에서 번역학을 수행하는 경우이다. 이러한 연구에서는 주로 번역학자의 문헌들을 인용하지 않는다는 점에 비추어 보면, 이는 명백한 사실인 듯하다. 번역학자들의 교육을 통해 이러한 문제를 해결할 수 있다고 생각한다.

15. 번역학, 번역 교수법과 번역의 실제

일반적으로 기초 연구의 기능은 연구 대상을 더 잘 알리는 것이며, 응용 연구의 목표는 이에 필요한 지식들을 통해 기초 연구를 증진시키는 것이다. 따라서 원칙상으로 보면, 번역학자들의 근본적인 역할은 가장 나은 번역 지식을 창출하는 데 기여하는 것이며, 번역 교수자와 번역가들은 이러한 지식을 활용하여 번역 및 교육 방식을 개선해야 할 것이다. 또한 이론상으로 생각해 보면, 연구자들과 교수자들, 실제 번역가들은 좋은 관계를 유지해야 할 것이다. 하지만 실제로는, 실무 번역가들은 일반적으로 이러한 관계에 무관심하고, 번역학자나 번역학 분야에서 대다수의 비율을 차지하는 번역 교수자들은 이러한 관계를 무시하거나 심한 경우 적대적이기까지 하다(예를 들어, Wills, 1991: 146; Baker, 1992: 3; Danaher, 1992; Hönig, 1995: 14; Chesterman, 1997: 3, 150; Robinson, 1997a: 175~176; Cruces Colado, 2000: 202; Bush, 2002: 294~296).

이러한 문제들을 어떻게 설명할 수 있을까? 사실 번역학계에서 이러한 상호 적대적인 관계에 반대하는 학자들은 번역가들이 자신의 작업을 수행하기 위해 구체적으로 활용할 수 있는 많은 번역학 연구의 결과들이 지금껏 도출되지 못했다는 사실에 이의를 제기하며 비난하고 있다. 이는 다음과 같이 쉽게 설명해 볼 수 있다

먼저, 현재까지 번역과 관련하여 수행된 경험적 연구 논문 모음집이 거의 없다는 사실을 들 수 있다. 사실, 이론을 확인하고 새로운 지식을 창출하기 위해 경험적인 연구는 필수불가결하다. 이러한 연구가 없다면, 단순히 생각에만 머물러 있는 것인데, 사실, 생각을 평가하기란 어렵다. 더욱이, 이러한 생각들은 연구자들의 전유물이 아니다. 외국의 번역 교수자나 번역가와 번역에 관해 이야기해보면 알 수 있듯이, 그들이 저명한 이론에서 영감을 받지 않았어도, 그들 또한 우리가 관심을 기울여야 할 다른 여러 아이디어가 있다. 사실, 수많은 변수(텍스트 유형, 출발어, 도착어, 출발 텍스트의 개념 및 작성 품질, 도착 텍스트 수신인 그룹의 성격, 번역가 품질, 납기일, 참조 자료 여부, 고객의 지식 등)와 여러 다양한 상황은 번역 결과물을 변경시킬 수 있는 요인들이므로 번역가가 부딪힐 수 있는 많은 어려움들을 증폭시킬 수 있다. 또한 앞서 언급했듯이 경험적인 연구에 관한 논문 모음집이 거의 없다는 사실은 더욱더 장애 요인이다.

이러한 기술적인 문제뿐만 아니라, 두 부류의 번역 교수자들 간의 사회적인 문제 또한 제기해 볼 수 있다. 첫 번째 부류는 언어나 언어학 교육을 받은 교수자들로, 연구나 출간에서 그들만의 관행이 있는 대학교 교수자들이다. 두 번째 부류는 전문 번역가들로, 자신의 번역에 대한 확신을 가지고 있으며, 대학 교수자 집단에 관한 불신을 지니고 있다. 어떤 전문 번역가들은 대학의 이론들이 단순하고 잘 알려진 생각들을 복잡한 단어들로 미화하여 표현한 것이며 상아탑에 갇혀 존속되고 있는 그릇된 생각이라 여긴다. 또한 그들은 이러한 이론의 저자들이 실무 번역자도 아니면서 그들에게 충고를 하고 있음에도 불구하고, 박사 논문이나 기타 출간물에서 소개되어 대학 내에 그 저자들의 명성이 형성된 것에 불만을 느낄 수도 있다.

이러한 문제는 사회적 측면과 관련되는데, 번역 실제에서는 번역학이, 교수자에게는 교육공학이, 외국어 교수자에게는 언어학과 언어심리학이, 정치가에게는 정치학이, 경제학자에게는 경제학이 도움이 된다는 사실과 별반 다르지 않다. 이 모든 분야에, 여러 견해와 이론들, 다소 경험적인 연구들이 존재하는 것은 사실이나, 교수자, 외국어 교수자, 정치가, 경제학자가 자신들의 개인적인 경험이나 직관에 기반하여 취할 수 있는 결정보다 더 나은 결정을 할 수 있도록 이끌 수 있는 과학적으로 타당한 연구 결과물들이 현재 많은가? 사실, 실무 번역가들 중에는 번역학과 관련된 대학의 여러 학문들을 적대시하거나 이에 관심이 없는 사람들도 있는데, 번역학만큼 이러한 특징이 현저히 드러나는 분야도 없을 것이다. 이러한 현상은 구체적인 과학적 결과물과는 관계없이 번역학과 관련된 학문의 사회적인 수용 가능성 여부와 관련된 것일 수도 있다. 또한 실무 번역가들은 실제적인 가치를 지닌 연구 결과들을 기대할 수도 있을 것이다.

하지만 번역학에서 이러한 사회적인 문제가 완화되고 있는 것 같다. 점차 증가하는 전문 번역 교육 프로그램에서 졸업 논문 방안이 도입되고 전임 교원 선발에서도 더 상급 학위증, 대개 박사 학위가 요구되면서 전문 번역이 점차 대학 번역에 다가가고 있다. 그 결과, 번역 실무자들도 교육 초반부터 이론과 연구들을 접하게 되면서 이를 더욱더 받아들이고 있고, 번역 실무자겸 교수자가 연구자인 비율도 점차 증가하고 있다.

16. 결론

번역학은 번역에 구체적으로 어떠한 도움을 줄 수 있을까? 이번 장에서 정의한 직업적인 측면의 번역학은 이와 관련된 모든 측면에서 전문가들의 생각 및 전문가들 간의 상호 관계와 같은 실제적인 차원에 속한다. 예를 들어, 실무 번역가들은 번역 환경, 방식, 문제, 해결책 등에 관한 분석, 기술, 견해 등을 서로 교환함으로써 시야를 넓힐 수 있고, 다른 번역가들의 생각과 경험으로부터 영감을 얻을 수 있으며, 번역에 관한 공통된 관심사를 발전시키고자 함께 전문적인 계획을 조직할 수도 있다. 번역가 커뮤니티 내에서는 이러한 직업적인 측면의 번역학 존재 여부 문제가 제기되지 않고 있다.

직업적인 측면의 번역학과는 달리 대학 차원의 번역학이 실질적으로 어떠한 도움을 줄 수 있는지를 파악하고 평가하는 것은 더 어렵다. 과학적인 이론이나 연구 없이도 번역가가 될 수 있으며, 의사에게 제시되는 의학적 연구 지식처럼, 엔지니어에게 제시되는 수학, 물리학, 그리고 기술적인 연구 지식과 같이, 법조인에게 제시되는 법학 연구의 지식만큼 번역학은 번역가에게 필요한 지식을 가져다 줄 수밖에 없다. 하지만 현재로서는 이미 수행된 경험적인 연구 결과들, 이론들, 생각들만이 교수자와 학생들에게 몇몇 현상들을 설명하기 위한 방향을 제시해 주고 있을 뿐이다. 예를 들어, 독일의 기능주의 개념은 유럽의 수많은 번역 교수자들에게 큰 각광을 받고 있다. Schäffner와 Wiesesmann(2001: 21)는 이러한 기능주의 이론이 번역가들에게 정해진 교육보다는 그들이 지엽적인 문맥뿐만 아니라 상황과 거시적인 차원에서 결정을 취할 수 있도록 이끌어 줄 수 있는 방향을 제시해 주며, 전문가로서 번역가 능력과 번역가의 책임감을 강조하고, 정해진 텍스트적 등가에 기반한 방식에서보다 더 많은 자유를 번역가에게 부여하고 있다고 언급하였다. 이와 마찬가지로, ESIT의 Danica Seleskovitch와 그의 제자들이 주장한 탈언어화 규칙(예를 들어, 회의 통역에서 탈언어화에 관한 설명과 발전에 관해서는 Seleskovitch, 1968; Seleskovitch and Lederer, 1989 참조)은 교수자들이 수업에서 대어역이 아닌 의미 번역으로 번역의 기본적인 방향을 정하기 위해 이를 수용하고 있는 것 같다.

마지막으로, 사회적 측면에서, 번역 관련 학문이 대학에 존재한다는 사실은 대학 교육을 필요로 하는 다른 직업의 지위와 견줄 만한 수준으로 번역가의 입지를 확고히 하는 데 기여할 수 있을 것이라고 생각한다(Anderman and Rogers, 2000). 더욱이 규범에 기반을 두고 교육과 시험을 실시하는 대학 교육은 번역 품질을 개선하는 목표를 수행하는 데 유용한 틀을 제시해 줄 수 있을 것이다.

|발문|

이러한 "가이드북"을 통해 번역 특성과 번역 교육에 관한 몇 가지 메시지를 잘 전달했기를 바란다. 필자가 본고에서 주장하는 메시지는 다음과 같이 여섯 가지 사항으로 요약될 수 있다.

1) (좋은 품질의) 번역은 언어적 형태를 띠지만, 본질적으로는 분석과 글쓰기 작업이며, 상당한 노력과 열의, 지식의 습득, 타당한 결정 등을 필요로 한다. 언어 지식은 이를 위한 전제 조건이긴 하지만 핵심 요인은 아니다. 그러므로 번역가는 지적 활동과 관련된 직업이다.
2) 번역은 중립적이지도 "투명"하지도 않다. 번역은 사회의 특정 관심사에 적합해야 하고, 사회적 힘의 영향을 받으며, 시행 중인 규범을 따른다.
3) 번역에서 "번역 가능성"과 "충실성"의 개념은 이와 관련된 번역 행위자들 간의 소통의 과정을 통해서만 납득될 수 있으며, 개념화될 수 있다.
4) 번역 교육은 번안과 작문 교육과는 다르지만 번안 교육에 별 무리 없이 통합될 수도 있다.
5) 번역은 의사소통 상황에서 일어나는 언어적 사실들의 관측소이다.
6) 번역에 관한 연구는 그 자체로 타당하다. 번역학은 학제 간 연구이지만 특정 방식과 문제들이 제기되기도 한다.

필자는 이러한 메시지에서 더 나아가, 이 책을 통해 학생들이 번역을 더 잘 이해할 수 있고, 교수자가 학생들이 번역하는 기쁨을 느낄 수 있도록 이끌 수 있는 몇 가지 유익한 팁을 얻을 수 있기를 바란다.

| 참고문헌 |

Ammour E., 2000, La révision comme outil de réflexion, dans Israël (dir), pp.55~82.

Anderson J., 1980, *Cognitive psychology and its implications*, San Francisco, W.H. Freeman and Company.

Antomarchi F., Castiel A., et Seyden E., 1986, *Pense…machine. Pour comprendre l'intelligence artificielle*, Paris, CESTA.

Baker M., 1992, *In other words*, London and New York, Routledge.

________ (ed), 1998, *Routledge Encyclopedia of Translation Studies*, London and New York, Routledge.

Ballard M., 1996, La traduction à yeux ouverts, dans Sewel P. & Higgins I. (réds), *Teaching Translation in Universities : Present and Future Perspectives*, London, AFLS/CILT, pp.67~87.

Bandia P., 2000, Social and Ideological Contexts of Translation and Translation Research I – Postcoloniality and the Search for New Avenues in Translation Studies, www.ccl.umist.ac.uk/events/conference/ideology1.htm.

Bassnett S., 1991, *Translation Studies*, London and New York, Routledge.

Beeby A., 2000, Evaluating the Development of Translation Competence, in Schäffner and Adab (eds), pp.185~198.

Beeby Lonsdale A., 1996, La traducción inversa, dans Hurtado Albir (ed). pp.57~78.

Blum-Kulka S., 1986, Shifts of Cohesion and Coherence in Translation, dans House J. and Blum-Kulka S. (eds), *Interlingual and Intercultural Communication: Discourse and Cognition in Translation and Second Language Acquisition Studies*, Tübingen, Narr, pp.17~35.

Bouderradji K., 2004, *Formation des traducteurs et réalité professionnelle: harmonie ou discordance ?* Mémoire de D.E.A., université Lyon 2.

Bühler H., 1986, Linguistic (semantic) and extra-linguistic (pragmatic) criteria for the evaluation of conference interpretation and interpreters, *Multilingua* 5:4, pp.231~235.

Bush P., 2002, Editing otherness and self: the task of the translator, dans Israël (dir.), pp.293~301.

Cai X. (ed), 2002, *Recent research into interpreting : new methods, concepts and trends* (en chinois), Hong-Kong, Maison d'édition Quaille.

Caminade M. et Pym A., 1995, *Les formations en traduction et interprétation. Essai de recensement mondial*, numéro spécial de *Traduire*, Paris, Société Française des Traducteurs.

Catford J.C., 1965, *A Linguistic Theory of Translation : An Essay in Applied Linguistics*, London, Oxford University Press.

Chesterman A., 1997, *Memes of Translation*, Amsterdam/Philadelphia, John Benjamins.

Cobley P. (ed), 1996, *The Communication Theory Reader*, London and New York, Routledge.

Collados Aís Á., 1998, *La evaluación de la calidad en interpretación simultánea. La importancia de la comunicación no verbal,* Granada, Editorial Comares.

______________, Fernández Sánchez M.M., & Gile D. (eds), 2003, *La evaluación de la calidad en interpretación: investigación*, Granada, Editorial Comares.

Cruces Colado S., Le choix des textes en traduction spécialisée, dans Gouadec (ed), pp.201~207, 2000.

Dahout J-C. et Quéniart C., 2000, De quoi un traducteur doit-il être capable ? dans Gouadec (réd.), p.42.

Danaher P., 1992, Deaf and blind – but not dumb: translation theorists, *Language International* 4:2, pp.15~16.

Dancette J., 1992, L'enseignement de la traduction : peut-on dépasser l'empirisme ? *TTR* 5:1, pp.163~179.

Datta J., 1991, The Role of Judgement in Translation, *Language International* 3:4, pp.15~18.

Déjean Le Féal K., 1978, *Lectures et improvisations. Incidences de la forme de renonciation sur la traduction simultanée (français-allemand)*, thèse de doctorat de 3e cycle, Université de la Sorbonne Nouvelle (Paris III), 195+A78 p.

________________, 2002, La ≪théorie du sens≫ au banc d'essai, dans Israël (réd.), pp.145~156.

Delisle J., 1980, *L'analyse du discours comme méthode de traduction*, Ottawa, Éditions de l'Université d'Ottawa.

________, 1992, Les manuels de traduction : essai de classification, *TTR* 5:1, pp.17~47.

Delisle J. et Lee-Jahnke H. (réds), 1998, *Enseignement de la traduction et traduction dans l'enseignement*, Ottawa, les Presses de l'université d'Ottawa.

Desblache L. (ed), 2001, *Aspects of Specialised Translation*, Paris, La maison du dictionnaire.

Dollerup C. and Appel V. (eds), 1996, *Teaching Translation and Interpreting 3, New Horizons*, Amsterdam/Philadelphia, John Benjamins.

Dollerup C. and Lindegaard A. (eds), 1994, *Teaching Translation and Interpreting 2, Insights, Aims, Visions*, Amsterdam/Philadelphia, John Benjamins.

Dollerup C. and Loddegaard A. (eds), 1992, *Teaching Translation and Interpreting, Training, Talent and Experience*, Amsterdam/Philadelphia, John Benjamins.

Durieux C., 1990, La recherche documentaire en traduction technique : conditions nécessaires et suffisantes, *Meta* 35:4, pp.669~675.

Ericsson K.A. and H.A. Simon, 1984, *Protocol Analysis. Verbal Reports as Data*, Cambridge, MA, MIT Press.

Even-Zohar I., 1978, The Position of Translated Literature within the

Literary Polysystem, in Holmes et al..

Feldweg E., 1980, Dolmetschen einsprachig lehren? Bericht über ein gelungenes Experiment, *Lebende Sprachen*, 25:4.

Fisher R., 1981, *Brain Games*, Royaume-Uni, Fontana Paperbacks.

Freihoff R., 1999, Curriculare Modelle, in Snell-Hornby et al., pp.26~31.

Froeliger N., 2004, *Felix culpa* : congruence et neutralité dans la traduction des textes de réalité, *Meta* 49:2, pp.236~246.

Furuno Y., 2001, Nihon no honyaku : henka no arawareta 1970 nendai (La traduction au Japon : les années 1970, années de changement), *Tsuuyakukenkyuu/Interpretation Studies* n. 2, pp.114~122.

Gambier Y. and Gottlieb H. (eds), 2001, *(Multi) Media Translation*, Amsterdam/Philadelphia, John Benjamins.

García Landa M., 1995, Notes on the espistemology of translation theory, *Meta* 40:3, pp.388~405.

García Yebra V., 1983, *En torno a la traducción*, Madrid, Gredos.

Gile D., 1983, Aspects méthodologiques de l'évaluation de la qualité du travail en interprétation simultanée, *Meta* 28:3, pp.236~243.

______, 1984a, *La formation aux métiers de la traduction japonais-français : problèmes et méthodes*, thèse de doctorat, INALCO, université Paris III.

______, 1984b, Le français des apprentis traducteurs : l'exemple des étudiants de l'INALCO, *Traduire* 84/III, pp.5~11.

______, 1984c, La logique du japonais et la traduction : un exemple, *Contrastes* n. 9, pp.63~76.

______, 1985a, De l'idée à l'énoncé : une expérience et son exploitation pédagogique dans la formation des traducteurs, *Meta* 30:2, pp.139~147.

______, 1985b, La sensibilité aux écarts de langue et la sélection d'informateurs dans l'analyse d'erreurs : une expérience, *The Incorporated Linguist* 24:1, pp.29~32.

______, 1986, La traduction médicale doit-elle être réservée aux seuls traducteurs-médecins ? *Meta* 31:1, pp.26~30.

______, 1990, L'évaluation de la qualité de l'interprétation par les délégués : une étude de cas, *The Interpreters' Newsletter* n°3, pp.66~71.

______, 1995a, *Basic Concepts and Models for Interpreter and Translator Training*, Amsterdam/Philadelphia, John Benjamins.

______, 1995b, *Regards sur la recherche en interprétation de conférence*, Lille, Presses Universitaires de Lille.

______, 1999, Variability in the perception of fidelity in simultaneous interpretation, *Hermes* 22, pp.51~79.

______, 2004, Integrated Problem and Decision Reporting as a translator training tool, *The Journal of Specialised Translation n°2, July 2004.*

Gile D., and Hansen G., 2004, *The Editorial Process Through the Looking Glass*, in Hansen G., Malkmjær K. and Gile D. (eds), *Claims, Changes and Challenges in Translation Studies*, Amsterdam/Philadelphia, John Benjamins, pp.297~306.

Gile D., Sous presse, L'interdisciplinarité en traductologie: une optique scientométrique, dans Actes du 2e colloque international de l'université technique de Yildiz sur les Relations d'interdisciplinarité en traduction, Istanbul.

Gouadec D., 1989, *Le traducteur, la traduction, et l'entreprise*, Paris, AFNOR gestion.

__________ (réd.), 2000, *Formation des traducteurs. Actes du Colloque International de Rennes 2 (24-25 septembre 1999)*, Paris, La Maison du Dictionnaire.

__________, 2002, *Profession: traducteur*, Paris, La Maison du Dictionnaire.

Gravier M., 1978, Pédagogie de la traduction, in Lillebil G., Karlin G., Malmberg B. (eds), *The Theory and Practice of Translation*, Berne, Lang, pp.201~212.

Hansen G., 1995, *Einführung in das Übersetzen*, Copenhagen, Handelshøjskolen

forlag.
________, 1997, Success in Translation, *Perspectives: Studies in Translatology*, Vol.5 n°2, pp.201~210.
________ (ed), 1998, *LSP texts and the process of translation*, Copenhagen, Copenhagen Working Papers in LSP, Copenhagen Business School.
________ (ed), 1999, *Probing the process in translation: methods and results*, Copenhagen, Samfundsliteratur.
________ (ed), 2002a, *Empirical Translation Studies. Process and Product*, Copenhagen, Samfundsliteratur.
________, 2002b, Interferenz bei Referenz im Übersetzungsprozess, *Linguistica Antverpiensia* 1(2002), pp.303~326.
________, 2002c, Selbstaufmerksamkeit im Übersetzungsprozess, in Hansen, Gyde (ed), pp.9~20.
Harris B., 1997, *Translation and Interpretation Schools*, Amsterdam/ Philadelphia, John Benjamins.
________, 2001, *Teaching and Researching Translation*, Harlow, Longman.
Hennequin J., 1998, Pour une pédagogie de la traduction inspirée de la pratique professionnelle, dans Delisle et Lee-Jahnke (réds), pp.97~105.
Hewson L., 1993, L'avenir du thème à l'université, dans Ballard M. (réd), *La traduction à l'université. Recherches et propositions didactiques*, Lille, Presses Universitaires de Lille, pp.171~184.
Holmes J., 1988, The Name and Nature of Translation Studies, in Holmes, James (ed), *Translated ! Papers on Literary Translation and Translation Studies*, Amsterdam and Atlanta, Rodopi.
Holmes J., Lambert J. and van den Broeck R. (eds), 1978, *Literature and Translation: New Perspectives in Literary Studies*, Leuven, Acco.
Holz-Mänttäri J., 1984, *Translatorisches Handeln. Theorie und Methode*, Helsinki, Suomalainen Tiedeakatemia.
Hönig H., 1985, Übersetzen lernt man nicht durch Übersetzen, *Fremdsprachen*

Lehren und Lernen 17, pp.154~167.

_______, 1995, *Konstruktives Übersetzen*, Tübingen, Stauffenburg Verlag.

Hurtado Albir A. (ed), 1996, *La enseñanza de la traducción*, Castelló de la Plana, Universitat Jaume I.

Israël F. (réd.), 2002a, *Identité, altérité, équivalence ? La traduction comme relation. En hommage à Marianne Lederer*, Paris-Caen, Lettres Modernes Minard.

Israël F., 2002b, La trace du lien en traduction, dans Israël (réd.), pp.83~91.

Jacquemond R., 1992, Translation and Cultural Hegemony: The Case of French-Arabic Translation, in Venuti L., (ed), *Rethinking Translation*, London and New York, Routledge, pp.139~158.

Jakobson R., 1959, On Linguistic Aspects of Translation, in Brower R. (ed), *On Translation*. Cambridge, Massachussets, Harvard University Press/New York, Oxford University Press, pp.232~239.

Kelly D., Martin A., Nobs M.L., Sánchez D., Way C. (eds), 2003a, *La direccionalidad en traducción e interpretación*, Granada, Atrio.

________ (eds), 2003b, La traducción inversa en la bibliografía de la traductología, in Kelly et al. (eds), pp.21~32.

Kim S., 2004, Exploration into Perceived Quality of Simultaneous Interpretation, *Forum*, Vol. 2, n°1, pp.71~90.

Kiraly D., 1995, *Pathways to Translation. Pedagogy and Process*, Kent, Ohio and London, England, The Kent State University Press.

Krings H., 1986, *Was in den Köpfen von Übersetzern vorgeht*, Tübingen, Narr.

Kupsch-Losereit S., 1999, Interferenzen, in Snell-Hornby et al. (eds), pp.167~170.

Kurz I., 1989, Conference interpreting – user expectations, In Hammond D. (ed), *Coming of age. Proceedings of the 30th Annual Conference of the American Translators Association*, Medford, NJ, Learned Information Inc., pp.143~148.

______, 1996, *Simultandolmetschen als Gegenstand der interdisziplinären Forschung*, Wien, WUV- Universitätsverlag.

Kussmaul P., 1995, *Training the Translator*, Amsterdam/Philadelphia, John Benjamins.

La Torre L., 2001, Teaching the translation of Spanish medical discourse, in Desblache L. (ed), pp.127~135.

Ladmiral J.-R., 1979, *Traduire: Théorèmes pour la traduction*, Paris, Payot.

Lagarde L., 2002, *Évolution des stratégies de traduction des unités lexicales en cours d'apprentissage : une étude de cas*, Mémoire de DEA de langues et cultures étrangères, Université Lyon 2.

Laplace C., 2002, L'interprète, nocher des temps modernes, dans Isräel (réd.), pp.189~215.

Larose R., 1989, *Théories contemporaines de la traduction*, Québec, Presses de l'Université du Québec.

Lavault E., 1985, *Fonctions de la traduction en didactique des langues*, Paris, Didier Erudition.

________, 1993, Traduire en LEA, traduire pour communiquer, dans Ballard, Michel (dir). *La traduction à l'Université. Recherches et Propositions didactiques*, Lille, Presses Universitaires de Lille.

________, 1998a, Traduction en simulation ou en professionnel : le choix du formateur, *Meta*, n°3, pp.364~372.

________, 1998b, La traduction comme négociation, dans Delisle et Lee-Jahnke (réds), pp.79~95.

Levý J., 1967, Translation as a Decision Process, in *To Honor Roman Jakobson* II, The Hague, Mouton, pp.1171~1182.

Lörscher W., 1986, Linguistic aspects of translation processes, in House J. & Blum-Kulka S. (eds), *Interlingual and intercultural communication*, Tübingen, Gunter Narr, pp.277~292.

Maillot J., 1969, *La traduction scientifique et technique*, Paris, Eyrolles.

Malkmjær K., 1991, Functionalist linguistics, in Malkmjær K. (ed), *The*

Linguistics Encyclopedia, London and New York, Routledge, pp.158~161.

Marrone S., 1993, Quality : a shared objective, *The Interpreters' Newsletter* 5, pp.35~41.

Mauranen A. & Kujamäki P. (eds), 2004, *Translation Universals: Do they exist ?* Amsterdam/Philadelphia, John Benjamins.

Meak L., 1990, Interprétation simultanée et congrès médical : attentes et commentaires, *The Interpreters' Newsletter* n.3, pp.8~13.

Mounin G., 1955, *Les belles infidèles*, Paris, Cahiers du Sud.

________, 1963, *Les problèmes théoriques de la traduction*, Paris, Gallimard.

Neubert A., 2000, Competence in Language, in Languages, and in Translation, in Schäffner & Adab (eds), pp.3~18.

Newmark P., 1981, *Approaches to translation*, Oxford, New York, Toronto, Sydney, Frankfurt, Pergamon Press.

__________, 1988, *A textbook of translation*, London, Prentice Hall.

Nida E., 1964, *Toward a Science of Translating*, Leiden, E.J. Brill.

Nohara K., 1999, *Problems of Domestication and Foreignization in Translated Texts, with Reference to English and Japanese*, unpublished doctoral dissertation, The Queen's College, The Faculty of Oriental Studies, University of Oxford.

Nord C., 1991, *Text Analysis in Translation : Theory, Methodology, and Didactic Application of a Model for Translation-Oriented Text Analysis*, Amsterdam, Rodopi.

_______, 1997, *Translating as a Purposeful Activity. Functionalist Approaches Explained*, Manchester, St.Jerome.

Orozco M., 2000, Building a Measuring Instrument for the Acquisiton of Translation Competence in Trainee Translators, in Schäffner and Adab (eds), pp.199~214.

Ørsted J., 2001, Quality and Efficiency: Incompatible Elements in Translation Practice ?, *Meta* 46:2, pp.438~447.

Pergnier M., 1998, Préface de Delisle J. et Lee-Jahnke H. (réds), *Enseignement de la traduction et traduction dans l'enseignement*, Ottawa, Les presses de l'université d'Ottawa, pp.ix~xvi.

Pinchuk I., 1977, *Scientific and Technical Translation*, London, André Deutsch.

Pöchhacker F., 2004, *Introducing Interpreting Studies*, London and New York, Routledge.

Pöchhacker F. and Shlesinger M. (eds), 2002, *The Interpreting Studies Reader*, London and New York, Routledge.

Pokorn N., 2003, The (in)competence of a native speaker in translation theory and practice, in Kelly et al. (eds). pp.117~137.

Puusepp M., 2003, *The relevance of communicative-pragmatic competence and criteria for quality in simultaneous interpreting*, unpublished MA thesis, university of Tartu.

Reiss K., & Vermeer H., 1984, *Grundlegung einer allgemeinen Translations -theorie*, Tübingen, Niemeyer.

Roberts R., 1984, Compétence du nouveau diplômé en traduction, dans *Traduction et qualité de langue*, Actes du colloque, Société des Traducteurs du Québec/Conseil de la langue française, Québec, Editeur officiel du Québec, pp.172~184.

Robinson D., 1997a, *Becoming a Translator*, London and New York, Routledge.

__________, 1997b, *Western Translation Theory*, Manchester, St Jerome.

Sankoff D., 2002, The introspector's dilemma, Communication présentée au colloque sur l'origine et l'évolution des langues organisé au Collège de France par le CNRS, l'EHESS et l'université Paris X à Paris les 26 et 27 septembre 2002.

Sawyer D., 2001, *The Integration of Curriculum and Assessment in Interpretation Education: A Case Study,* doctoral dissertation, University of Mainz, http//archimed.uni-mainz.de/pub/2001/0097.

Schäffner C. (ed), 2004, *Translation Research and Interpreting Research. Traditions, Gaps and Synergies*, Clevedon, Multilingual Matters.

Schäffner C. and Adab B. (eds), 2000, *Developing Translation Competence*, Amsterdam/Philadelphia, John Benjamins.

Schäffner C. and Wiesemann U., 2001, *Annotated texts for translation: English-German*, Clevedon, Buffalo, Toronto, Sydney, Mutlilingual Matters Ltd.

Schmitt P., 1999, Defekte im Ausgangstext, in Snell-Hornby et al. (eds), pp.147~151.

Searle J.R., 1971, What is a speech act ? in Searle J.R. (ed), *The Philosophy of Language*, Oxford, Oxford University Press, pp.39~54.

Seleskovitch D., 1968, *L'interprète dans les conférences internationales*, Paris, Lettres modernes Minard.

Seleskovitch D. & Lederer M., 1989, *Pédagogie raisonnée de l'interprétation*, Paris, Didier Erudition.

SFT, 2000, Table ronde sur les acheteurs de traductions financières de l'université d'été SFT/La Rochelle, www.sft.fr/dossiers/actesrochelle/8acheteurs.pdf

Simon S., 1996, *Gender in Translation: Cultural Identity and the Politics of Transmission*, London and New York, Routledge.

Simoneau M., 2002, La description d'images: une interprétation pour les aveugles, dans Israël (réd), pp.305~316.

Sinclair J., 1966, Beginning the study of lexis, in Bazell C.E., Catford J., Halliday M.A.K., Robins R.H. (eds), *In Memory of J.R. Firth*, London, Longman.

Snell-Hornby M., König H., Kußmaul P., Schmitt P. (Hrsg.), 1999, *Handbuch Translation*, Tübingen, Stauffenburg.

Snell-Hornby M., Pöchhacker F. and Kaindl K. (eds), 1994, *Translation Studies: An interdiscipline*, Amsterdam/Philadelphia, John Benjamins.

Steiner G., 1975, *After Babel : Aspects of Language and Translation*, New

York, Oxford University Press.

Thiéry C., 1975, *Le bilinguisme chez les interprètes de conférence*, thèse de doctorat de troisième cycle, université Paris III.

Tirkkonen-Condit S. (ed), 1991, *Empirical research in translation and translation studies*, Tübingen, Narr.

Tirkkonen-Condit S. and Jäaskeläinen R. (eds), 2000, *Tapping and Mapping the Processes of Translation and Interpreting*, Amsterdam/Philadelphia, John Benjamins.

Toury, G., 1995, *Descriptive Translation Studies -and Beyond*, Amsterdam /Philadelphia, John Benjamins.

Tricás Preckler M., 1995, *Manual de traducción*, Barcelona, Gedisa.

Venuti L., 1995, *The Translation Studies Reader*, London/New Tork, Routledge.

Vinay J.-P. et Darbelnet J., 1958, *Stylistique comparée du français et de l'anglais*, Paris, Didier, 1958.

Waddington C., 2001, Different Methods for Evaluating Student Translations: The Question of Validity, *Meta* 46:2. pp.311~325.

Wilss W., 1991, Zur Praxisrelevanz der Übersetzungswissenschaft, *Lebende Sprachen* n°1, pp.1~7.

Zhong W. (ed), 2000, *Essays on Interpreting and Translation Studies* (en chinois), South China University of Technology University Press.

찾아보기

■ 용어(한글)

■ 용어(프랑스어)

spécialisation des traducteurs techiniques ··· 134
stratégie ··· 53
style de l'auteur ··· 100

■ 인명